TREMBLEMENT DE CŒUR

Quand l'âme vacille, le coeur resiste

Patrick BELLI

PRÉFACE

Quand j'ai reçu le livre de Patrick Belli, ma première crainte fut reçu le livre de Patrick Belli, ma première crainte fut de m'ennuyer avec une histoire à l'eau de rose » mais j'ai compris dès les premières lignes que j'allais être pris dans une spirale.
Une spirale marquée par le rythme des Noëls, puis des mois... puis par les états d'âme, puis par les sentiments... Je n'ai plus lu un livre, mais j'ai vécu une aventure. Une aventure d'amours, parfois mortes, une aventure parsemée de peinesr de peur, d'envie, d'émotions qui m'ont parfois embué les yeux.

Tout y est cru, dur.

L'auteur se livre sans artifice, sans pudeur. Le livre n'est pas écrit avec un ordinateur, mais avec des larmes et des joies. Voici un livre que j'ai abordé avec réserver mais qui me laisse un agréable arrière-goût, comme celui d'un merveilleux chocolat fondant dans la bouche.

Voilà un ouvrage qui n'est pas celui d'un écrivain, mais celui d'un Homme.

« Tremblement de coeur » est un ouvrage, où tous les parents se reconnaîtront, surtout ceux qui ont vécu l'adoption d'un enfant provenant de l'Étranger.

Ma deuxième crainte est que ce travail ne rencontre pas un éditeur et/ou un bon scénariste pour lui faire connaître, ainsi qu'à ceux qui ont vécu ces moments, la reconnaissance qu'ils méritent.

Souhaitons que le futur répare cet oubli.

Jean-Louis GARY, écriviain - conférencier

TABLE DES MATIÈRES

TREMBLEMENT DE COEUR

1- Mademoiselle l'AVENTURE (Francis CABREL)

Je ne suis pas un écrivain, d'ailleurs je n'ai aucune aptitude à l'écriture. Veuillez me pardonner par avance amis lecteurs.

J'ai longuement hésité à coucher sur ces pages mon parcours initiatique pour devenir père.
Pour beaucoup d'entre vous, le souhait de donner la vie, une fois mûrement réfléchi, est une partie de désir et de plaisir.

Dame nature intervient alors. Toute femme est alors soumise à son bon vouloir.

Heureusement, dans la majorité des cas, Mesdames et Messieurs, votre envie est exaucée.

Pour la future maman commence alors la période de gestation. Le temps où les joies sont dissipées par les doutes bien légitimes, les douleurs, la fatigue, les nausées, les envies de fraises, les préparatifs de la layette et de la future chambre sans oublier le choix cornélien du prénom du futur enfant.
Un inventaire à la Prévert en somme qui mène inexorablement au premier cri de son enfant 9 mois plus tard dans une salle de travail d'un hôpital ou d'une clinique choisie par avance.

Le bonheur avec un grand B. Une nouvelle vie qui commence. La vie rêvée telle qu'elle est contée dans les livres pour enfants. Ils se marièrent, vécurent heureux et eurent beaucoup d'enfants.
Ou pas...

Les fées sont parfois capricieuses, elles usent et abusent de leurs RTT dûment acquises après de longs battements d'ailes.

C'est ainsi que nous sommes victimes, avec mon épouse, de leur oisiveté durement gagnée.

Malgré de nombreuses années à implorer les cieux, il faut se résoudre à la conclusion suivante : « je ne serai jamais Papa ».

Comment se faire à l'idée alors que depuis l'âge de mes 16 ans j'en ai 40 aujourd'hui – j'ai cette folle envie d'être Père.
On se raccroche jour après jour, mois après mois à une bonne et divine surprise. Inconsciemment, l'espoir disparaît.
C'est alors que ma femme commence à m'évoquer l'idée de l'adoption. Nous sommes alors en 2003.
Avec délicatesse, j'acquiesce à son idée mais je ne suis pas encore prêt à abandonner l'idée d'être Père de manière naturelle. Le projet et la cause sont nobles mais je ne peux le concevoir qu'après avoir été papa de notre progéniture.

Pour ma femme, l'adoption est une alternative naturelle et mûrement réfléchie. Depuis son enfance elle est en « admiration » devant Joséphine BAKER. Cette grande dame qui a adopté tant d'enfants en les aimants de tout son être.

Les années passent, le temps amenuise nos espoirs.

Il est vrai qu'après plusieurs fausses couches plus douloureuses les unes que les autres, les nombreux traitements médicaux sans effets probants, la multitude de rendez-vous médicaux rendant le « mont-de-vénus » de ma femme aussi fréquenté que le hall d'un quai de gare à la veille de grandes vacances, l'heure n'est plus à l'optimisme.

Nous avons décidé d'un commun accord d'arrêter de nous acharner inutilement.

La décision a été prise alors que mon épouse avait décidé de pratiquer un traitement suivi d'une hospitalisation à l'étranger.
Les chances étaient faibles, le traitement coûteux mais surtout il comportait des risques très importants pour la santé de ma femme.

Son envie de me donner un enfant était plus forte que sa santé. Elle avait peur du traitement envisagé mais elle ne voulait en aucun cas me le montrer.

Je ne pouvais concevoir de mettre la vie de la femme que j'aimais en danger.
J'ai alors décidé de siffler la fin de la partie. « GAME-OVER »
Non, arrêtons de vouloir à tout prix ce que le destin ne voulait nous donner.
Nous sommes alors en 2007.
Je suis maintenant prêt à la démarche de l'adoption.
Néanmoins, nous essayons de nous renseigner pendant quelques semaines sur la possibilité d'avoir un enfant par le biais d'une mère porteuse.
Nous savons que la Loi française ne nous permet pas d'entreprendre des démarches en ce sens.

Certains pays sont moins rigoristes tels l'Espagne, la Suisse, les USA, les pays de l'est.
Nous avions un nouvel espoir d'autant que lors d'une discussion sur un forum une jeune maman Française était disposée à mettre « à notre disposition » son ventre.

Non, nous n'étions pas prêts à braver l'interdit, à prendre le risque qu'une fois l'enfant mis au monde à l'étranger celui-ci soit « conservé » par sa maman biologique. Et puis à quel statut juridique pourra-t-il prétendre vis-à-vis de nous ? NON – NON et NON.

La seule démarche qui s'offrait alors à nous était bel et bien l'adoption.

Nous étions loin de nous imaginer à cette époque que cet acte mûrement réfléchi serait un véritable chemin de croix.

Tout commence alors par un simple courrier que nous adressons à notre Conseil Général courant printemps 2007 afin de pouvoir participer à une réunion d'information générale sur l'adoption.

Ce fut la première étape imposée aux possibles futurs parents.

Un mois après avoir reçu la réponse de notre C.G, nous voilà dans une salle pleine de couples « intimidés » mais remplis d'espoir.

Les responsables nous dressent une vision globale du parcours initiatique à accomplir. Puis viennent les chiffres barbares d'abandon d'enfants en France et plus particulièrement ceux de notre département.
À peine une dizaine d'enfants abandonnés par an (c'est déjà trop, je le conçois bien aisément) pour environ 300 à 350 demandes d'adoption !
Au regard de ces chiffres cruels autant pour les enfants pupilles de la nation que pour les couples en mal d'enfant, une alternative existe celle d'adopter à l'étranger.

Nous comprenons dès lors que la lutte sera compliquée. Que seulement 1/3 des demandes arriveront à leur terme. Première douche froide.

Les enfants pupilles de l'État sont attribués à des couples jeunes en tout cas âgés de moins de 40 ans. Au-delà le conseil de famille émet presque systématiquement un avis défavorable aux requérants. – Deuxième douche froide et celle-ci de taille.

Je sors de la réunion « sonné » mais ne le montre pas à mon épouse. Nous repartons vers notre destinée avec un dossier complet comprenant les organismes à contacter, les lois régissant les adoptions en France et à l'International. Une documentation riche afin de comprendre la Convention de LA HAYE, adoption simple, adoption plénière, OAA... Autant de notions abstraites qui deviendront mes compagnons lexicaux au fil des jours et des années à venir.

Et maintenant que faire ? S'avouer vaincu ou se battre

Notre destin nous l'avions entre nos mains. La décision a été prise, nous partons au combat.
Nous prenons connaissance des différentes possibilités qui nous sont offertes pour entamer nos premières démarches : adoption individuelle, par l'entremise de l'Agence Française de l'Adoption (sous la tutelle de l'État) ou par le biais d'un O.A.A. (Organismes Autorisés pour l'Adoption).

Cette dernière solution nous semble être la meilleure.
En effet, un O.A.A est un organisme agréé. Il s'occupe de toutes les démarches administratives en lieu et place des parents.
Mais surtout le point le plus important pour nous c'est la garantie de se voir attribuer un enfant. Une condition est néanmoins requise mais a son importance : l'acceptation de votre dossier.

Ne nous précipitons pas, ne mettons pas la charrue avant les bœufs.
Nous devons avant toute chose remplir les papiers nous permettant d'obtenir auprès du Conseil Général un agrément.
Nous savons déjà, que nous serons suivis tout au long de la procédure par une équipe composée de 3 personnes.

Compte tenu du nombre croissant de demandes d'agréments, le délai moyen d'obtention du précieux sésame est d'environ 9 mois.
Tiens sur ce point nous ne sommes pas victimes de discrimination par rapport aux femmes mettant au monde leur enfant.

Nous sommes prévenus que plusieurs mois vont se passer sans aucune nouvelle de notre demande. Que l'Équipe en charge de notre dossier ne prendra contact avec nous qu'après 5-6 mois. Par la suite, un planning de 4 rencontres nous sera proposé dont l'une se fera obligatoirement à notre domicile.

Avons-nous le choix ?
« Nous avons toujours le choix » répond sans cesse mon épouse lorsque je me pose cette question.

Bon pour accord est donné à notre Conseil Général. Il ne nous reste plus qu'à patienter quelques mois.
Avec du recul, je dois avouer que cette attente n'a pas été particulièrement difficile. Notre quotidien a très vite repris le dessus. Nous étions encore dans une phase abstraite de la procédure ou l'engagement n'était pas irréversible.

Nous sommes en automne, les vacances d'été ne sont que souvenirs lointains. Mon travail et mes responsabilités, à ce moment-là, accaparent la plupart de mes pensées.

Les mois passent. Nous sommes en décembre. La joie est perceptible un peu partout autour de nous. Noël approche, les préparatifs joyeux remplissent de bonheurs les parents.
Quant aux enfants, ils écrivent leur lettre au Père noël et s'imaginent déjà au pied du sapin le 25 décembre entouré de tous les cadeaux rêvés.

Je hais noël et cela depuis ma plus jeune enfance.

Quelques jours heureux qui nous sont imposés par le calendrier chrétien. Ce n'est pour moi, qu'amour et bonheur dégoulinant sur fond de frénésie acheteuse. Notre société de consommation a encore de belles années devant elle.

Ah belles images d'Épinal !

La télévision nous réchauffe à cette occasion « la petite maison dans la prairie ». Cette série lénifiante et mièvre qui a enrichi depuis des décennies tant de fabricants de mouchoirs en papier.

Au sommet de cette parodie de monde parfait, un personnage est omniprésent.
Il s'agit de cet escroc de bonhomme vêtu de rouge, affublé d'une longue barbe blanche et entourés de ses amis les rennes.

J'ai envie de lui tirer dessus lorsque je l'entends s'époumoner sur des airs plus lénifiants les uns que les autres.

Mais bordel, réveillez-vous cet être n'existe pas et n'a jamais existé.

Ce gourou n'est qu'illusion créée de toutes pièces par une marque de soda mondialement connue.
Vous êtes sous emprise de stupéfiant sans vous en rendre compte. Pourtant en ouvrant votre esprit tout est dit dans leur slogan « cette sensation s'appelle coke » !

Un noël de plus sans enfant. Notre projet d'adoption prend tout son sens pendant les fêtes.
Combien d'années encore sans notre fils ou notre fille ?

10-9-8-7-6-5-4-3-2-1 Bonne année !
2 008 et son lot de bonnes résolutions que tout être humain doit entreprendre absolument.

Janvier et sa galette des rois, février et sa chandeleur, mars et l'équinoxe de printemps, fin des longues journées hivernales et porteuses de nouvelles.

Nous prenons connaissance d'un courrier de notre C.G.
Il nous informe de l'attribution de notre Équipe référente pour le suivi de notre projet d'adoption.
Un premier rendez-vous nous est fixé au sein de leurs locaux.
Les prochains seront soumis à nos disponibilités respectives.
Notre première entrevue d'environ une heure a surtout permis de faire connaissance, de s'apprivoiser, d'instaurer une véritable relation de confiance indispensable au bon déroulé de la procédure engagée.

Nos référents, deux femmes et un homme sont des personnes rompues à ces entretiens où nos pensées les plus profondes seront passées sous leurs fourches caudines.

Tiens l'homme, éducateur spécialisé, est d'origine Réunionnaise, point commun avec mon épouse. Quelques échanges amicaux en créole détendent l'atmosphère.
Cela est bienvenu car ma tendre n'est pas réputée bavarde ni généreuse en confidence.
Les présentations faites nous sommes amenés à nous « livrer » individuellement sur nos parcours de vie. La tendre enfance, l'adolescence, nos valeurs à transmettre...

Exercice difficile lorsque chacun des mots employés est analysé par une psychologue. Des notes sont prises, des éclaircissements nous sont demandés sur le sens de certaines paroles, de silence.

L'entretien fini. Un soulagement est perceptible autant chez mon épouse que sur ma personne.

Une deuxième date de rencontre est fixée et nous séparons très aimablement.

La seconde rencontre a porté très concrètement sur notre projet d'enfant.
Nous avons été invités à réfléchir sur des questions portant sur les caractéristiques de l'enfant que nous souhaiterions avoir.

Quelle tranche d'âge doit avoir votre futur enfant ?

Entre 0 et 5 ans, cela nous semble cohérent par rapport à nos âges respectifs.
Un enfant plus âgé poserait certainement plus de problèmes d'adaptation compte tenu de son propre vécu.
Accepteriez-vous les enfants de couleurs sans aucune restriction ?
Oui, futur parent dont le désir d'enfant est si présent.
Vous qui déplaceriez des montagnes, seriez-vous prêts à avoir un petit noir ou plus grave encore un petit Maghrébin ?

Quoi, serions-nous confrontés à du Racisme primaire en France, pays des Droits de l'Homme ?

Hélas, nous apprenons que les enfants d'Afrique du Nord sont peu désirés par les familles de pure souche Française.

Quant au noir, ce n'est pas une couleur très à la mode ni très fun.

Pour notre part la réponse est sans ambiguïté. L'amour n'a pas de race, de couleur ni de frontière « you're thinkin'about my baby it don't matter if you're black or white – hi-hi ».

Acceptez-vous des enfants à particularité ?
Plus précisément des enfants souffrant de pathologie ou maladie plus ou moins grave ?

Nous sommes prêts à choyer un enfant atteint d'une maladie ou infirmité à condition qu'elle soit « bénigne ».
C'est peut-être dur à comprendre mais vous que feriez-vous ?

Toutes ces questions sont usantes nerveusement.

Bon le mieux peut-être serait de nous remettre un catalogue d'enfants adoptables avec leur pedigree tel un animal de compagnie.

Nous aurions plus vite fait de passer commande et de nous le faire livrer par Chronopost... Pourquoi perdre son temps !
Les ÉTATS-UNIS procèdent bien ainsi alors pourquoi pas la France ?

Fin de la deuxième épreuve.

A-t-on fait bonne impression ?
Avons-nous répondu correctement aux questions posées ?
Au final, sommes-nous sur la bonne voie pour notre permis à avoir des enfants ?

Telle une série télévisée « Vous ne manquerez pas de suivre dans le prochain épisode la folle aventure de notre famille ».
TO BE CONTINUED...

Un nouveau mois passe. Nous sommes au printemps. Les arbres bourgeonnent. En ce début d'après-midi je lis confortablement sur un transat dans notre jardin.

Fébrilement, j'attends l'accueil de l'éducateur spécialisé pour notre troisième entretien.
Aujourd'hui, il est exceptionnellement seul. Nous l'accueillons stressés même si nous jouons cette partie à domicile. Justement, nous lui faisons faire le tour du propriétaire jusqu'à l'entresol qui sert de cave. Notre invité prend des notes, complimente mon épouse sur le soin apporté à notre aménagement intérieur.

Puis autour d'un café, nous découvrons le thème imposé du jour.

« Quel regard portez-vous sur ces mères qui abandonnent leur enfant ? Pour quelles raisons sont-elles contraintes de se séparer d'une partie d'elles-mêmes ? »

Misère humaine, pécuniaire, femmes battues... Sujet grave. Sommes-nous prêts à accueillir un enfant issu d'un viol ?

Cacherez-vous l'adoption à votre enfant ?
Raconterez-vous l'histoire de votre enfant sans omettre de lui parler de ses parents biologiques... ?
Nous prenons la parole chacun notre tour. Je réponds sans juger les différentes situations proposées de peur de froisser mon interlocuteur et de remettre en question notre agrément.

Là gentiment je me souviendrai toujours de la réaction de notre invité qui de go m'interpelle d'un ton énergique.

« Monsieur BELLI, oui - vous avez le droit de dire que c'est dégueulasse d'abandonner son enfant, que malgré des conditions atroces vous ne comprenez pas le geste de ces femmes » . Nous sentions de l'émotion et de la sincérité dans les propos de cet homme.

Avant de nous quitter, j'essaie délicatement de savoir l'avis qui sera formulé par l'équipe au Conseil Général.

À ce moment, à notre stupéfaction une réponse claire nous est apportée. L'avis sera favorable. En effet, sauf cas très exceptionnel, l'agrément est systématiquement accordé aux familles.
Ces spécialistes du monde de l'enfance ne sont pas des juges et ne peuvent se permettre de se faire attaquer en justice pour avis défavorable.

Nous apprenons aussi les pressions que ces professionnels de l'enfance subissent au quotidien. Telle personnalité importante souhaite un parcours « accéléré » de procédures

Dernière entrevue. Nous nous réjouissons de l'absence de torture de l'esprit au cours de cette rencontre. Une synthèse nous est donnée sur nos différents entretiens. Nous sommes amenés à apporter des corrections s'il y a lieu.

Nous sommes détendus car nous connaissons depuis le mois précédent l'issue qui sera donnée à notre projet.
Effectivement l'ensemble de l'équipe s'apprête à émettre un avis favorable.

Un rapport circonstancié va être établi. Ce dernier nous sera soumis par courrier pour que nous puissions vérifier l'exactitude des faits retranscrits.
Quelques semaines plus tard, nous recevons, comme prévu, les documents attendus. Il n'est fait état d'aucune erreur d'appréciation. Il n'y a donc plus qu'à attendre la décision du président de notre C.G.

Cette réponse nous la recevrons mi-juin 2008.

Par délibération du 28 mai 2008, nous sommes déclarés « aptes » au service.
L'été qui se profile à l'horizon va être, nous n'en doutons pas, joyeux.
En béotien je pensais que le plus dur était derrière nous et que muni de notre précieuse clé, toutes les portes à franchir ne tarderaient pas à s'ouvrir devant nous.
Maintenant nous devons nous pencher sur l'adoption à l'international. Vers quels pays allons-nous nous tourner ?
Notre choix s'est arrêté sur Madagascar et sur la Russie. Ces deux pays semblent accessibles aux familles en mal d'enfant.
Pour Madagascar, nous adresserons une lettre de motivation – tel un candidat à l'embauche – via l'Agence Française de l'Adoption.

Pour la Russie. Nous choisissons de faire appel à un O.A.A (Organisme Autorisé pour l'Adoption).

Sur la liste remise par notre C.G, nous choisissons MÉDECINS DU MONDE association connue et reconnue pour son sérieux, d'utilité publique et engagée dans de très nombreux pays nécessiteux ou en guerre.
Toujours pleins d'espoirs, nous devons nous livrer par écrit sur notre projet de vie, sur nos motivations. Nous devons convaincre que nous sommes les meilleurs candidats pour être Parent.

Je prends mon bloc-notes et de ma plus belle écriture :

Madame, Monsieur,

Nous sommes Angie et Patrick, mariés depuis juin 2004 mais vivons ensemble depuis 8 ans.

De notre union est apparu le désir de fonder une famille.
Nos parcours de vie différents se sont révélés être une force et non un handicap pour notre couple.
À l'époque mon épouse habitait Paris et moi à Nice.
6 mois après quelques discussions, elle quittait son travail et son appartement pour venir s'installer dans le Sud avec moi.

Le désir d'avoir un enfant est venu plus naturellement et plus rapidement que le désir de se marier.
Une première grossesse s'est soldée par une fausse couche ainsi que deux autres en l'espace de quelques années.

Ces grosses déceptions qui auraient pu nous enfermer dans la solitude et l'amertume nous ont, au contraire, amenés à nous livrer plus encore à faire face et à renforcer notre couple.

Nous avions émis l'envie d'avoir un enfant naturel et de donner un petit frère ou une petite sœur par le biais de l'adoption.

Les désillusions et les traitements lourds pour mon épouse nous ont alors tout naturellement conduits à envisager uniquement une adoption.

Notre projet d'adoption est mûrement réfléchi.
Il n'est nullement né d'une frustration mais bel et bien de l'envie de transmettre de l'amour et nos valeurs à un enfant.
Nous désirons partager notre amour avec un petit bout que nous accompagnerons tout au long de sa vie sans jamais faire mystère de son passé.

Nous sommes sûrs et certains que c'est dans l'amour et dans la tendresse que l'on se construit et que l'on apprend le respect de soi et de l'autre, ce qui n'empêche pas la fermeté.

Notre conception de l'éducation est basée sur ces valeurs et bien d'autres. Voilà ce que nous sommes désireux de lui transmettre.

Dans l'attente d'une réponse favorable...

Nous avons un faible pour Madagascar mais nous sous sommes promis de ne pas faire la fine bouche. Nous choisirons la première demande qui sera satisfaite.

Les réponses ne tardent pas.
L'A.F.A (Agence Française pour l'Adoption) nous répond en premier. Notre courrier a retenu toute leur attention. Notre demande est acceptée pour un pré dossier. Géniale, pourtant notre joie est de courte durée.
Nous nous voyons mettre sur une liste d'attente. Nous serons recontactés dès que possible !
Oui mais en quelle année ? Nous sommes enregistrés en 450e position autant dire que beaucoup d'eau aura coulé sous les ponts avant que nous soyons recontactés.

Pas grave, nous recevons de MÉDECIN DU MONDE une demande de rendez-vous sous quinzaine avec la responsable départementale. Cette personne souhaite faire notre connaissance afin d'élaborer un dossier.

Par un beau samedi matin, nous nous rendîmes un peu fébriles au RDV fixé.

Nous rentrons dans un local vétuste. Après quelques minutes, nous fûmes amenés à nous asseoir en face d'un homme et d'une femme proches du troisième âge.

Ces seniors détiennent les pleins pouvoirs, habilités à prononcer l'acte de vie ou de mort sur un projet d'une vie, de Notre vie.
Les présentations sont faites de manière rapide mais courtoise.

La cour souhaite entendre notre plaidoirie avant le verdict.
Tel deux avocats rompus à ce genre d'exercice, ma femme et moi plaidons notre cause.

« Madame, Messieurs les jurés, Monsieur le procureur Général nous demandons que notre demande soit acceptée sans aucune condition au vu des pièces dudit dossier. »

La parole est au procureur Général.
Cet homme assis sur sa chaise, prononce d'un ton sec et très direct, le verdict :

« Attendu que vous disposez d'un parcours de vie compatible à l'adoption, attendu que vous disposez de moyens matériels suffisant, néanmoins attendu que vous êtes d'un âge avancé... Nous préférons vous dire que vous n'aurez jamais d'enfant.
Dans l'hypothèse que votre dossier soit accepté, vous ne pouvez prétendre être prioritaire. Dans 20 ans votre situation

n'aura pas évolué (sic) » « Éventuellement nous pourrions revoir votre dossier si vous acceptiez un enfant âgé de 7-8 ans avec particularité (une jambe, un bras en moins) ».
Après 5 minutes d'un procès à charge, nous quittâmes nos bourreaux furieux, vexés et dépités.

Ce jour-là, j'ai envisagé de tout stopper.
Tant de souffrance, de manque d'enfant, ces dernières années.
J'en ai fait part à mon épouse. La dispute est sérieuse. La séparation est envisagée quelques instants.
Puis lors d'un second souffle, nous décidâmes de faire appel de la décision que nous trouvions injuste, le mot est faible.

Nous poursuivrons notre quête du GRAAL coûte que coûte.

Aussi, Nous allons faire une modification de projet de vie au Conseil Général.

Nous nous rangeons au délibéré de MÉDECIN DU MONDE.
Nous acceptons à contrecœur le fait d'adopter un enfant plus âgé que prévu avec particularité légère.

Une lettre de modification de projet de vie est rapidement écrite et envoyé en recommandé avec AR à notre Conseil Général.

Suite à notre courrier, nous recevons un appel téléphonique de l'éducateur spécialisé du C.G chargé de suivre l'évolution de notre dossier.
Cette demande ne peut être envisagée dans l'immédiat car il remettrait entièrement en cause notre « projet de vie » tel que nous l'avons dessiné.

Nous nous voyons proposer un rendez-vous avec une spécialiste de l'adoption afin de nous aider dans nos recherches pour cibler notamment les pays ouverts à l'adoption.

Rendez-vous pris et honoré. Que doit-on retenir ?
De nombreux pays ferment les portes à l'adoption internationale, durcissent les conditions d'attribution. Il ne faut pas désespérer nous dit-on.
« Essayez le Mali » mais sans grande conviction dans la voix de notre interlocutrice.
Dernier conseil nous est donné.

« Prenez contact avec Enfance Familles Adoptions. Il s'agit d'une association mettant en relation les familles adoptantes et celles en cours d'adoption afin d'apporter conseils, soutiens et aides ».
Un pique-nique est justement prévu le week-end suivant. La personne du C.G nous incite à nous y rendre même si celui-ci est organisé sur l'ancienne base militaire de Fréjus.

Pourquoi pas... Mais je ne me fais pas beaucoup d'illusion.

Une semaine passe.

Ce dimanche matin doit être consacré à la préparation du pique-nique de L'E.F.A. Il ne fait pas très beau bien que nous soyons encore en été.

Ma femme n'est pas d'humeur joyeuse. L'envie de faire quelques dizaines de kilomètres ne l'enchante guère. Et puis le temps est maussade, nuageux, pluvieux tel son état d'esprit.

Après quelques tergiversations nous prîmes la voiture vers une destination inconnue.

Après une heure de route, nous arrivons à destination. Nous avons du mal à trouver l'emplacement du rassemblement de l'association.
Cette tâche fût rendue difficile du simple fait que nous fûmes bien en avance sur l'horaire prévu.

La localisation enfin effectuée, nous saluons une personne responsable de l'association. Nous échangeons quelques mots mais guère plus. Puis petit à petit, les familles arrivent. La plupart semblent se connaître, s'embrassent. Les parents et enfants prennent possession des tables en bois, se posent et discutent.
Nous sommes à l'écart. Nous n'arrivons pas à nous immiscer dans tel ou tel groupe.

Je me sens mal à l'aise. Que faisons-nous là ?
J'ai envie de partir. C'est au tour de mon épouse de me motiver pour affronter la situation à rester.

Contre fortune bon cœur j'abonde à sa demande.
Un apéritif est servi. Nous restons néanmoins à l'écart jusqu'au moment où notre destin va basculer à jamais.

Nous voyons à quelques mètres de nous une femme brune assez grande, d'une trentaine d'années s'approchait d'un pas rapide vers nous.
Elle nous mit à l'aise. Nous commençâmes alors à discuter. Elle nous présenta plusieurs couples ayant déjà adopté ainsi que quelques responsables de l'association. Nous prenons des renseignements mais rien de significatif.

Cette femme dont j'ai oublié son prénom, qu'elle m'en excuse, nous propose que nous déjeunions ensemble.

C'est ainsi qu'assis sur notre plaid nous faisons connaissance de son mari ainsi que de ses deux enfants. Le plus âgé est leur enfant naturel, le deuxième a été adopté.

Nous partageons aussi nos parcours de vie accompagnés d'un autre couple qui comme nous est en démarche d'adoption.

Cela fait plus d'un an qu'ils ont leur agrément et avouent avoir été peu pugnaces dans leurs recherches.

Une fois sympathisé et raconté nos premières difficultés surtout face aux O.A.A. nous leur faisons part de nos doutes et notre interrogation à poursuivre l'aventure.

Nos deux demandes de dossiers déposées pour Madagascar et la Russie qui n'aboutiront probablement pas.

« Et pourquoi pas HAÏTI ? » nous lance notre dévouée hôte.
« Y aviez-vous songé ? N'avez-vous rien contre un enfant noir foncé de peau ? ».
Non, nous n'avions pas, une seule seconde, pensé à ce pays parmi l'un des plus pauvres du monde.

Nous apprenons que son enfant vient de ce pays où des démarches individuelles sont acceptées pour des couples de tout âge, pour femme célibataire...

Le mot **individuel** me fait peur.
L'opinion publique est encore très marquée par L'affaire de L'ARCHE DE ZOÉ. Plusieurs membres de cette association avaient été arrêtés le 27 octobre 2007 à Abéché (Tchad), région frontalière du Darfour soudanais, alors qu'ils s'apprêtaient à emmener en France 103 enfants. Il s'agissait selon eux de sauver des orphelins du Darfour en proie à la guerre civile. Il ne s'agissait ni plus ni loin, sous couvert de projet d'adoption, d'un rapt d'enfants.

Nous ne connaissons pas Haïti. Les interrogations fusent dans mon esprit. Quels seront nos interlocuteurs, quels risques avons-nous de nous faire escroquer ? La démarche individuelle, nous l'avions écartée d'emblée lors de nos premières démarches.
Autant de problématiques à gérer. Je suis dubitatif et j'essaie de ne pas le montrer aux personnes présentes à ce moment-là.

Et ce à quoi je réponds « Haïti ? pourquoi pas ». Nous n'avions à aucun moment, avec mon épouse, établi une liste de pays à privilégier. La question de la couleur de peau ne s'est jamais posée. Nous sommes un couple où le métissage existe déjà puisque ma femme est d'origine Réunionnaise.

Notre interlocutrice nous parle d'une directrice de crèche à Port au Prince qu'elle connaît personnellement puisqu'elle a eu à traiter avec elle pour l'adoption de sa fille.

Pourquoi nous parle-t-on de crèche et non pas d'orphelinat ?

Tout simplement qu'en Haïti, la plupart des enfants ne sont pas orphelins. Ils ont tous des parents biologiques en vie.
Mais ces derniers n'ayant pas de moyens suffisant pour élever leur enfant, ils les proposent aux responsables de crèche en vue d'une adoption par des familles étrangères.

Oui j'ai délibérément omis de mon langage le mot **abandon** car je le trouve horrible. La suite me donnera raison sur ce point.
Il y a un autre avantage à adopter dans ce pays, qui est loin d'être négligeable. La langue officielle pour toutes démarches officielles est le Français. Aussi, il n'y a point besoin de traducteur.

Entre la poire et le fromage, nous faisons part de notre vif intérêt pour cette solution qui s'offre à nous.

Bien ! Notre divine rencontre nous propose d'en parler après déjeuner à une responsable d'une association qui se charge d'aider la crèche dont on nous a parlé. Nous apprenons que cette même responsable a elle-même adopté dans cette structure d'accueil Haïtienne.

Après le café, nous sommes mis en relation directe avec Véronique. Nous lui faisons part des difficultés que nous avons rencontrées dans nos démarches jusqu'à présent.

Cette personne nous écoute, nous rassure. Elle est prête à prendre contact pour nous avec cette fameuse directrice de crèche. Elle se chargera de savoir si notre dossier serait compatible avec les lois régissant l'adoption du pays.

Véronique est d'autant plus contente de nous rencontrer, que les circonstances nous sont peut-être favorables.

Elle nous apprend que cette Directrice est à la recherche d'un couple résidant dans le sud-est de la France. En effet elle souhaite leur confier un nourrisson dont le frère plus âgé a été confié à une famille originaire des Bouches du Rhône.
Si des liens peuvent subsister entre frères et sœurs de sang ce n'est que mieux.

Nous n'arrivons pas à y croire, tout s'enchaîne. Des perspectives heureuses viennent effacer les coups de blues des dernières semaines.
Nous échangeons nos coordonnées. Quelques renseignements sont donnés à Véronique : Nos âges, notre nombre d'années de mariage...

Véronique nous promet dès le soir même d'appeler la Directrice pour parler de notre projet.
Elle s'engage à nous tenir informés le plus vite possible. Elle nous demande de ne pas nous inquiéter si la réponse tarde un peu à nous parvenir. Nous sommes avisés qu'il est parfois difficile de joindre HAÏTI tant les communications téléphoniques sont mauvaises. Il peut se passer plusieurs jours avant qu'un appel aboutisse.

Fin d'après-midi radieux. Le soleil est de la partie. Nous prenons congé. Nous sommes remplis d'émotion.

Nous nous sommes arrêtés pour prendre un rafraîchissement dans un de ces restaurants de cuisine rapide. Des images d'espoir tourbillonnent dans ma tête.

Lundi matin, il faut aller travailler mais le cœur léger pour une fois.
Nous dûmes attendre plusieurs jours avant d'avoir des nouvelles de Véronique

Ces 48 à 72 heures nous ont paru une éternité.

En ce début de soirée, le téléphone sonne. Mon cœur s'accélère. Véronique est à l'autre bout du fil. Elle a pu s'entretenir avec la directrice de la crèche. Nous nous voyons confier le prénom de cette dame. Elle s'appelle Éveline.

Éveline est d'accord pour prendre notre dossier mais elle va rencontrer un petit souci pour le présenter. La loi haïtienne a changé depuis quelques mois.

En effet, les adoptants doivent être mariés depuis 10 ans alors qu'auparavant ils ne leur suffisaient que de 5 ans.
Mais si nous arrivons à prouver que nous vivons maritalement depuis 2000, cela fera tout de même 8 ans. En y ajoutant le délai d'attente normal d'instruction du dossier, nous n'aurons pas loin de 10 ans de vie commune.
Autant dire que le nourrisson dont il avait été question lors du pique-nique ne sera pas adoptable par nous.

L'espoir de se voir confier un autre enfant est néanmoins envisageable.
Rien n'est sûr, mais d'après Véronique, il faut tenter le coup d'autant qu'Éveline ne prend pas tous les dossiers qu'elle reçoit. C'est un gage de sérieux semble-t-il.
Nous nous voyons transmettre par notre interlocutrice les coordonnées téléphoniques d'Éveline ainsi que le nom de sa crèche.

Puis nous recevons un conseil amical.

Véronique nous demande de rester en contact régulier avec Éveline. N'hésitez pas à l'appeler de temps en temps. Mais surtout, il ne faut jamais la brusquer sur l'évolution de votre futur dossier. En deux mots : **faire confiance**
Dorénavant, nous devrons prendre directement contact avec elle. Cette dernière nous expliquera les premières démarches à effectuer.

Madame Éveline LOUIS JACQUES
Crèche NOTRE DAME DE LA NATIVITÉ
QUARTIER FONTAMARA – PORT AU PRINCE HAÏTI.

Nous appelâmes Mme LOUIS JACQUES en tenant compte des 7 heures de décalage horaire. Véronique ne nous a effectivement pas menti. La communication était très mauvaise. Nous nous recommandâmes de notre émissaire.

Éveline se souvenait très bien de la communication qu'elle avait eu quelques jours plus tôt avec elle.
D'une voix lointaine mais si agréable on échangea quelques mots pour se présenter. Elle nous demande de lui adresser le dossier complet en vue de l'étudier et de le transmettre aux autorités compétentes.
Elle nous prie de lui faire confiance. Tiens cela me rappelle une recommandation évoquée quelques lignes au-dessus de celle-ci. Elle fera son maximum, tout ira bien « si Dieu veut ».
Nous la remerciâmes et nous lui promettons de la rappeler.

Ah le dossier à constituer.

Mesdames et Messieurs, attachez votre ceinture et préparez-vous à vous munir d'une patience sans faille.
Voilà les pièces demandées par le Ministère des affaires Étrangères :

– Une lettre motivée adressée à l'I.B.E.S.R. (l'Institut du Bien-Être de la Santé et de la Recherche). Il s'agit de l'équivalent de la DASS en HAÏTI.
- L'agrément du service de l'aide sociale à l'enfance et la notice jointe pour les agréments délivrés en application du décret N° 98-771 du 1er septembre 1998.
(Copie certifiée conforme)
- L'acte de naissance de chacun des candidats et des enfants au foyer.
- L'acte de mariage.
- Le cas échéant, une procuration générale, en faveur des adoptants sur place, avocat de l'institution. (Légalisation par la mairie).
- Un extrait de casier judiciaire (légalisation uniquement par le Ministère des Affaires Étrangères et Européennes).
- Une attestation de l'employeur indiquant les rémunérations perçues pendant l'année écoulée (brute et nette), une attestation bancaire (régularité des comptes et des avoirs), un titre de propriété éventuellement (copie certifiée conforme et légalisation uniquement par le MAE)
- Deux lettres de recommandation de « notables » (légalisation à la mairie et au MAE).
- Certificat médical de moins de 6 mois pour chacun des adoptants
- Certificat de stérilité, le cas échéant (légalisation de la signature du médecin par le Conseil National de l'Ordre des Médecins). Il convient de préciser que la production d'un certificat de stérilité n'est pas obligatoire. Cependant, L'IBESR pourra exiger ce document attestant de la stérilité de l'un au moins des parents adoptants.
- Un bilan sanguin complet comprenant la sérologie HIV, syphilis, et hépatite B (copies certifiées conformes).
- 4 photos d'identité

La légalisation du M.A.E et Européennes est à demander au bureau des légalisations.

La surlégalisation est à demander à la section consulaire de l'ambassade de Haïti en France.

Une fois les démarches de légalisation et sur légalisation effectuées, il convient d'envoyer à la crèche l'original du dossier accompagné de 3 copies simples.

Après lecture de cette fiche récapitulative, nous pouvons utiliser le slogan de campagne pour la présidence Américaine de Barak OBAMA : **YES WE CAN.**

Le premier constat qui s'impose à nous sera d'être pugnace, patient et de s'adresser aux bonnes personnes pour obtenir tous les documents nécessaires.

Le deuxième constat touche notre sphère purement privée. Si dans un premier temps nous n'avions mis dans la confidence qu'un cercle très fermé de notre famille sur notre désir d'adopter,

Il va falloir se résoudre à faire moins de mystère.

Je vais devoir apporter une justification à mon employeur à ma demande de certificats. Cela me gêne. Même si le devoir de confidentialité existe je n'en reste pas moins persuadé qu'il sera bafoué. Il est à souhaiter que cela ne se fasse pas à une échelle industrielle !

D'autres justificatifs me font sourire notamment le certificat de stérilité. Dans la note du M.A.E (Ministère des Affaires Étrangères) il est explicité qu'il n'est pas obligatoire mais pourra être exigé.
Heureusement que les médecins sont conciliants et compréhensifs une fois la démarche expliquée. Les certificats seront fournis malgré une pathologie absente aussi bien chez mon épouse que chez moi.

Il est certain que pour réunir tous les justificatifs cela nécessite plusieurs semaines.
Qu'une fois ces documents réunis, il va falloir s'armer de patience pour les faire certifier en mairie.

Essayez de faire certifier conformes des examens médicaux. L'Ordre des médecins n'a pas voulu le faire prétextant qu'il ne pouvait légaliser la signature de notre praticien qu'en sa présence.
Allons bon Monsieur le Médecin faites un effort. Veuillez s'il vous plaît vous rendre à Paris. Merci de le faire pendant les heures d'ouverture de votre organisme de tutelle. Un bon geste !

Encore une fois l'entraide a été primordiale entre parents ayant déjà adopté et futurs adoptants.

Toutes les solutions nous ont été apportées. Souvent il a été juste convenu de passer outre certaines légalisations sachant qu'elles ne seraient pas nécessaires en Haïti.
Concernant la sur légalisation, nous avons confié notre dossier à une entreprise spécialisée.
Cette dernière a pour mission de vérifier votre dossier et de faire en votre nom les légalisations nécessaires.

C'est ainsi que nous avons envoyé par Chronopost l'ensemble des pièces à ladite société fin novembre 2008. Leur cahier des charges prévoit une obligation de résultat sous un mois.
En effet, un mois plus tard environ nous avons reçu notre dossier finalisé.

Nous sommes entre Noël et le jour de l'an.
Nous décidons alors d'attendre sagement le début d'année 2009 pour adresser à Madame Éveline LOUIS JACQUES notre précieux sésame.

Encore un noël sans raison ni fin

Si rien ne trace son chemin...
Un noël, un noël, ça ne sert à rien.

Oh tiens une nouvelle série à la télévision intitulée « la petite maison dans la prairie »...
Oh que d'animation joyeuse dans les rues.

Nous avons vite fait d'oublier – comme chaque année – la mort de quelques sans-abris, transis de froid et de faim. Ils seront enterrés dans le carré d'indigents au cimetière dans la plus stricte indifférence.

Oui, nous préférons mettre la main, pour son enfant, sur le jouet devenu introuvable en quelques jours mais qui se trouve sur la liste de l'abominable homme en rouge.

Entre nous il faudrait penser à le mettre au régime le vieux.
Il va finir par nous claquer dans les doigts.

Oh dommage, j'imagine déjà ses obsèques mondiales. Aujourd'hui, TF1 et France 2 diffusent en mondovision les cérémonies de remises de Légion d'honneur, de la croix de guerres... À titre posthume.
Que de larmes qui arriveraient à elles seules à irriguer les terres les plus arides de notre planète.

Et nous voilà au 31 décembre au soir. Fête obligatoire où foie gras, saumon et autres victuailles se mélangent aux cotillons et serpentins. La lutte des classes n'aura pas lieu en ce dernier jour de l'année.

J'attends avec impatience le décompte des très officiels maîtres du temps ARTHUR sur TF1 ou Patrick SÉBASTIEN sur France 2.

10-9-8-7-6-5-4-3-2-1 - bonne année 2009 !

Faisons semblant d'être heureux. On s'embrasse SMAC-SMAC sous fond de pétarade joyeuse bien sûr !

OH OH, c'est fini maintenant. Faut aller se coucher.
Ah l'extase, les fêtes sont passées. Le schtroumpf grognon, que je suis, apprécie.

2 janvier 2009 au matin.
La société DHL fut sollicitée pour jouer le rôle d'entremetteur officiel entre la directrice de la crèche et nous.
Notre destin est alors définitivement entre les mains d'une personne que nous ne connaissons pas et qui réside à plus de 6 000 kilomètres.
Comme nous continuons d'appeler Éveline régulièrement, nous apprenons qu'elle a bien reçu notre dossier. Elle va pouvoir se mettre maintenant concrètement au travail pour nous.

Les communications sont toujours très mauvaises. Nous avons parfois du mal à nous comprendre. Le plus souvent c'est ma femme qui appelle Éveline. Nos échanges sont toujours très cordiaux, d'une banalité certes, mais indispensable pour créer un lien entre nous trois.

Les semaines passent, les mois de janvier et février 2009 sont déjà derrière nous. Nous n'avons toujours rien de concret. Nous attendons un signe. Il tarde à venir.

Le mois de mars commence par une nouvelle mission importante qui m'est confiée par mon employeur.

Dans 3 semaines je serai en vacances me dis-je. Le rythme de travail est soutenu mais très agréable.
Nous sommes dans la deuxième semaine de mission et comme tous les soirs, je quitte le travail pour rentrer chez moi.

Ma femme m'attend. Elle m'accueille par un baiser et par cette phrase : « il s'appelle Junel, est âgé de 3 ans et demi et tu es Papa ».

Quelle claque je me prends. Je suis envahi par une intense émotion. Me viennent alors, les premières questions : « As-tu eu Éveline ? Est-il possible d'avoir notre fils au téléphone ? ». Mon épouse me répondit par l'affirmative. Elle a appelé cette après-midi-là.

La grande nouvelle tant attendue lui a été annoncée. Ce qui est encore plus jouissif encore : Éveline avait à côté d'elle Junel qui a prononcé envers ma femme ces premiers mots « bonjour maman ».

J'avais les larmes aux yeux et mon cœur battait la chamade. J'apprends alors que Junel dit Junelson vient d'arriver à la crèche. Cet enfant est en bonne santé, **notre fils** serait en bonne santé. Il a été confié à l'une des nounous de l'institution. Nous avons la possibilité de lui téléphoner autant que nous le voulons en attendant de le voir dans quelque temps.
Ni une ni deux, j'ai demandé à mon épouse d'appeler notre fils afin que je puisse entendre sa voix.

Nous avons dû nous y prendre à plusieurs reprises. Sans compter les mauvaises conditions téléphoniques, la nounou en charge de Junel ne le connaissait pas.
Après quelques échanges auprès de plusieurs nounous, une petite voix nous murmura « bonjour maman, bonjour papa ». J'étais fou de joie. Je vis ma femme interloquée. Elle ne reconnaissait pas la voix de son fils entendu quelques heures plus tôt. Son instinct de mère était déjà fortement présent en elle.

Nous avons alors décidé de rappeler Éveline. Cette dernière nous rassura en nous disant que le petit garçon venait à peine d'intégrer la crèche et que les nounous n'avaient pas encore mémorisé sa présence.

Elle nous demanda de rappeler un peu plus tard, le temps pour elle de parler avec la nounou de notre fils.

Effectivement un peu plus tard, nous eûmes la joie d'entendre nounou Anne, qui cette fois-ci avait bien à côté d'elle Junel. Peut-on lui parler ? « Pas de problème, gardez l'écoute (sic) ».

Une voix toute timide se fit entendre « bonjour Papa, bonjour Maman ». Oui il s'agissait bien de JUNEL, de Notre fils.

Rempli d'émotion je lui dis que j'étais très content de l'entendre, que nous avions hâte de le voir... Quelques banalités pour lui tant par son âge et par le fait que le Français n'était pas sa langue maternelle.

Avant de raccrocher, nous lui avons fait de gros bisous en lui disant qu'on l'aimait très fort.

Je dois bien admettre que pour le commun des mortels, il est surprenant d'entendre dire « je t'aime » à un petit garçon inconnu encore quelques heures plus tôt.
Oui cela peut interpeller. Oui mais nous ne sommes pas « Monsieur et Madame tout le monde ».

Nous sommes dans une démarche d'adoption depuis tant d'années, nous nous sommes tellement projetés vers un enfant, vers cet enfant. Le lien nous unissant ne peut être que rapide et naturel. Je reste persuadé que tous les parents adoptants ont connu ce même lien dès les premières secondes avec Leur enfant.

La soirée fut belle, remplie d'émotion. Le sommeil fut difficile à trouver. Il y avait sur cette terre un petit garçon âgé de 3 ans qui nous attendait à plus de 6 000 kilomètres. Son destin rejoignait le nôtre à jamais.

Nous prenons l'habitude d'appeler notre fils environ une fois par semaine. Nous avons toujours le même rituel. Quelques mots avec la nounou afin de nous enquérir de sa santé puis nous demandons à lui parler.

Notre souhait est immédiatement suivi de cette phrase gravée dans nos mémoires « pas de problème, gardez l'écoute ».

Nous attendons, parfois quelques minutes, que nounou Anne trouve notre petit monstre. À son âge, il joue dans le jardin de la propriété.
En attendant, nous entendons en bruit de fond, des enfants en train de s'amuser bruyamment.

Et l'instant tant attendu, tant mérité « bonjour maman, bonjour papa ».

Junel toujours aussi timide répondait à nos questions avec l'aide de sa nounou. Comment vas-tu ? – Est-ce- que tu as bien mangé ? – Est-ce que tu as fait la sieste cet après-midi ? Etc.

Toujours les mêmes réponses de notre fils. Nous les connaissions par avance mais c'était pour le moment le seul moyen d'apprendre à nous connaître, à nous apprivoiser.

Éveline nous apprend que tous les enfants ont école chaque matin. Une institutrice se déplace chaque jour à la crèche afin de dispenser le savoir nécessaire y compris l'apprentissage de la langue de Molière.
C'est ainsi qu'au cours des mois de mars et avril 2009 et ce au bout de deux mois à la crèche, nous avons constaté chez Junel des progrès en Français. Il était content et désireux de compter jusqu'à 10 puis 20. Son petit accent créole était si agréable à entendre.

Au fil du temps, nous comprenons mieux l'organisation de la crèche. Les enfants se lèvent très tôt le matin. Ils se lavent,

déjeunent d'un gros plat de riz, de pâtes avec de la sauce ketchup ou de haricots rouges.
Puis ils se rendent à la salle qui fait office d'école.

Ensuite les plus petits font la sieste. Quant aux plus grands, ils s'amusent comme tous les autres enfants de leur âge.

Le repas principal se prend vers les 15 heures – 15 h 30 voire 16 heures Ce dernier est conséquent, à base de pâtes ou de riz et comprend un peu de viande.

C'est ainsi que le soir venu, les enfants n'ont qu'une collation sucrée ou salée composée de quelques biscuits et d'une boisson.
Notre petit bout, au fil du temps reconnaissait notre voix au téléphone tout de suite. Il était content de nous entendre.

Un jour nous appelons pour lui parler. Sa nounou nous demande d'attendre, comme chaque fois. Quelques minutes plus tard Junel nous dit bonjour d'une petite voix. Nounou Anne venait de le réveiller pour que nous puissions converser avec lui.

Nounou Anne, en le réveillant lui avait expliqué que papa et maman étaient au téléphone. Tout en essayant de sortir de son sommeil, il avait eu, nous a-t-elle dit, un grand sourire.

Le lien se tissait jour après jour. Nous n'avions toujours pas de photos mais nous l'entendions nous parler et cela nous suffisait pour l'instant.

Nous savions qu'Éveline viendrait en France comme chaque année. Qu'à cette occasion nous pourrions la rencontrer et recevoir la photo tant attendue de notre enfant. Encore un peu de patience.

Fin avril, nous apprenons par mail la venue d'Éveline en France. Sa venue dans notre département est prévue pour le 13 mai 2009. À cette occasion, un pique-nique sera organisé pour que chacun et chacune puisse librement converser avec elle.

Nous décidons de faire une photo qui sera donnée à Junel dès le retour d'Éveline en Haïti. Nous avons posé plusieurs fois dans notre jardin. Exercice que nous n'aimons pas avec mon épouse.

Nous nous y sommes cependant pliés de bonne grâce car il s'agissait d'un moment oh combien important.
Puis nous nous nous sommes lancés à la recherche du premier doudou pour Junel. Nous avons fait de nombreux magasins afin de trouver notre bonheur.
Notre choix s'est arrêté sur une petite peluche représentant un agneau.

Nous avons décidé d'en acheter deux exemplaires. L'un lui sera donné, par Éveline, et l'autre l'attendra sagement chez nous. Il lui sera offert à son arrivée au cas où le premier doudou se serait égaré.

Mercredi 13 mai 2009, le temps est de la partie. Nous avons un magnifique ciel bleu. Le soleil s'accompagne d'une température printanière. Mon épouse se rendra au pique-nique avec ses beaux-parents. Malheureusement je ne peux me joindre à eux.
Ce jour-là dans le cadre de mes activités professionnelles, un déplacement dans le département voisin a été planifié.

Je promets à mon épouse de faire mon maximum pour la retrouver en fin d'après-midi.
Ce jour-là, je me suis organisé pour finir ma mission le plus tôt possible sans pour autant la bâcler.

C'est ainsi qu'après déjeuner je fais un compte rendu au directeur d'agence concerné avant de prendre congé.

Je prends ma voiture vers 14 h 00, direction l'autoroute puis vers le lieu de rencontre.
Vers 15 h 00, je gare ma voiture à l'endroit indiqué. Je n'ai pas beaucoup de mal à identifier le groupe de parents venus pique-niquer. Des enfants dont les couleurs différaient des autres jouaient entre eux. Mon épouse et mes parents étaient là en train de discuter avec d'autres personnes.

Je ne vis pas Éveline tout de suite. Après avoir embrassé ma femme et mes parents, j'étais pressé de voir la photo tant attendue de Junel. Malheureusement j'apprends qu'Éveline avait oublié cette dernière ainsi que son dossier médical chez des parents chez qui elle avait résidé quelques jours auparavant.
Ma femme me rassura tout de suite me disant que nous recevrions sous quelques jours les documents oubliés.
Éveline est là, à quelques mètres de moi. Je m'approche afin de me présenter. Nous conversons environ 5 minutes. J'apprends que notre fils avant d'arriver à la crèche avait les cheveux longs avec des reflets blonds. Éveline me dit d'ailleurs « comme toi, ton fils te ressemble ».

J'apprends qu'Éveline occupait un poste important dans une banque à Port au Prince avant de s'occuper d'enfants.
Tiens un point commun qui nous unit. Elle s'excuse platement pour l'oubli de la photo de mon fils.

Puis nous discutons brièvement du dossier. « Tout va aller bien si Dieu veut ». Le dossier, m'explique-t-elle, doit passer devant une commission car certains de nos critères ne sont pas remplis, notamment le nombre d'année de mariage. Éveline est confiante, elle est toujours confiante quoi qu'il arrive. Dans un certain sens c'est rassurant.

Nous évoquons également l'aspect financier de la procédure. Un point qui ne sera mentionné qu'une seule fois dans ce récit. Que les choses soient bien claires. Il ne s'agit à aucun moment d'acheter un enfant.
Les frais correspondent à ceux liés d'une part à une procédure judiciaire suivie par un avocat Haïtien. D'autre part des frais de dépenses courantes pour notre enfant.

D'ailleurs, ces frais à engager sont nommément mentionnés sur le site du Ministère des Affaires Étrangères. Chaque pays a des coûts de procédures différents. À ce titre, ils sont tous répertoriés et consultables par tous les citoyens Français.
Nous fixons donc avec Éveline les modalités de paiement en toute confiance et transparence.
Le sujet est clos définitivement.

La rencontre fut courte mais riche tant intellectuellement qu'en émotion. J'ai rencontré une dame à forte personnalité et qui semble profondément humaine.

Elle a beaucoup apprécié ma femme et mes parents, plus particulièrement ma mère qui a été affublée d'un diminutif « gros dada ». La signification n'est autre que « grosse fesse ». Pour les Haïtiens ce n'est nullement une insulte mais au contraire un signe que la personne est importante socialement.

Nous donnons à Éveline la photo que nous avons faite à l'attention de Junel ainsi que son doudou. Puis l'heure du départ a sonné.
Nous nous embrassons chaleureusement et nous promettons de se tenir informés de l'avancée de notre dossier.

Quelques jours plus tard, nous recevons par courrier une lettre tellement importante à nos yeux. À l'intérieur se trouvait la photo de notre petit ange ainsi que son dossier médical.

Enfin nous pouvons mettre un visage sur la voix de notre fils !
Comment une simple photo d'identité peut-elle autant chavirer nos cœurs ?
Notre enfant avait un visage grave, certainement apeuré. Il était presque entièrement rasé et portait un polo blanc.
Nous allions devoir nous accrocher à cette image encore un bout de temps.

Dans le but de nous constituer des contacts, nous décidons avec Angie de nous inscrire sur un forum de parents adoptants à la crèche NOTRE-DAME DE LA NATIVITÉ.

Nous continuons régulièrement d'appeler Éveline au téléphone. Le dossier avance nous dit-elle sans plus de précision. Nous continuons à lui faire entièrement confiance.
Quant à Junel, sa voix nous fait chaud au cœur à chaque fois que nous l'entendons. Il est de moins en moins timide. Il parle et compte de mieux en mieux. Il chante toujours les mêmes chansons et en boucle :

« Cerf, cerf, ouvre-moi ou le chasseur me tuera. Lapin lapin entre et viens me serrer la main ».
« Jean petit qui danse, Jean petit qui danse. De sa tête tête tête... »

Nous n'arrivons pas à l'arrêter. De plus, il prend un malin plaisir à vocaliser avec ses copains qui sont autour de lui.
On l'embrasse fort à chaque fois tout en demandant à sa nounou de bien prendre soin de lui.
Notre lien continue de se renforcer de semaine en semaine.

Mon épouse est vraiment heureuse. Elle ne sait pas si elle pourrait survivre s'il arrivait quoi que ce soit à Junel.

Mais que pourrait-il lui arriver lui disais-je à chaque fois.

Cet été 2009 passe doucement. Nous apprenons que Haïti est en saison cyclonique. Nous restons à l'affût de la moindre information suite au passage d'une dépression sur Port au Prince.

L'automne pointe le bout de son nez. Un mail en début d'une nouvelle semaine va nous transporter de joie.

Notre avocat nous fait part de l'avancée de notre dossier. Ce dernier a franchi avec succès les premières étapes primordiales d'aptitudes auprès de l'I.B.E.S.R.

Cela signifie en clair que cet organisme valide notre dossier d'adoption sur le plan administratif.
Il ne reste plus qu'un certain nombre d'étapes judiciaires à franchir afin de valider définitivement notre dossier.
Nous savons qu'à ce stade, plus rien ne peut empêcher Junel d'être notre fils.

Il ne s'agit plus que d'une question de temps.
Notre avocat nous tiendra au courant des prochaines avancées. En effet, il détient une procuration générale et accomplira donc les dernières formalités en notre nom avant que nous venions chercher notre fils.

Les mois se suivent et se ressemblent. Notre dossier avance.

Junel chante toujours autant.
Septembre, octobre, novembre sont passés à une lenteur désespérante.

Début décembre, un mail de notre avocat chamboule notre début de soirée.
Madame, Monsieur, j'ai le plaisir de vous annoncer que votre dossier est sorti de l'I.B.ES.R.

Néanmoins, la loi haïtienne en matière de procédure d'adoption vient de changer.

La procuration générale n'est plus valable à ce stade du dossier, aussi il convient de vous rendre en Haïti, au plus vite pour signer divers documents administratifs afin de comparaître devant le tribunal et d'officialiser l'adoption de votre fils.

Cette nouvelle fait office d'une bombe.

Une immense joie m'envahit à l'idée de rencontrer mon fils et à contrario un stress énorme m'envahit. Ma femme devait certainement éprouver les mêmes émotions.

En premier lieu, nous appelons Éveline.

Elle nous confirme l'information donnée par notre avocat. Elle nous demande de lui donner dès que possible les dates de notre arrivée afin qu'elle organise notre séjour.

Quel chambardement dans nos têtes. Nous sommes à quelques semaines de Noël !
Sur un plan strictement matériel, nous savions que ce voyage inopiné allait peser sur nos économies prévues et provisionnées pour les frais d'adoption.
Nous nous renseignons via internet sur le prix des billets d'avion pour Port-au-Prince.
Nous nous doutions qu'en effectuant une réservation de dernière minute, nous obtiendrions des prix très peu « attractifs ».

Ouah, les billets sont extrêmement chers. En effet comme nous approchons des fêtes de fin d'année, chaque billet est aux alentours de 1 300 euros.

Nous savons maintenant que cela sera un déplacement complémentaire à effectuer.

Nous avons une envie folle de partir avant la fin de l'année mais la raison financière nous pousse à reporter notre départ début d'année 2010.

En effet, en étudiant toutes les possibilités offertes, nous remarquons que les billets deviennent plus attractifs en janvier.
Autre point, non négligeable, je n'avais pas programmé de vacances entre Noël et le jour de l'an. Aussi, nous choisissons la période du 8-9 au 20 janvier 2010.

Nous appelons Éveline sur-le-champ pour la prévenir.

Elle nous recevra sans problème. Toutefois, un point la chagrine.

Nous allons perdre un mois dans l'avancée de notre dossier. Rien ne pourra être entrepris tant que nous n'aurons pas comparus au tribunal. Elle nous exhorte à venir le plus tôt possible.

« Si Dieu veut, Junel pourra partir vers la France au printemps 2010 ».

Nous refaisons nos comptes plusieurs fois. Nous sommes convaincus, budget oblige, qu'il serait bon de repousser notre voyage en janvier.

Mais notre cœur a eu raison de la sagesse.

Nous partirons mi-décembre dès l'accord de ma hiérarchie pour les congés.

Le lendemain, mon supérieur me valide sans sourciller ma demande d'absence. Son accord est immédiat d'autant plus qu'il connait mon parcours d'adoption.
Les billets d'avion sont pris. Nous décollerons de Nice le 10 décembre. Nous fixons notre retour pour le 23 décembre.
Ce changement de date, anodin à ce moment-là, résonnera à jamais dans nos mémoires.

Éveline est maintenant prévenue. Une personne viendra nous attendre à l'aéroport de Port au Prince afin de nous conduire à la crèche.
Nous n'avons que quelques jours pour nous préparer psychologiquement à ce voyage. La peur nous envahit.
Comment va se passer la rencontre avec Junel ?
Comment allons-nous vivre notre arrivée en Haïti ?

Nous savons que nous nous rendons dans l'un des pays les plus pauvres au monde.

Nous allons toucher la misère de si près alors que nous, occidentaux, vivons pour la plupart dignement.

Nous n'avons pas trop le temps de nous poser trop de questions. Très vite vient le temps des préparatifs.

Que doit-on mettre dans nos valises ?
Qu'apporterons-nous à notre fils et aux enfants présents à la crèche ?

En cette fin d'année, nous participons au repas de noël organisé par l'association Enfants Famille Adoption 06. Ce dimanche, nous sommes à une semaine du grand départ. Nous sommes d'extrême bonne humeur.

Nous partageons ce jour-là un repas à la bonne franquette avec les familles adoptantes ou en cours d'adoption.

Nous nous congratulons sur l'avancée de nos procédures respectives. Nous sommes pleins d'espoir, d'énergie, d'envie et de vie.

Une semaine de travail où le pilotage automatique est mise en marche pour mes activités professionnelles.

Mes seules préoccupations et obsessions sont tournées vers Haïti.
Nous continuons d'avoir des craintes sur la situation politique dans ce pays, sur ses conditions d'hygiène et de sécurité.

Nous décidons de nous enregistrer auprès de l'ambassade de France en Haïti.

Nos valises sont enfin prêtes. Nous sommes alors le 19 décembre, la veille au soir de notre départ.
Nous sommes chez nos parents et nous en profitons pour appeler notre fils.

Nous tombons, comme d'habitude sur sa nounou. Elle nous informe qu'elle a psychologiquement « préparé » et informé Junel de notre arrivée. Effectivement, il sait que nous allons le voir.

Il exprime son contentement.

Il chante toujours à tue-tête d'autant plus que papa et maman seront là demain. Encore un gros dodo et nous nous tiendrons à ses côtés.

2 - HEUREUX COMME QUI ULYSSE A FAIT UN LONG VOYAGE...

Lundi 20 décembre 2010... Que la nuit fût courte. Non pas que nous ayons fait des folies de nos corps, ni de pas endiablés en discothèque sur un bon vieux 45 tours de Gilbert Montagné.

Nous étions simplement face à notre excitation, nos peurs, nos doutes et l'angoisse de la panne de réveil programmé aux aurores.
5 heures du matin, l'œil vif, frais comme un gardon, nous voilà à l'aube d'une journée interminable. Tout est prêt.
Nous contrôlons pour la énième fois toutes les valises. Il est maintenant temps pour mon père de nous conduire à l'aéroport.

06 h 15, nous franchissons les portes du hall d'entrée pour un départ prévu à 8 h 00 vers Paris.
Nous croisons une collègue de travail qui part, avec son mari et ses enfants en Guadeloupe, pour les fêtes de fin d'année.
Soleil, plage, voile, repas arrosé tel est leur programme.
Nous, ce sera soleil, crèche, tribunal et câlinothérapie auprès de notre fils.

En attendant, le programme du jour est le suivant :
Nice – Paris. Une fois arrivé, il est prévu 3 heures d'attente pour un embarquement en direction de Pointe-à-Pitre. Après 8 h 30 d'avion, nous atterrirons en Guadeloupe où la quasi-totalité des passagers se délestent de leur tenue hivernale et se conditionnent au farniente et au petit punch qu'ils vont déguster le soir même sur une plage de sable fin.

Quelle chaleur, quelle humidité et pourtant nous ne sommes que sur la passerelle intérieure d'un aéroport et, ce en période hivernale.

La fatigue commence à se faire sentir. Des employés de l'aéroport nous tendent des documents à remplir en vue de notre destination finale.
Tel un ado prépubère, je m'affale au sol avec mon sac à dos en quête de remplir consciencieusement les imprimés.
Il est prévu 2 heures d'attente. Il n'y a rien à faire dans ce petit aéroport, qui plus est, dans la zone de transit.
L'embarquement est annoncé, nous attendons sagement notre tour notre troisième vol du jour.
Dernière étape Pointe-à-Pitre – Port au Prince.

L'ambiance commence à devenir pesante. Plus de joyeux touristes en quête de belles vahinés, d'eau turquoise.

Simplement des Haïtiens qui rentrent dans leur pays accompagnés par quelques blancs dont nous faisons partie.
Prenez comme image des œufs battus en neige que l'on incorpore au chocolat pour faire une mousse du même nom.

Temps estimé du vol : 2 h 30. Je discute avec mon voisin. J'essaie d'évacuer mes inquiétudes sur la dangerosité en Haïti. Cet homme eut l'effet sur moi d'un lexomyl que l'on glisse sous sa langue en attendant le bénéfice escompté.

Malheureusement, tous les accros à ces sucreries vous diront que l'effet est de courte durée.

Nous sommes en approche de notre destination finale. À travers le hublot, après la mer bleue opaline, les paysages boisés de St Domingue, nous survolons des terres nues de toute végétation.

Le soleil est ras et amplifie le phénomène de désolation du panorama offert. La nuit pointe doucement son nez.

L'atterrissage est brusque. Une fois la surprise passée tous les passagers ont applaudi.

L'aéroport international Toussaint Louverture est minuscule pour nous occidentaux. Ses tapis à bagages d'un autre temps où chacun essaie tant bien que mal de récupérer ses valises. Nous assistons, sans voix à tant de bousculades, de bagages en tous genres éventrés. Une sacrée marée humaine indisciplinée, mais joyeuse, à la quête du saint Graal.

Nous récupérons sans encombre nos effets personnels, et direction le service de la douane.
Nous tendons aux officiels nos cartons d'immigration comprenant notre lieu de villégiature et le motif de notre séjour.
Un douanier baraqué, à la manière de Jean-Pierre Foucault dans l'émission TV « Qui veut gagner des millions » me pose la question à un million d'euros :

« Quelle est l'adresse officielle pendant votre séjour ? »
Les projecteurs bleus s'agitent au-dessus de ma tête, la musique de fond m'angoisse, je suis confronté à l'air grave de mon interlocuteur...
Quel grand moment de solitude !

La sueur coule sur mon front, j'hésite sur la réponse à donner. Je tente de rester de marbre.

Zut, j'ai déjà grillé deux de mes jokers !
- L'appel au public à Orly lorsque nous ne savions pas quelle était notre porte d'embarquement,
- Le 50/50 en Guadeloupe lorsqu'au self-service, la serveuse nous a demandé ce que nous souhaitions boire : Coca-cola ou Orangina ?

Heureusement qu'il me reste un ultime joker : l'appel à un ami. Suspens qui vais-je appeler ?

Flûte, nous n'avons pas d'amis !

Et pourtant, il se trouve dos au douanier. Il s'agit d'un autre fonctionnaire, qui par grand bonheur connaît l'adresse de la crèche Notre Dame de la Nativité. Il me la communique

Je confirme l'adresse au douanier « avenue Fontamara... »
Est-ce votre dernier mot ? Oui, oui Jean-Pierre.

Mon cœur bat la chamade et puis les paillettes en or jaillissent du plafond, j'entends les cris des spectateurs en délire, la musique endiablée. J'ai gagné, J'ai gagné, je suis riche !

Oh. Arrête la fumette, reviens sur terre. Tu as juste le droit d'entrer officiellement sur le sol Haïtien. Dur retour à la réalité.

Nous nous dirigeons vers la sortie de l'aéroport.
Une employée nous informe gentiment, qu'une fois passé le seuil des portes, nous ne pourrons pas revenir en arrière.

Cela ne nous pose pas de problème. Éveline nous a bien informés, par téléphone, qu'elle viendrait nous attendre.

Nous voilà donc immergés parmi la population locale.
Face à nous, une rambarde de sécurité où une foule immense attend impatiemment les arrivants.
Une nuée de panneaux tenus par des autochtones mentionnent les noms de personnes attendues.

La fatigue est là, bien présente, nous nous sentons sans force, exténués, happés par cette marée humaine. Nous ne voyons pas Éveline ni aucune pancarte à notre attention.

L'angoisse monte. Autour de nous, des personnes se prévalant taxi, souhaitent connaître notre lieu de destination afin de nous y conduire.
Ma femme a le réflexe de prendre son portable pour appeler notre hôtesse. Elle s'éloigne de quelques mètres de nos valises.

Je ne trouve rien de mieux que l'engueuler. Il faut rester vigilant, on pourrait nous voler toutes nos affaires... Ah les a priori !

Enfin, le soulagement, Éveline est en communication avec mon épouse. Elle n'a pu venir personnellement à notre rencontre. Elle a mandaté un dénommé « doudou », son homme de confiance. Ce dernier est bien présent à l'aéroport depuis plusieurs heures. En effet ce jour-là, plusieurs adoptants étaient attendus à des horaires et sur des vols différents.

Elle nous demande de ne pas nous inquiéter. « Doudou » va être prévenu sur-le-champ afin de venir à notre rencontre.
Après quelques minutes, qui nous ont paru une éternité, un Haïtien jovial se présente. Ouf, nous sommes sauvés.

Nous le suivons sur un parking rempli de nids-de-poule et de voitures où règne une certaine anarchie.

Nous faisons la connaissance de deux autres couples. Pour eux aussi, il s'agit de leur premier voyage à Port-au-Prince.
Il s'agira aussi du dernier. Ils sont en fin de procédure, ils auront la chance de pouvoir repartir avec leurs enfants respectifs.
Le premier couple a adopté une fratrie de deux filles et le second un petit garçon.

Deux 4*4 ont été mis à notre disposition. Les deux couples montent dans l'un d'eux et nous dans le second.

Nous démarrons. La première chose qui nous frappe concerne le nombre de voitures sur la route que nous empruntons. Peu d'éclairage public proche de l'aéroport.

Nous entamons une conversation fort agréable avec le chauffeur et Doudou sur la vie en Haïti et sur leur propre situation.

Il nous indique que nous allons passer devant le palais présidentiel.
Quel changement, nous apercevons une bâtisse qui jure avec tout ce que nous avons vu jusqu'à présent. Ce bâtiment est d'une blancheur en ce début de soirée, il est bordé de trottoirs, d'une route en bon état et d'un éclairage digne d'une grande ville française.

Puis quelques mètres plus loin, nous sommes chahutés par une route redevenue cabossée et mal éclairée.
Nous prenons des rues plus étroites.

Ces images de Haïti sont encore enregistrées dans ma mémoire. Malgré la nuit, l'absence de lumière dans toutes les rues, nous observons la misère de si près.

Nous entrevoyons des petits baraquements en dur de chaque côté de la route simplement éclairés par des lampes à pétrole ou par des bougies. Ces cahutes sont principalement des échoppes, des « restaurants »

À même le sol, des tas d'ordures sont déversés et certaines sont en train de se consumer. Nous nous croyons dans un livre de Zola.

Quelle tristesse.
Rappelez-moi quel chanteur a osé chanter « emmenez-moi au bout de la terre, emmenez-moi au pays du soleil. Il me semble que la misère est moins pénible au soleil... »

Durant ce périple, notre chauffeur, nous demande de nous baisser dans le véhicule et actionne le verrouillage automatique du véhicule. Il nous explique que nous sommes dans un quartier comment dire « sensible ».

Nous sommes extrêmement fatigués mais nous avons hâte de rencontrer Junel, notre fils. Environ 20 minutes plus tard les deux véhicules klaxonnent et s'arrêtent.

Le quartier où nous nous trouvons semble tranquille, plutôt aisé par rapport aux autres que nous avons traversés.

Nous descendons des véhicules.

Éveline est là et vient nous accueillir. Elle est contente de nous voir.
Nous prenons nos bagages sans plus bien trop savoir où nous sommes.

Alors qu'il règne un silence somme toute relatif, nous entendons un chant d'enfants provenant de la crèche.

L'entrée de cette institution se fait par un grand portail en fer forgé de couleur rouge. Il est pour tous les adoptants - le début de nos nouvelles vies.

Là nous découvrons, dans une petite cour bétonnée, une vingtaine, une trentaine d'enfants assis sur des petites chaises tous en train de chanter en créole gaiement.

Perdu, rempli d'émotion, je cherche mon fils du regard.
Je n'avais nullement remarqué que 4 enfants avaient été mis au-devant des autres.

Un couple de Français, présent depuis quelques jours vient nous accueillir en nous souhaitant la bienvenue.

Éveline, avec une grande empathie, nous emmène vers notre fils. Il portait un pantalon beige et un tee-shirt vert.

3- LE PETIT PRINCE (ANTOINE DE ST EXUPERY)

Junel nous attendait, craintif, timide mais heureux de nous voir.

Ma femme se baisse et le prend dans ses bras, l'entourant déjà de son amour. Junel l'enlace. Plus rien ne semble compter pour eux.
Déjà la glace est brisée, le contact charnel établi.

Je me tiens à leur côté, légèrement en retrait, tenant simplement les petits doigts de notre fils. Je pleure de joie à chaudes larmes.

Je prends mon appareil photo, mitraille ma femme, mon fils pour immortaliser cette rencontre tant attendue. La fatigue est oubliée, l'adrénaline a pris le dessus.

Junel voit l'appareil photo, il comprend très vite son utilité. Il veut prendre cet appareil merveilleux à ses yeux. Il veut déjà faire comme son papa blanc. Je l'aide alors à prendre la première photo de sa vie : un portrait de sa maman.

Éveline nous emmène vers l'intérieur de la maison. L'entrée se compose d'un petit couloir. Sur la droite se trouve une grande pièce comprenant des grilles aux fenêtres. Anciennement il s'agissait de dortoir pour une partie des enfants de la crèche.

En face du couloir nous découvrons une pièce rectangulaire qui fait office de salon. Une fois passée cette pièce un autre petit couloir nous mène sur la droite à une chambre individuelle avec salle de bains et toilette mitoyennes.

Un peu plus loin nous trouvons la grande cuisine. De là, part un escalier.
En le descendant on se retrouve dans les dortoirs pour les nourrissons.

En le remontant, nous arrivons sur un grand salon desservant 3 chambres (dont celle d'Éveline et de son mari Monsieur Janjan), 2 salles d'eau et 2 terrasses. L'une donne sur l'entrée de la maison, la seconde, à l'opposé, sur un grand jardin.

Elle nous indique qu'une collation nous attend une fois que nous nous serons installés dans une des chambres. Notre nid d'amour comprend un lit double avec une armoire et une machine à coudre sur pied.
Éveline nous propose un matelas pour notre enfant si nous souhaitons, bien sûr, qu'il dorme avec nous. Nous préférons avant toute chose avoir son approbation. Nous ne voulons pas brusquer les choses, surtout pour lui.
Malgré la barrière de la langue, Junel a bien compris ce que nous lui proposions. D'un petit signe de tête il nous donne bon pour accord.

Nous posons nos affaires et descendons dans la cuisine au RDC. Une grande table était dressée.

Les 4 familles avec enfants s'installèrent. Ma femme, à ce moment-là, a été prise de sévères crampes à l'estomac dues certainement à la fatigue et au stress. Elle ne voulut pas pour autant aller s'allonger.

Je pris notre fils sur mes genoux afin de partager du pain de mie avec du beurre et de la confiture, une salade de fruits, le tout arrosé de jus de fruit et d'eau minérale.

On fit long feu ce soir-là. Nous sommes allés prendre une douche rapide. Ici pas de pression dans la tuyauterie, il faudrait pour cela équiper la maison d'un surpresseur. Cet équipement s'avère onéreux pour nos hôtes.

Nous sommes en Haïti, aussi un beau gros bidon en plastique rempli d'eau à température ambiante fera l'affaire.
Un seau de plage pour enfant fera office de récipient pour se doucher.

Nous sommes allés nous coucher tous les 3, sans demander notre reste.

Haïti est une ville qui ne dort jamais.
Malgré la fatigue, nous avons été bercés par une « discothèque » en plein air qui se trouvait non loin de la crèche. Des morceaux de musique Française des années quatre-vingt rythmèrent notre première nuit à Notre Dame de la Nativité.
Nous avons fini par nous endormir mais pas pour très longtemps.

Les coqs entrèrent en scène vers 4 heures du matin et se firent entendre les uns derrière les autres. À croire qu'ils s'échangeaient des « sacrés noms d'oiseaux » ... Saleté de piafs !

Puis vint le tour des nourrissons. Le premier réveillé se met à pleurer ayant pour effet immédiat de pousser tous ses autres copains à en faire autant. Au final il était temps pour nous de finir notre nuit.

Un air de chanson me vient en tête quand ma montre indique 5 heures.

« 05 heures du mat', j'ai des frissons, je claque des dents et je monte le son. Seul sur le lit dans mes draps bleus froissés, c'est l'insomnie. Sommeil cassé, je perds la tête... Et à ce moment-là qu'est-ce que vous avez fait... Chacun fait fait fait c'qui lui plaît plaît plaît ».

Surtout, ma femme et moi avions les yeux grands ouverts comme de grosses billes, l'air « Lou ravi » de la crèche, expression typique du sud de la France.

Nous ne remercierons jamais assez les coqs. Saleté de piafs, je les aurais bien attrapés pour les transformer en petites poulettes dociles et silencieuses. Mieux encore : me délecter d'un délicieux coq au vin accompagné de quelques morilles fraîches.

Malgré les cris des gallinacés et de la marmaille, notre petit prince dormait, tranquille comme Baptiste, à poing fermé.
Son visage exprimait la sérénité, un certain lâcher-prise.
Quel délice de le regarder dormir. Un petit bonheur de plus.

Nous profitons de ce moment de quiétude pour aller nous doucher.
Cet acte de la vie courante en France est une véritable délectation.
Je le concède aisément, j'aime passer plusieurs minutes sous l'eau chaude.
Autant ces moments à la crèche sont nettement plus durs voire déplaisants. En effet, l'eau est à température ambiante.
La simple idée de prendre un seau d'eau et de le vider sur mon corps est un « supplice ». Mais l'hygiène finit par l'emporter.

Une fois mes ablutions accomplies, je me sens frais comme un gardon.

Nous sommes en plein hiver mais la chaleur ambiante est étouffante à forte hygrométrie.
Le moindre geste nous fait suer. Nous avons l'impression d'être enfermés dans un sauna.

Mais tout cela n'est rien quand on a le bonheur d'être avec notre fils.

Enfin 08 h 30-09 h 00. Nous descendons prendre le petit-déjeuner avec les 3 autres familles présentes en même temps que nous à la crèche.
La tablée est composée de 8 adultes et de nos enfants respectifs. Ce matin-là, ils sont les rois du monde. En effet, ils ont l'autorisation de manger à table avec nous et de profiter d'une nourriture si différente de leur quotidien.

Éveline est vraiment une grande dame, elle sait recevoir, tisser du lien entre les familles et avec nos enfants.
À la carte, il nous est proposé café, thé, chocolats accompagnés de pain de mie, viennoiserie, beurre, confiture, nutella, fruits frais et yaourt.
Un petit-déjeuner digne d'un très bon hôtel mais si luxueux pour le pays hôte.

Junel est friand du pain de mie il en raffole. Assis sur mes genoux ou sur ceux de sa mère il dévore la vie à pleines dents.
Nous lui apprenons quelques mots de Français, la politesse.
À chaque tartine que je lui prépare et lui donne j'ai cette phrase envers lui « dis merci, mon cœur ». Il répond sans hésiter avec application. Il est heureux d'apprendre.
Il veut lui aussi faire comme les grands, il nous confectionne à son tour des toasts.
Il me les tend, me regarde. Et là avec une certaine malice et fierté il prononce à son tour les mots magiques suivants « dis merci mon cœur ». Ces 4 mots seront un leitmotiv durant notre rencontre. Ils ne pouvaient être que le titre de cœur de mon livre. Une évidence. Il deviendra par la suite « tremblement de cœur ».

Que de nourriture engloutie. À ce rythme-là, il y a fort à parier que cette abondance de mets me fasse prendre quelques kilos. Je culpabilise fortement.

Moi, qui fais tant attention tout au long de l'année à manger sainement pour conserver mon corps svelte et musclé.

Des heures de souffrances où je m'impose du sport à la télévision confortablement installé sur mon canapé.
J'ai pris conscience à ce moment-là, que mes tablettes de chocolat sont en danger. Elles vont fondre comme neige au soleil...

Ce matin, le ciel est radieux. Pour nous remettre de notre décalage horaire, nous décidons de partir découvrir notre lieu de villégiature.

Outre la maison principale dans laquelle sont logés les parents et Éveline, nous découvrons un grand terrain.
Ce dernier se compose sur sa droite d'un grand bâtiment de 2 étages en cours de finition. Il s'agit du dortoir principal des 130 timouns (enfants en créole Haïtien) présents à ce moment-là dans l'institution.
Une salle au RDC a été aménagée en salle de classe.

Il ne manque plus qu'un système de chauffage et un bon coup de peinture...

Cette structure en phase de finition ressemble à celle que nous connaissons en Europe. Il s'agit bien là d'un luxe pour nos enfants dans ce pays si pauvre.
Nous sommes rassurés de les savoir à l'abri, protégés des nombreuses intempéries.
Une fois longé le pensionnat, nous découvrons un grand jardin arboré dans lequel se trouvait une petite maison servant d'habitation à la belle-mère d'Éveline.
La majeure partie de la matinée fut consacrée à tisser du lien avec Junel. Il était attachant, en demande de câlins mais aussi espiègle.

Tous les enfants étaient heureux d'entamer la conversation avec nous, de dire quelques mots de Français. Ils aimaient nous taquiner aussi.

On improvisa une partie de football. Je partageai ce moment avec Junel qui était si heureux de cet échange avec « son papa blanc ».

Sa maman restait attentive aux deux hommes de sa vie tout en discutant avec plusieurs parents.

Tout à coup, lors d'un échange de ballon, Junel s'arrête net. Il me regarde et marmonne rapidement ces mots « je t'aime ».

Ai-je mal entendu ? Sans aucun doute.
C'était sans compter sur ma femme et le petit groupe assis sur des souches de bois. Ils ont bien tous perçu la même phrase. Celle que j'ai attendue depuis de si longues années.

Mon fils, mon petit homme. À ce moment comment ne peut-on pas se souvenir du dialogue écrit par St Exupéry entre le petit prince et le renard :

« Qu'est-ce que signifie " apprivoiser " ?

- C'est une chose trop oubliée, dit le renard. Ça signifie " créer des liens...   "
- Créer des liens ?
- Bien sûr, dit le renard. Tu n'es encore pour moi, qu'un petit garçon tout semblable à cent mille petits garçons. Et je n'ai pas besoin de toi. Et tu n'as pas besoin de moi non plus. Je ne suis pour toi qu'un renard semblable à cent mille renards. Mais, si tu m'apprivoises, nous aurons besoin l'un de l'autre. Tu seras pour moi unique au monde. Je serai pour toi unique au monde... »
Nous continuons à jouer avec tous les enfants, sans exception. Ce sont de véritables chenapans.

Ils aiment me faire tomber dans l'herbe, bien moins l'idée de me faire mal. Bien au contraire, ils se jettent sur moi dans le seul de but de me chatouiller, de me couvrir de câlins.

Comment peut-on refuser de donner alors un peu d'amour à tous ces bouts de chou pour qui la vie n'est pas un long fleuve tranquille.

Oui mais voilà... Sans m'en rendre compte, j'ai déclenché un incident diplomatique d'une extrême gravité.

Mon fils, jaloux comme un pou fit irruption pour chasser ses camarades.
Tel un chef de meute, il fit bien comprendre à tout ce petit monde que je lui appartenais et qu'il se battrait pour conserver « son » papa.

Néanmoins, la matinée s'acheva dans la joie et la bonne humeur. Il était temps de se restaurer.

Les repas étaient servis très tardivement l'après-midi entre 14 h 30 et 15 h 00. La nourriture proposée était riche, copieuse et variée.

Nous avions une entrée différente chaque jour.
Le plat principal se composait soit de viandes ou poissons, accompagnés de riz avec haricots rouges. Pour diversifier les cuisinières, nous concoctaient également des pâtes bolognaises, des lasagnes. Les repas se terminaient par des fruits frais, yaourts ou gâteaux.

Comme lors des petits-déjeuners, nos enfants étaient présents. Leurs nounous respectives leur servaient leur propre repas. Il va sans dire que nos chérubins n'en voulaient point. Junel et ses copains découvraient une autre nourriture.

Autant de victuailles auxquelles ils n'avaient accès d'habitude.

Le poulet est pour eux un véritable festin. Ils en mangent de temps en temps mais ces jours-là sont des jours de fêtes pour eux. Ils ont une manière bien à eux de le déguster. Rien ne se perd. Ils rognent les os, les rompent pour en récupérer à l'intérieur la moindre moelle présente.

Ils sont fiers nos enfants à table, ils se savent privilégiés par rapport à tous leurs autres copains.

C'est alors que nous assistons à un drôle de petit manège savamment orchestré.
Malgré la surveillance des nounous et cuisinières, un certain nombre de petits malins passaient leurs têtes, par le pur des hasards, dans la cuisine.
Ce fut ce deuxième jour notre première leçon de solidarité.

Junel, tranquillement assis à table distribue discrètement à ces camarades de la nourriture présente sur la table.
Cette entraide est une notion primordiale à la crèche. Le chacun pour soi n'existe pas. Le plus chanceux, le plus fort aide et protège les plus faibles.

Quelle leçon de vie pour nous tous !

Bien entendu, nous fermons les yeux sur ce trafic rondement mené.
Nous ne tardons pas d'ailleurs à braver activement les interdits, les règles et consignes édictées par la maîtresse de maison.

Quelle délectation que d'enfreindre la loi dans ces moments.

L'après-midi fut tranquille, consacrée à une petite sieste tardive. Par la suite nous avons rejoint les parents sur la terrasse principale donnant sur la rue. Nous nous entendons bien avec deux des trois couples. Nous papotons de tout de rien. Nous observons d'un œil nos enfants qui ne sont jamais bien loin de nous depuis que nous sommes arrivés. Junel joue avec son petit copain Jonathan.

Ah ces deux-là, deux larrons en foire. Le plus coquin n'est pas celui que l'on pense. Le plus petit fait la pige à notre fils. J'aimerais bien savoir ce qu'ils se disent.

La soirée fut calme. Une fois notre collation terminée, nous sommes allés nous coucher tôt. Nous avons besoin de récupérer du décalage horaire et de nos émotions.

Ce soir-là, j'ai « pitié » de notre progéniture, il va devoir encore se coucher sur ce petit matelas bien mou, parterre, sous la machine à coudre. Avec l'accord de mon épouse, je décide que cette nuit, il dormira avec nous dans le lit.

Drôle de réveil ce matin-là. Je sens une chaleur dégoulinante dans mon dos. Je rêve probablement.

Que – nenni, mon petit monstre a simplement fait pipi sur son papa.

Super, la journée s'amorce de la meilleure des manières.

Douche rapide pour tous, le plus discrètement possible. Bien entendu tous les autres occupants de la maison dorment encore.

Nous ôtons les draps du lit, nous nous allongeons sur l'une des parties sèches du lit.

Nous nous s'assoupissons enfin... Je suis bien, lové dans les bras de Morphée et tout à coup...

COCORICO – COCORICO...

Je vais me les « faire » ces sales bestioles. Il y en a dans tout le quartier. Je m'en fous je vais faire un « coquicide ». C'est une question de principe. Cela sera eux ou moi. Comme dirait Ophélie Winter : « Dieu m'a donné la foi ». Vous ne perdez rien pour attendre.

Bien sûr, quelques minutes plus tard nos chers bébés se mettent à brailler. Après les coqs et leur « Cocorico », les bambins s'époumonent : « on veut du lolo »
Oui je parle le bébé couramment, je l'ai étudié en seconde langue au lycée. Je suis parfaitement bilingue et dingue de ces agitations matinales.

Quand je vous disais que Haïti ne dormait jamais !

Ce deuxième jour fut très intéressant et riche en enseignement sur le fonctionnement de la crèche.
Vous êtes-vous déjà posés la question de savoir comment organiser, superviser une structure de près de 130 enfants et d'une vingtaine d'employés.

Tout est bien rodé. Cela se voit qu'Éveline est bien entourée. Elle dispose de deux chauffeurs ce qui lui permet de véhiculer les nombreux parents lors de leur séjour.

De nombreuses nounous accompagnent et préparent les enfants à l'adoption. Chacune d'elles a en charge un groupe plus ou moins important.
Ce n'est pas une mince affaire croyez-moi. Ces petits chenapans sont souvent indisciplinés. Leur « jeu » favori est de se débarrasser sciemment de l'une de leurs deux chaussures. Cela a le don de mettre très en colère Éveline.

La débrouillardise et la solidarité des timouns sont absolument incroyables et surtout indispensables pour « survivre » en collectivité.
Chaque matin, les douches sont prises à l'extérieur. Les enfants ont à leur disposition des bassines, des seaux. Les plus âgés sont autonomes.
Précisons à cet égard qu'à compter de 3-4 ans nos bambins sont déjà aguerris et donneraient bien des leçons de vie à nos ados choyés et privilégiés.

Les plus grands font la toilette aux plus petits avec bienveillance. S'ensuivent l'habillage et l'hygiène buccale. Tel des fourmis processionnaires, nos charmants timouns sont les uns derrière les autres attendant patiemment qu'une brosse à dents se libère.

Ces images sont saisissantes pour nous et pourtant elles existent. C'est dans ces moments-là que nous mesurons la chance d'être né en France.

Pour les repas, nous assistons au même schéma. Ceux qui ne sont pas encore « autonomes » sont nourris. Tout le monde mange à sa faim et il n'y a aucun chapardage.

Les nounous veillent au grain pour cela. Elles sont le lien essentiel entre les adoptants et les adoptés. Elles prennent soin des enfants lorsqu'ils sont malades. Elles disposent d'une infirmerie avec un stock de médicaments de première nécessité. Ces précieux remèdes sont généralement apportés par tous les parents adoptants.

Pour les pathologies plus lourdes, Éveline conduit les enfants aux dispensaires ou dans un hôpital. Elle s'assure également que tous les vaccins soient inoculés à nos petits.

Je souhaite également rendre hommage aux cuisinières, ces femmes de l'ombre qui dès l'aube commencent à préparer les repas pour chacun des pensionnaires présents. Les conditions sont rudimentaires. Pas de gazinière, les plats sont préparés sur un feu de bois. Le verbe « mijoter » prend tout son sens ici en Haïti.

Les repas ont toujours été pour nous un moment de convivialité et de bonheur gustatif. J'ai mangé des lasagnes dont je me souviendrai longtemps. Merci à vous Mesdames.

Quelle intendance. Toutes ces lessives à faire tous les jours, qu'importent les conditions météorologiques. Tous ces draps, ces vêtements à faire sécher quelle corvée !

Une fois étendue Mesdames, Messieurs, vous n'y prêtez plus attention.

Quelle banalité du quotidien.
À la crèche au contraire, c'est un spectacle. Imaginez-vous ce patchwork de couleurs pendu sur quelques fils ou directement sur le sol. On dirait de véritables œuvres d'art.

Je suis intimement persuadé que quelques snobinards aisés glousseraient un « j'adore ! ». Ils demanderaient probablement à acquérir ces véritables merveilles.

Et notre chère Éveline. Ou est-elle ? Se cache-t-elle ?
Nous la voyons peu dans la journée. Elle vient nous voir pendant les repas et nous profitons de sa présence le soir quand la plupart des enfants sont couchés.
Éveline, a un emploi du temps de ministre. Il n'y a rien de péjoratif dans mes propos, bien au contraire.
Toutes ses actions, ses actes sont réfléchis, sans fioritures. Du réel, du concret.

Chaque matin, on assiste à une drôle d'activité près de l'entrée de la maison. Des femmes – seules ou accompagnées de leurs enfants, compagnon ou mari – attendent patiemment en file indienne.
Cela ne désemplit jamais. On se croirait à la Sécurité sociale.

Oui mais ici il n'y a pas de sécurité, il n'y a que du social.

En effet, Éveline fait office d'assistante de bonnes œuvres. Elle reçoit tout le monde, écoute les doléances de chacune.
Les unes ont besoin de couches pour enfants, de vêtements, de médicaments, de quelques billets pour manger ou pour payer une facture.

D'autres viennent demander l'accueil de leur enfant à la crèche par manque de moyens financiers.

Toutes ces femmes sont reçues avec bienveillance, elles se font parfois sermonner par Éveline afin de les responsabiliser...

Éveline est une femme connue et reconnue dans son quartier et bien au-delà. Elle est appréciée pour sa générosité. Et soyons clairs, pour certains, notre chère Éveline fait office de banque.

Mais ici pas de prêt, pas d'intérêts, il s'agit de don en nature et surtout de don de soi.

Après une matinée bien remplie, notre reine à tous, consulte ses mails provenant du monde entier. Elle réceptionne le courrier, les dossiers des parents. Elle formalise certains documents. Elle est le rouage essentiel entre l'administration, l'avocat et les parents. Sans ce lien, nous serions bien seuls et démunis.

Elle est le Graal – le Saint Graal.

Les après-midis sont consacrés à l'administratif, aux déplacements dans les différentes structures nécessitant aval pour l'adoption.

Une fois toutes ses tâches accomplies, Éveline se joint à nous pour discuter, chanter quelques cantiques et philosopher sur la vie. On écoute de la musique en sa présence. Elle adore Charles Aznavour. Elle connaît son répertoire par cœur.
Puis Éveline, sans crier gare, disparaît pour se replonger dans ses nombreux dossiers.

Troisième, quatrième jour, le temps passe vite. On a pris nos aises et nos habitudes. On a fait acheter à Éveline une bouteille de rhum BARBANCOURT. Pour ceux, qui ne le savent pas, ce fameux rhum fait partie des meilleurs au monde et a été à de nombreuses reprises primé.

Punch sur la terrasse... On « lâche prise » ..
Ba moin en tibo, Deux tibo, trois tibo doudou
Ba moin en tibo,-Deux tibo, trois tibo d'amou

Ba moin en tibo, Deux tibo, trois tibo,
Ba moin tout ça ou lé pou soulagé cœu moin,

On ne pense plus à rien, on oublie que l'on est aussi venus pour comparaître au tribunal, on oublie les barreaux aux fenêtres et le fait que la maison soit gardée la nuit.

Nos enfants eux "s'abandonnent", délaissent les règles de bienséances, de bonnes manières.

Junel n'aime pas la contradiction. Alors qu'il avait décidé de mettre un clou dans sa bouche et d'escalader la rambarde de la terrasse, nous nous fâchons.
Première frayeur de parents. Nous le grondons sèchement et lui mettons une petite tape sur les fesses. Monsieur Junel n'a pas apprécié et l'a fait savoir par quelques mots en créole.

Mais ce cher enfant ne pouvait savoir que mon épouse parlait aussi cette langue (même si ce n'est pas exactement le même dialecte). Ni une ni deux ma femme le sermonne sèchement.

Bien que je n'aie pas tout compris, ce ne fut pas le cas de notre petit ange. Il a été soufflé, désarçonné et fut tout penaud.
Mince, mes parents vont être autoritaires ! Par ailleurs, il faut que je me méfie de maman, elle est drôlement rusée.

Junel s'est pris d'affection pour son petit copain Jonathan. Ils s'entendent comme cul et chemise.
Ils adorent prendre la douche ensemble. S'éclabousser, se laver mutuellement pendant un long moment, cela leur permet d'oublier leur quotidien habituel.

Un après-midi, je ne sais pourquoi, ils leur a pris l'envie de nettoyer toute la terrasse.

Junel fut responsable en chef du balai et Jonathan celui de la pelle. Ils ont fait cela avec une telle application. Ils parlaient, rigolaient, chantaient en créole...
Souvenez-vous de la chanson Maldon interprété par le groupe Kassav

« Nétwayé, baléyé, astiké, Kaz la toujou penpan ». À ces deux-là, sont à mourir de rire.

Éveline avait dans le salon un téléviseur. Bien entendu nos enfants regardaient avec émerveillement les dessins animés diffusés sur les chaînes Américaines.
Notre petit bout était passionné par le basket-ball, il mimait les joueurs tout en ne quittant pas des yeux le petit écran.

Il aimait danser, il avait véritablement la musique dans la peau. Que de danses endiablées avec sa maman.

Et bien sûr, il faisait des bêtises comme tous les enfants.

À chaque fois qu'il se faisait prendre les mains dans le pot à confiture, de peur de se faire attraper il avait trouvé un subterfuge. Lequel me direz-vous ? Celui de courir vers moi, d'ouvrir grand ses bras et de crier « papa, je t'aime, je t'aime ».

Junel était aussi moqueur. Il adorait regarder passer les « machines » (voitures en créole).
Un jour un tap tap (taxi coloré) était stationné juste en face de la maison. Son conducteur s'affairait à réparer sa voiture. Le véhicule était sur cale, une roue en moins. Son propriétaire était concentré et passablement dépité.

Et que fit notre Junel National ?
Il se mit à chanter « le monsieur, il a cassé la machine yéyéyé yé, la machine du monsieur elle est cassée yéyéyé yé... ».
Que dire, que faire ? Rigoler un bon coup, je l'avoue honteusement.

Nous avons passé plus de la moitié du séjour à la crèche.
Éveline, sans l'attendre vient nous voir. Elle nous annonce que la comparution au tribunal - pour l'adoption de notre petit bout - est prévue pour le lendemain matin.

Nos visages se ferment, nous mesurons l'importance de l'échéance.
D'autant plus que l'épreuve redoutée n'est pas celle à laquelle vous pensez. Nous redoutons, par-dessus tout, la rencontre avec les parents biologiques de Junel.

Cette rencontre se fera demain matin avant notre passage devant l'officier ministériel.

La nuit n'a pas été des plus douces.
Le jour tant attendu arrive. Nous prenons un petit-déjeuner d'autant plus rapidement qu'Éveline vint nous annoncer l'arrivée des parents de Junel.

Avec appréhension nous allons à leur rencontre, accompagnés de Junel.
Nous sommes interloqués par la jeunesse de ce couple. Éveline fait l'interprète, elle détend l'atmosphère.
Cela se passe tant bien que mal. La maman biologique de Junel lui tend une sucette. Il la refuse, détourne les yeux et s'en va se réfugier sur la terrasse.
Nous allons le chercher. Il observe de sa tour de guet ses parents, il les nargue, il s'accroche à nous. Quelle ambiance.

On laisse Junel à la crèche et nous partons tous dans un seul et même 4*4 au tribunal.

L'atmosphère est pesante dans la voiture.

Nous entrons dans le tribunal où des hommes menottés comparaissent. Éveline nous demande d'attendre avec son chauffeur. Grâce à ses connaissances, nous passons devant tout le monde.

Nous pénétrons dans un petit bureau. Nous tendons nos passeports. L'homme explique en créole aux parents biologiques la portée de leurs actes. Ils semblent en avoir conscience.

Il nous est tendu alors un simple cahier à carreau. Ce dernier contenait un texte en créole. L'officier nous demande de le signer. L'émotion était forte pour nous tous dans la pièce. Nous ne savions pas ce que nous signions mais nous connaissions l'issue de nos paraphes.

Une fois cet acte administratif effectué, nous rentrons à la crèche. Le silence est le maître mot. Il est pesant. Éveline entame une conversation avec le jeune couple. Quelques mètres plus loin, la voiture s'arrête, nos compagnons de route descendent, nous saluent. Éveline leur tend quelques billets. Nous rentrons à la crèche.

Junel est heureux de nous revoir. L'épreuve tant attendue est terminée. Éveline nous décrit les prochaines étapes de la procédure. Début d'année 2010, les papiers officiels seront retranscrits, certifiés, signés et à ce moment-là nous pourrons venir chercher notre fils. Si Dieu veut, tout sera réglé pour le printemps 2010. Trois mois, trois longs mois...

Comment ne pas pester sur le changement de la loi haïtienne en cours de procédure. Nous envions deux des trois couples présents à la crèche. Eux, n'attendront pas. Ils rentreront dans quelques jours en France avec leurs enfants.

Le soir pour fêter cela, Éveline nous a achetés du mousseux et un énorme gâteau à la crème coloré en bleu.

Nous nous sommes tous regardés avant d'accepter ce précieux aliment. Faisons honneur à notre grande Éveline.

Nous buvons à la santé de nos enfants, nous rigolons.

Une fois le repas fini, nous montons à l'étage où quelques danses improvisées avec nos enfants ont fini par nous détendre.
Ce fut une soirée mémorable. Pleine d'émotions et de communion avec les autres familles, les enfants et Éveline.
Un jour de plus avec Junel. De cette journée il n'en reste que des bribes tant un événement fut marquant.

Pierre et Nicole qui nous ont accueillis à notre arrivée doivent rentrer en France. Leur séjour se termine.
Ce couple partira sans leur fils Régi.

Régi est un garçon âgé de 8 ans avec un parcours de vie peu enviable. Il est tourmenté, refuse l'autorité et l'amour de sa maman d'adoption.

Une relation se construit dans l'affection du côté de la mère.
À l'opposé son fils prône la confrontation. Un mélange explosif dont nous avons été témoin à de nombreuses reprises.
Les valises sont prêtes, le temps des « au revoir ». Nos amis se trouvent avec Régi dans un salon au RDC de la maison.

Nous entendons des cris, des pleurs. Nous accourons.
La douleur d'un enfant de voir partir son papa et sa maman de cœur.
Mais l'inimaginable se produit. Régi se réfugie dans les bras de sa maman, la supplie de ne pas partir alors qu'il n'a fait que la repousser depuis leur rencontre.

Nous pleurons. Nous sommes envahis par tant de frustration face à la situation. Cette dernière n'a aucune issue immédiate.
Notre amie, nous demande de prendre soin de lui, de le consoler, de le rassurer, de le protéger une fois qu'elle sera partie.

Il va de soi que ma femme accepte cette demande sans sourciller une seule seconde.

À partir de cet instant, nous comprenons également que notre séjour touche inexorablement à sa fin. Nous ne voulions, jusqu'alors, penser à notre départ sans Junel.
Oui mais voilà, il va falloir sérieusement nous y préparer tous les 3.

Avant notre départ, nous verrons encore une fois les parents biologiques de Junel. Lors de cette dernière entrevue, nous les remercions de nous "confier" leur enfant. Nous les rassurons sur son avenir.
Junel est présent mais ne veut à aucun moment avoir le moindre lien charnel avec ses futurs ex-parents.

La vie de la crèche reprend son cours. Le départ de Pierre et Nicole coïncide avec l'arrivée de Paula.
Paula est une maman solo. Elle a un enfant naturel et un second enfant adopté. Elle connaît donc bien Éveline et le fonctionnement de la maison.
On sympathise très vite avec elle.
Paula est une femme joviale, rigolote et vive.
Elle arrive à point nommé. N'oubliez pas que nous approchons de Noël. Nous devons être ce jour-là le 20 décembre.

Mamie JANJAN, surnom affectueux donné à Éveline, prépare une petite fête pour les enfants. Elle a acheté des petits cadeaux pour chacun. Elle veut organiser cet événement le 22 décembre.
Paula souhaite apporter son aide aux préparatifs. Nous ne pourrons hélas pas y participer. Il s'agit du jour de notre grand départ.

Nous profitons de Junel chaque instant, nous le couvrons d'amour, de tendresse, de mots d'amour. Nous ne cessons de

lui dire que nous allons devoir partir mais pour une seule et bonne raison.
Nous devons le laisser afin de préparer sa chambre, avec son lit, ses futurs jouets.

Le jour J est malheureusement là.

Ma femme et moi décidons qu'il ne faut pas faire de surenchère pour nos « au revoir ». L'émotion est là mais nous devons la canaliser.
Paula notre maman solo nous propose d'occuper Junel lorsque nous devrons partir. Il aura la délicate tâche de gonfler tous les « blades » (ballons) pour la fête à venir.

Nous passons les derniers instants avec notre enfant.

Les secondes s'égrènent inexorablement. Les larmes sont à fleur de peau. Nous les retenons. Je prends mon fils sur mes genoux en lui faisant la promesse suivante les yeux dans les yeux :
« Je te jure que nous reviendrons te chercher une fois que ta chambre sera prête pour t'accueillir ».

Nous quittons la crèche, Éveline nous accompagne à l'aéroport ; durant le trajet elle dissipe nos doutes.

La procédure est sur sa phase finale. Un peu de patience et bientôt vous serez de retour pour accompagner votre fils vers sa nouvelle vie « si Dieu veut ! ».

Nous quittons Haïti le 22 décembre 2009. Le voyage sera interminable. Nous sommes profondément tristes. J'ai des douleurs dans tout mon corps.
Un doigts de la main gauche me fait souffrir. Nous sommes le 23 décembre. Nous arrivons enfin à la maison. Nos corps, nos âmes sont usées, éreintés. L'heure n'est pas à la fête, loin de là.

Demain, 24 décembre, je dois aller travailler à la banque. Aujourd'hui encore, je ne sais toujours pas pourquoi j'ai eu cette idée si saugrenue.

Ce 24 décembre au matin, je suis en mode pilotage automatique.

Les cernes sont visibles. Nous discutons avec mon responsable,
je lui offre une bouteille de rhum car je le sais fin connaisseur. Ma productivité est nulle. Je remarque que mon doigt a gonflé dans la nuit, a rougi. Il me fait de plus en plus mal.

Tout cela n'est rien. Mes pensées vagabondent, se focalisent sur Junel. J'ai eu tant de bonheur à le serrer dans mes bras. Le meilleur est devant nous, nous le savons. Bientôt nous serons de nouveau réunis et ces retrouvailles seront à ne pas douter inoubliables.

Je hais toujours Noël d'autant plus cette année. Nous devons dîner avec mes parents ce soir et festoyer de nouveau avec eux le 25 décembre. L'absence de Junel rejaillira sur l'ambiance sans aucun doute.

Nous avons vécu une extraordinaire parenthèse d'une dizaine de jours dans notre vie qui ne s'oubliera jamais. Nous en mesurons notre chance.
Cette récréation a du bon. J'ai échappé à ma série fétiche « la petite maison dans la prairie ». Toujours cela de gagné.
Mickaël London qui dresse le portrait d'une famille blanche Américaine, croyante et aimant son prochain.
La belle image d'Épinal est parfaitement bien vendue. Nous sommes tellement loin de la réalité dans ce pays.

Je dois me résigner en ce début de soirée à me rendre aux urgences dans une clinique proche de mon domicile.

Mon doigt me fait souffrir. Après une attente assez courte, le médecin me diagnostique une piqûre probablement d'araignée. Il me prescrit des antibiotiques, des antidouleurs et me souhaite de joyeuses fêtes.

Une infirmière me fait une jolie poupée.

Oh non je fais un cauchemar, je suis dans le cosmos. Il me revient une chanson de 1983 du très talentueux Bernard Menez.

Si, amis lecteurs, il n'y a aucune raison que je ne vous fasse pas profiter de ce chef-d'œuvre de la chanson française.

« Y'a des marteaux du stylo intellectuels
moi j'ai du style au marteau j'suis un manuel
j'tap' sur un clou j'me tap' sur les doigts
j'coup' un bout d'bois j'me coup' un bout d'doigt
heureus'ment j'ai tout prévu en pareil cas
sous la main j'ai du coton sparadrap

Oh oh oh jolie poupée
sur mon doigt coupé
oh oh oh jolie poupée
tu me fais chanter
oh oh oh jolie poupée
sur mon doigt coupé
oh oh oh jolie poupée
bobo pas pleurer... »

Alors heureux- ? Il y a du Baudelaire, dans cette prose...

Confession ultime sur ce morceau. J'ai honte de vous l'avouer. Je me lance. Il s'agit du premier 45 tours que j'ai acheté avec mon argent de poche. J'ai une circonstance atténuante, j'étais alors âgé de 13 ans. Les temps ont bien changé. Aujourd'hui à cet âge, les jeunes écoutent Chakira, Beyoncé et j'en passe.

Je n'ai plus aucun souvenir de ce 24 décembre au soir.

Ce jour de Noël, je suis de très mauvaise humeur, j'ai mal au doigt, j'ai de la fièvre.

C'est décidé je resterai à la maison. Ma femme ira déjeuner chez ses beaux-parents en compagnie de ma belle-mère.

Au dernier moment, je ferai un effort ultime pour les rejoindre.

Le soir même nous appelons la crèche. Nous discutons avec la nounou de Junel. Elle nous informe qu'il est grognon, un peu souffrant, mais rien de grave.

Puis vient le moment où nous entendons sa petite voix.
Il est si content de nous entendre, nous parle un peu en français mais surtout en créole. Il chante.
Il sait alors que nous ne l'avons pas « abandonné » ni oublié.

Le travail me permet de ne pas trop cogiter. Toutes mes connaissances mises dans la confidence me trouvent « radieux », « rayonnant ».

Tous sont heureux pour moi et pour mon épouse.

Le 27 décembre 2009 nous adressons un mail à l'attention de Véronique notre fameuse intermédiaire entre Éveline et nous lors de la constitution de notre dossier.
Nous lui souhaitons avec un peu de retard un joyeux noël et nous lui joignons une photo de notre fils.

<u>29 décembre 2009 :</u>

Nous échangeons plusieurs correspondances.
Nous reprenons contact avec Pierre et Nicole dont le départ de Haïti avait été déchirant.

Bonjour Nicole et Pierre

J'espère que vous allez le mieux possible après votre départ difficile de Haïti.

Ne vous inquiétez pas, nous avons pris soin de Régi, le jour même et ce jusqu'à notre départ.

Il a été triste surtout le samedi et le dimanche mais après il allait mieux. Il jouait avec ses copains et Paula (une maman arrivée après votre départ) a même pris des photos de lui où il fait des grimaces.

Nous espérons que vous allez passer de bonnes fêtes de fin d'année. Si vous avez un numéro de téléphone, merci de nous le transmettre (si vous le souhaitez) afin que Angie puisse correspondre avec Nicole.

Gros bisous à vous deux. Amicalement

Ce jour-là est particulier, il s'agit de mon anniversaire. Nous ne ferons rien de spécial. La fête sera pour plus tard.

Néanmoins, nous avons des vacances prévues au mois de février.
Depuis de long mois nous avons réservé une chambre dans un riad à Marrakech où nous avons nos habitudes.
Nous avons hâte de retrouver la chaleur du climat et humaine de notre hôte.

Bonjour Antonio

Nous avons bien reçu votre message de vœux pour Noël. Avez-vous repris une autre tortue ou s'agit-il d'une photo ancienne ?

J'espère que vous allez bien et que vous avez toujours une activité soutenue.

En ce qui nous concerne, nous sommes rentrés de Haïti le 23 décembre. La rencontre tant attendue s'est très bien passée. Par contre les conditions sur place étaient loin d'être aussi parfaites qu'au riad où le Georges Clooney local sévit quotidiennement.

Le retour a été difficile : la séparation, la différence de température a entraîné une bonne bronchite me contraignant à rester à la maison.

Nous sommes toujours très impatients de vous voir au mois de février. Je suis en train de vous enregistrer plein d'albums de jazz pour parfaire votre sélection et autres petites surprises.

Nous vous embrassons tous les deux.
Amicalement.

Bien évidemment, nous ne pouvions décemment ne pas adresser quelques mots à notre chère et tendre Éveline.

Bonjour Éveline,

Nous t'envoyons ce petit mail afin de te remercier pour ton accueil, ton amabilité et ta disponibilité lors de notre séjour en Haïti.
Nous avons été très touchés par tes petites attentions à notre égard.

Nous espérons te revoir très vite et te souhaitons de passer avec ton mari d'excellentes fêtes de fin d'année.
Gros bisous à notre maman noire. Tendrement

Nous n'avions pu rencontrer notre avocat pendant notre séjour en Haïti et nous en étonnons auprès de lui.

Maître,

Nous nous sommes rendus avec mon épouse en Haïti du 15 au 22 décembre dernier afin de passer en comparution.
Nous pensions faire votre connaissance et par la même occasion vous régler la somme vous restant due.

N'ayant pu se faire, j'ai effectué ce jour un virement sur votre compte à la Banque x en France.
Nous espérons de tout cœur que tout votre possible sera fait pour que nous puissions venir chercher notre fils le plus rapidement. Dans l'attente, nous nous permettrons de vous écrire régulièrement, sans vous embêter pour autant, afin de connaître l'évolution de notre dossier.
Cdt

La réponse ne tarda pas

Bonjour M. et Mme BELLI.

Je suis profondément désolé, mais très désole de n'avoir pas pu vous rencontrer à Port-au-Prince.

Une erreur de planning a empêché notre rencontre car Mme Louis Jacques n'a pas été très précise dans les informations qu'elle m'a données.
Compte tenu du fait que j'ai été très pris, je n'ai pas eu le privilège de vous rencontrer.
Je ferai de mon mieux pour que je sois présent et disponible pour vous accueillir lorsque vous viendrez chercher votre enfant.
Je vous remercie pour le virement et je ne manquerai de vous tenir informé de sa réception.

Je vous souhaite un joyeux et une très bonne et heureuse année.

Je vous remercie et vous souhaite de passer une très agréable journée.
Me COBEN.

Maître,

Ne vous inquiétez pas. Nous n'avons pas pris ombrage du fait de n'avoir pas pu vous rencontrer en Haïti. Nous espérons quand même pouvoir faire votre connaissance la prochaine fois.

En attendant permettez-nous, à notre tour, de vous souhaiter une excellente fin d'année et une joyeuse et heureuse année 2010 pour vous ainsi que pour tous vos proches.

Cordialement.

Fin d'année classique, pas d'envie, ni de plaisir.

Le décompte est fait par les mêmes présentateurs à la télévision...

Bonne année 2010.

Nous l'envisageons merveilleuse, grandiose, inoubliable.

Les 3 mois qui nous séparent de Junel vont être somme toute interminables mais nous avons parcouru le chemin le plus escarpé.

Nous savons à ce moment-là qu'à 99,9 % il sera avec nous au printemps.

Plus rien ne peut nous arriver

De Schtroumpf grognon, je deviens Schtroumpf joyeux.

Nous continuons d'appeler notre fils. Nous avons toujours le même plaisir de l'entendre faire des progrès en Français.

Nous sommes alors le 11 janvier 2010.

Il est si heureux au téléphone. Il nous fait pleins de gros bisous et avant que notre conversation ne se termine, Junel nous déclare :

« je t'aime maman, je t'aime papa ».

4 - SOMETIMES IT'S SNOW IN APRIL (PRINCE)

Il m'aura fallu près de 7 ans pour poursuivre l'écriture de ce livre. Les souvenirs sont présents, enfouis aux plus profond de ma chair. J'accepte de réveiller mes démons, de vous livrer mes archives précieusement conservées

Il est l'heure pour moi de vous faire part de l'intime, de mon impudeur. Je vous ouvre mon cœur.

<u>Mercredi 13 janvier 2010</u>

Il est 6 h 50 en France. Il est l'heure pour moi de me rendre au travail.
Dans ma voiture j'écoute Jean-Jacques Bourdin comme chaque matin.

Il est 07 h 00, l'heure des infos… Je suis sur la voie rapide et j'entends ceci :

« Un tremblement de terre d'une magnitude de 7,2 est survenu à 16 heures 53 minutes heure locale ce 12 janvier en Haïti. Son épicentre est situé approximativement à 25,3 km de Port-au-Prince ».

"Le foyer a été localisé à 10 km de profondeur. Une douzaine de secousses secondaires de magnitude s'étalant entre 5,02 et 5,95 ont été enregistrées dans les heures qui ont suivi".

Cette information est d'une extrême violence. Je la reçois en pleine figure. Mes larmes coulent. Je prends conscience de l'ampleur de la secousse.

J.J. Bourdin annonce « une émission spéciale. Des témoignages à venir. Les dégâts semblent importants… »

J'implore le ciel, les dieux. Je me ressaisis. Je me rassure, je me raccroche aux fondations solides de la crèche, à la configuration des lieux. À l'heure du choc, les enfants jouent, comme tous les jours, dans le jardin.

J'arrive au travail. Mon chef est pâle, il a lui aussi entendu les informations. Nous en discutons.
Il sait que les heures à venir vont être compliquées, il le comprend.
Je m'assois à mon bureau, il est environ 07 h 30. Ma femme doit encore dormir. Que dois-je faire ? Lui apprendre moi-même la terrible nouvelle ou la laisser la découvrir seule ?

Je saisis le téléphone. Après une interminable attente, mon épouse décroche. Elle est sous le choc.

Il est décidé immédiatement que nous nous répartissions des tâches afin d'avoir des nouvelles d'Éveline, de Junel, de la crèche.
Je me charge d'écrire sur-le-champ un mail à notre avocat Haïtien.
Ma femme quant à elle va tenter de joindre téléphoniquement Éveline...

Dans la matinée, notre avocat nous écrit brièvement

« Je ne suis actuellement pas à Port au Prince. Je suis à Miami. Toutefois d'après les premières informations dont je dispose, les nouvelles ne sont pas bonnes.
Il y a certainement de la casse ! (Sic) ».

Je ne quitte pas le téléphone ce matin-là. Le contact est quasi permanent avec ma femme.
L'inquiétude est inimaginable. Tous les appels vers Haïti échouent inexorablement.

Théoriquement je ne peux quitter mon poste de travail avant 11 h 30.
Je ne peux plus attendre, je ne veux laisser mon épouse à la maison. Il est 11 h 00, je m'en vais.

Arrivé à la maison, j'étreins ma femme. Nous sommes abasourdis, le ciel nous est tombé sur la tête.
La télévision est allumée. BFM TV diffuse en boucle les images du séisme.

La captation est prise sur les hauteurs de la ville. On y voit un énorme nuage de fumée de poussières. Les images et commentaires sont violents.
Nous appelons Pierre et Nicole, nos amis présents à la crèche en même temps que nous. Chose incroyable, ils n'étaient pas au courant. Ils paniquent. Pierre me fait promettre de lui dire la vérité. As-tu des nouvelles ? Qu'en est-il pour notre fils ?

Il nous supplie de lui relater de la situation, en toute franchise.

La vérité est que nous ne savons rien…

On contacte Paula, notre maman solo qui s'était occupée de Junel à notre départ de Haïti. Peut-être a-t-elle des informations fiables, a-t-elle pu s'entretenir avec Éveline ?

Chers lecteurs, tous les mails retranscrits ci-dessus et ci-après, sont authentiques. Seuls ont été enlevés ou modifiés les noms et prénoms des différents intervenants.

Compte tenu de la situation soudaine, tragique et anxiogène pour les parents et leurs proches, j'ai pris le parti de laisser toutes les correspondances telles qu'envoyées ou reçues.

Vous comprendrez bien que nos soucis principaux, dans cette épreuve cataclysmique, n'étaient nullement de s'épandre sur les tournures grammaticales et fautes d'orthographe. Merci pour votre indulgence .

Ces premières bouteilles à la mer sont pour moi encore bouleversantes et douloureuses plus de 7 ans après.

Bonjour Paula

C'est une véritable catastrophe pour le pays et pour tous les timouns.
Nous espérons que les dégâts à la crèche ne sont pas très importants mais surtout que les enfants ne sont que choqués.

Si tu as des nouvelles, merci dans la mesure du possible de nous tenir au courant.

On a une grande pensée pour ta fille Stella

Angie et Patrick parents de JUNEL

Nous obtenons des nouvelles de la crèche.

Mercredi 13 janvier à 13 h 17

Nous avons eu Éveline ce matin au téléphone vers 11 heures, Elle n'est pas blessée et Monsieur JANJAN est aussi sauf.

La maison s'est effondrée et les dégâts sont considérables. Elle nous a confirmé qu'il y avait malheureusement des victimes mais ne nous a pas communiqué de nom.

Louna et Florent sont, selon elle, tirés d'affaire. Elle nous a aussi parlé de Régi, Marie-Jo, Micky et Lesly, qu'elle aurait vu depuis la catastrophe...

Nous sommes de tout cœur avec la crèche... et nous pensons à vous tous également.

Véronique et Paula

Je suis dans l'obligation de me rendre au travail cet après-midi. Rien, ni personne ne peut m'arracher à mon désarroi, à celui de ma femme.

Je rentre au plus tôt chez moi.

Angie est en état de choc. Elle n'a cessé de tenter de joindre la crèche, de poster des messages sur le forum des adoptants de Notre Dame de la Nativité.

Elle ne veut plus rester éveillée. Elle se plonge dans sa bulle. Elle avale des médicaments pour dormir que l'on trouve sans ordonnance. Comme elle n'est pas addict à ces substances, elle plonge dans un coma artificiel pour ne plus souffrir. Elle fuit la réalité brutale, inhumaine.

Je me retrouve « seul » à affronter la situation. Je m'occupe l'esprit comme il est possible de le faire.
J'apprends au travers d'une discussion que notre journal quotidien cherche des témoignages de parents.

J'ai besoin de parler, de faire sortir ma douleur.
Une journaliste me contacte ce soir-là vers 20 h 00.

J'accepte de répondre à ses questions et de décrire la situation. Après cela, je prends des somnifères. L'effet est dérisoire, je passe ma nuit sur internet et plus précisément sur le forum des adoptants de la crèche. Nous sommes tous morts d'inquiétude.
Les mails arrivent par centaine.

Mon opérateur a un problème depuis quelques jours. Je ne dispose plus que de la version américaine d'AOL.
À chaque nouveau message ma messagerie résonne cette phrase : « You've got a mail ».

À ce jour encore, cette phrase est profondément liée à cette période de ma vie.
J'en ai encore la chair de poule lorsque je l'entends...

Mercredi 13 janvier 2010 à 23 h 41

Bonsoir à tous, comme vous tous, cette terrible catastrophe nous a foudroyés et sommes également sans nouvelles des enfants et de notre fils K.

Nous venons d'envoyer des mails au Ministère des Affaires étrangères, au Premier ministre, au président de la République.

Nous les informons de la situation actuelle de la crèche, du bien-être des enfants en demandant un visa humanitaire pour les enfants en URGENCE.
Qui ne tente rien n'a rien !
Nous tournons en rond également et sommes de tout cœur avec vous tous et toute la crèche.

Les larmes ne cessent de couler depuis ce matin.

V et C de K

Je dois aller travailler le lendemain matin.
Mais comment vais-je tenir ?
Comment puis-je laisser ma femme toute seule à la maison ?
Heureusement mes parents habitent au-dessus de chez nous.
Ma mère m'a assuré ce soir-là qu'elle veillerait discrètement sur ma chère et tendre.

<u>Jeudi 14 janvier 2010 :</u>

Jeudi 14 janvier 2010 à 07 h 31

Pour les parents adoptant en Haïti dont le dossier est en cours : le gouvernement a décidé le rapatriement en France des enfants Haïtiens qui sont en voie d'adoption.

Pour cela, un émail mentionnant le numéro de dossier d'adoption doit être envoyé à l'adresse suivante : alertes.cdc@diplomatie.gouv.fr

Il est 9 h 00, une longue journée débute. J'anime ma formation sans montrer mes angoisses, ma détresse.

Mon auditoire est composé de 15-20 jeunes embauchés pleins de vie et d'énergie.
Il m'en manque gravement. Je peux compter sur ma collègue qui coanime avec moi cette cession. La savoir à mes côtés me transcende.

À chaque pause, le rituel est le même. Je me rends à la machine à café et passe mon temps au téléphone pour tenter d'avoir des nouvelles. Il va sans dire que le repas du midi est sauté.

J'appelle ma femme, pas de réponses. Elle dort, toujours et encore puis-je supposer !
Angie a passé une partie de la matinée sur internet. Elle a la force et la volonté de répondre à une amie que nous avions rencontrée lors de l'un nos séjours à Marrakech.

Jeudi 14 janvier 2010 à 07 h 42

Bonjour, hier soir je n'étais pas chez moi. Je suis rentrée très tard mais j'ai entendu les infos, quelle cata ! Comment va le petit ? l'endroit où se trouve l'orphelinat a-t-il été touché par le séisme ?

Je vous fais des bisous en attendant de vous entendre ou de vous lire ou les 2 bisous. Bonne journée
Briget

Jeudi 14 janvier 2010 à 10 h 42

Coucou ça ne va pas très fort, toujours aucune nouvelle à part qu'une partie de la crèche s'est effondrée et qu'il y a des morts et des blessés ; je ne vais rester longtemps car j'ai pris 2 somnifères et j'ai vraiment du mal.
Bises. Angie.

Pétrie de douleurs Angie n'est présente que physiquement dans notre appartement cette soirée-là.

J'essaie de la rassurer, de la couvrir de mon amour. Nous sommes côte à côte et n'avons jamais été aussi seuls.

Jeudi 14 janvier 2010 à 19 h 22

QUI ???
PLEURS ET CHAGRINS VOILA TOUT CE QUI NOUS ATTEND
ANGIE

La soirée sera rythmée par d'autres messages. Le suivant sera écrit à un couple de nos connaissances qui souhaitent apporter une contribution.

Jeudi 14 janvier 2010 à 22 h 25

Bonsoir Serge et Catherine, voici les coordonnées d'Éveline Louis-Jacques : la directrice de la crèche.

À l'heure actuelle les gamins dorment dehors et le manque de nourriture et d'eau commence à se faire sentir.

Si vous pouvez aider cela lui sera bien sûr d'un grand secours. Merci de tout cœur. Angie.

Suivi d'un dernier appel au secours

Jeudi 14 janvier 2010 à 22 h 37

Des nouvelles de Junel - qq'un s'il vous plaît ? - Angie
La nuit, je la passe devant l'écran de mon ordinateur consultant inexorablement chaque bribe d'informations que je peux glaner et savoir « sûre ». La messagerie s'affole, l'angoisse est contagieuse. L'attente est insupportable.

Chaque minute qui passe nous plonge dans les profondeurs, dans les abîmes.

Vendredi 15 janvier 2010 :

Nice-Matin titre à sa Une « Aidez-le ! ».

Sous ce titre, je découvre un enfant âgé de 7- 9 ans. Il est recouvert de plaies sur sa joue droite. Il a un énorme pansement à la tête tachée de sang. Son regard est inexpressif.
Le cauchemar se poursuit inexorablement
Une double page à l'intérieur du quotidien : « Toute la Côte d''Azur se mobilise pour Haïti » et cet article :

« Il a 3 ans. On ne sait pas s'il est vivant... »

« Il a 3 ans... On ne sait pas s'il est vivant... ». Au bout du fil, la voix se brise « s'il est mort... ». Patrick est à bout. À bout d'espoir. Au bout de tout. Sans nouvelles de Junel, l'enfant qu'il était en train d'adopter avec son épouse. Le dossier

d'adoption était pratiquement bouclé : « on devait aller le chercher en mars ».
En décembre, le couple avait quitté Nice Nord pour la crèche Notre Dame de la Nativité à Port-au-Prince, avait rencontré « un petit qui n'avait pas eu la vie facile ». Un petit garçon abandonné qui avait grandi envers et contre tout. Il avait hâte qu'on vienne le chercher... »

Junel, leur fils. « Il nous appelait papa et maman. On lui apprenait le français. Au téléphone, il nous chantait des chansons. Il avait hâte qu'on vienne le chercher... »
Patrick craque. Pleure. « Abasourdie, anéantie », sa femme Angie dort. Elle a pris des cachets », le sommeil artificiel pour ne pas penser à la douleur.

« La dernière fois qu'on a parlé à Junel, c'était lundi soir », juste avant le chaos. Juste avant que tout s'écroule. Juste avant le fracas et la mort. Et depuis, plus rien. Juste le silence, et « l'attente insupportable ».

On sait que la directrice de la crèche est vivante. On sait qu'une partie du bâtiment s'est effondrée... » mais pas de nouvelles de Junel. « On est à plus de 6 000 kilomètres, les secours n'ont toujours pas atteint la crèche... »

Patrick attend. Espère. Il ne veut pas « qu'on s'apitoie sur son sort. Mais que les gens sachent, comprennent, donnent » pour Junel et pour tous les enfants martyrs de Haïti ». Laure BRUYAS

Deuxième jour de formation dispensée. Je me dope une nouvelle fois au café.

À la pause du matin, j'obtiens des nouvelles. Une émission radio a fait une interview de parents adoptants dans une crèche distante de quelques centaines de mètres de NOTRE DAME DE LA NATIVITÉ.

Il est annoncé que le quartier FONTAMARA a été peu touché par le tremblement de terre. Les dégâts sont peu importants.

Ces informations ont le mérite d'être fiables puisqu'elles proviennent directement de la Directrice de cette institution. Cela vient infirmer les propos de notre avocat qui ne semblait pas la veille très optimiste. Je dispose de deux informations contradictoires. À laquelle dois-je me « raccrocher » ?

Cette annonce agit sur moi comme l'effet d'une drogue. Mon corps, à ce moment précis, se met probablement à sécréter de l'adrénaline afin de parer à mon état de stress.
Cette hormone connue des sportifs a pour effet une accélération du rythme cardiaque, une augmentation de la vitesse des contractions du cœur, une hausse de la pression artérielle, une dilatation des bronches ainsi que des pupilles.
Je retrouve un peu de joie, d'entrain. Mes proches à la banque inquiets pour moi sont informés de cette bonne nouvelle.

Je finis, la semaine, épuisé, vidé. J'ai l'impression de ne plus maîtriser mes gestes, mes mots. J'erre tel un zombi. Seuls mes membres vitaux fonctionnent.

Mes collègues fêtent L'Épiphanie. Ils me proposent de me joindre à eux. Je les en remercie chaleureusement mais je n'ai qu'une envie, celle de rentrer chez moi. J'ai un besoin irrépressible de retrouver mon cocon familial, mon épouse et de partager avec elle les quelques bonnes nouvelles de la journée.

Dur retour à la triste réalité. Angie est encore et toujours couchée. Elle dort.

Un cran supplémentaire dans son échappatoire a été atteint aujourd'hui sans que j'en sois prévenu.

À force d'avaler, de gober les cachets achetés en vente libre, comme s'il s'agissait de bonbons, les effets escomptés sont devenus nuls.

Angie a besoin de sa dose, de son « shoot ». Elle est en manque. Elle ne trouve rien de mieux que de se rendre à l'officine près de chez nous.

La pharmacienne connaît notre histoire et ce jour-là, par gentillesse, par empathie, délivre sans avis médical, une boîte de temesta et de lexomyl.

Angie rentre alors à la maison. Dans son état, elle ne s'aperçoit pas que sa belle-mère la suit dans la rue à distance raisonnable.

Ma femme ingère plusieurs doses de poison dans son corps. Elle sombre très vite dans l'inconscience.

Ma mère inquiète, pénètre dans notre appartement et retrouve sa belle-fille alitée. Elle voit, posées sur le lit, les boîtes de médicaments.

Elle appelle en urgence notre médecin. Son cabinet est distant de quelques pâtés de maisons. Elle arrive immédiatement.
Le diagnostic est sans appel. Il s'agit d'une importante surdose médicamenteuse.

Notre médecin restera au chevet de mon épouse le temps nécessaire pour évaluer la gravité de la situation.
Plus de peur que de mal. Angie va dormir, beaucoup dormir. Elle ne se réveillera certainement pas avant demain fin de matinée.

Ni une ni deux, ma maman se rend à la pharmacie. Elle hurle sur la pharmacienne, la menace si elle s'avise ne serait-ce qu'une seule fois encore de vendre un quelconque médicament à sa belle-fille.

En apprenant cela, je suis sans voix.

La première mesure conservatoire est de bien évidemment cacher à plusieurs endroits de la maison les fameuses pilules achetées.

Nous comprenons tous cet après-midi-là, que Angie a besoin d'aide. Le médecin lui a prescrit une ordonnance en bonne et due forme. La posologie devra être respectée scrupuleusement.

Cette femme médecin, d'une grande humanité, sera disponible le cas échéant 24 heures/24.

Quel triste début de week-end en perspective. Une fois de plus je serai seul ce soir à ruminer mes idées noires. Mais c'est ainsi.

Une nouvelle fois, Je passe une grande partie de la soirée et de la nuit à lire mes mails.
Il y en a plus de mille pour cette unique journée.

Je découvre alors avec stupeur, quelques heures après leurs publications les mails suivants :

Je comprends alors pourquoi ma femme, a basculé du côté de la force obscure.

Inexorablement attirée vers le vide sidéral, sans croire au lendemain. Elle n'avait fait que prendre lecture de plusieurs courriels dont l'annonce laconique du premier décès d'une enfant.

Nous devons vous annoncer le décès de notre belle princesse,
C.

Les premiers parents réagissent à cette terrible nouvelle.

Merci M. de nous avoir prévenus.
Nous vous contacterons un peu plus tard.

Une immense tristesse nous envahit...

Nous prions pour vous tous adoptants, pour que les nouvelles
de vos timouns soient bonnes.
C et JF avec C......Là-haut.

Suivront d'autres messages de décès de nourrissons, de jeunes
enfants.

Le désespoir de Angie s'accentue une fois de plus.

Vendredi 15 janvier 2010 à 09 h 16

Quand aurons-nous des nouvelles des enfants manquants ?

J'ai le cœur broyé pour tous ces petits bouts de chou partis
trop tôt et je fonctionne au thé et au lexomyl comme certains
d'entre vous j'imagine.
Angie
Vendredi 15 janvier 2010 à 10 h 03

Le cœur brisé pour tous ces petits Anges envolés.

Mes pensées vont vers vous tous et vous accompagnent dans
ce malheur.
Nous allons avec force tous ensemble aider Éveline et tous
ceux qui sont debout là-bas si loin et si démunis.

Courage M. & Al et notre petit miraculé

Vendredi 15 janvier 2010 à 10 h 06
OU SONT NOS PETITS ? DE GRÂCE QUI PEUT LE
SAVOIR ? – ANGIE

Ma femme en ces moments, ne veut plus affronter la cruelle réalité. Peut-on lui en vouloir ?

Le choc est indescriptible. Je comprends alors, que rien ne sera plus comme avant.
La mort a frappé. Elle a enlevé des bébés, des enfants à leurs parents...

Combien d'autres encore ?

Je vis un cauchemar éveillé sans nom. Je subis à mon tour le calvaire qu'a dû subir Angie quelques heures plus tôt. Cette même réalité que personne ne pouvait imaginer 3 jours avant.

Pendant ce temps-là, certains parents s'organisent, s'entraident malgré le chaos.

J'apprends qu'une adoptante, médecin dénommée Fanny, a décidé de partir dans les plus brefs délais afin de venir en aide à Éveline, aux enfants, aux personnels et à tous les Haïtiens présents près de la crèche.
Elle apportera sur place des médicaments, tout le matériel qu'elle pourra acheminer par avion.

Un des nombreux messages sur le forum Notre Dame de la Nativité fait état d'une autre initiative :
Tapons à toutes les portes. Nous avons la possibilité, via un ami, de contacter une des secrétaires de Bernard Kouchner : elle peut peut-être faire quelque chose... Cet ami nous demande les coordonnées des enfants et des parents adoptants.

J'ai pensé à la base de données créée pour le départ de Fanny. Quelqu'un peut-il m'aider ?

On continue de croiser les doigts...
Angie

Ai-je dormi ce soir-là. Je ne m'en souviens pas.
Peut-on trouver le sommeil après les nouvelles reçues en pleine face ?

Dans la nuit nous recevons un message nous concernant

Patrick et Angie nous n'avons pas ce jour des nouvelles de votre fils.

Nous faisons le point. Marina, doit recontacter Éveline par l'intermédiaire des journalistes qui sont "logés" chez Éveline.

Elle ne manquera pas de faire son possible pour avoir des renseignements sur tous les enfants dont les parents n'ont pas de nouvelles. Pas de nouvelle ne veut pas dire mauvaise nouvelle.

Les communications ont été souvent coupées, perturbées, Éveline était très affectée.

Gardez espoir ! Courage.

Fanny

Samedi 16 janvier 2010 :

En ce début de matinée, j'ai eu quelques renseignements concernant les fameux journalistes qui sont présents à la crèche.

Il est prévu ce dimanche 17 janvier un reportage spécial dans l'émission 66 minutes sur la chaîne M6. Il sera consacré bien évidemment au tremblement de terre mais aussi à la situation de notre crèche, si durement touchée.

Nous pourrons nous rendre compte de visu des réelles étendues des dégâts, sans filtre, sans mensonge par omission.

Ma belle au bois dormant ouvre ses yeux. Je suis là, je veux la soutenir avant tout. Il n'est pas question pour moi de polémiquer sur sa bêtise de la veille.

Je me dois de la protéger, de la chérir de mon amour. Que puis-je faire d'autre ?
Dès son réveil, Angie n'a qu'un seul objectif, celui d'avoir des nouvelles de notre fils.

Dans la matinée, ma mère me demande de passer la voir. Elle a des informations importantes à me communiquer.

Je m'empresse de gravir les 26 marches qui séparent nos habitations respectives.

Elle me fait asseoir dans le salon et me demande si je me souviens d'Aurélien ?

Il s'agit d'un homme que nous avions rencontré quelques mois auparavant lors de notre première rencontre avec Éveline.

Aurélien est en fait une connaissance de mes parents. Il est à cette époque Directeur Sud d'un réseau d'agences de voyages. À ce titre, il a – à plusieurs reprises – eu des demandes de réservations de séjours à l'étranger pour mes parents.

Ce lien « professionnel » allié à la rencontre des adoptants a fait qu'une sympathie s'est créée entre eux.

Ma mère s'est permis de prendre contact afin de savoir s'il détenait des nouvelles fiables de la crèche. Elle eût la bonne idée d'enregistrer la conversation téléphonique afin d'en avoir un compte rendu fidèle.

Aurélien indique qu'il avait pu avoir Éveline au téléphone. Ainsi, il put faire un point précis de l'étendue des dégâts à Notre Dame de la Nativité.

Tout d'abord, il nous indiqua qu'Éveline ne se trouvait pas chez elle lors du séisme. Elle se trouvait en ville en train de faire des courses.

Elle a eu beaucoup de chance. Il en va de même pour son mari, Monsieur JANJAN qui était présent à la crèche.

Nous apprenons qu'une première secousse a fait trembler la maison principale et l'extension abritant les enfants.

Quelques secondes plus tard une deuxième réplique fut fatale pour le bâtiment annexe. Il s'effondra sur lui-même, ne laissant aucune chance aux occupants présents.

À ce jour, Éveline ne connaissait précisément le nombre d'enfants et de nounous ensevelis sous les décombres.
La maison principale d'Éveline avait des dégâts considérables à l'entresol, là où se trouvait la pouponnière. Les bébés et les nounous sont encore coincés. On entend des appels au secours et les cris des tout-petits.
Il semblerait que les fondations les plus solides n'aient fait qu'emprisonner les occupants. Faut-il l'espérer.

En ce qui concerne le fils de notre interlocuteur, il nous dira, qu'il est en vie selon Éveline. Malheureusement pour nous, il ne sait rien concernant Junel.

Nous apprendrons quelques jours plus tard, qu'Aurélien et Mélanie, son épouse, avaient été informés du décès de leur petit garçon.

Leur fils, n'a pas eu le temps de sortir du bâtiment. Il s'était retrouvé coincé par d'énormes gravats à quelques mètres seulement de la sortie.

Son frère, plus grand, a tout tenté pour le libérer sans y parvenir. Cet enfant, nous le connaissions. Il s'agissait de Régi, ce gamin au passé difficile de Pierre et de Nicole.
Pour ce petit, le destin a voulu qu'il vive et qu'il n'ait qu'une jambe cassée. Cette légère infirmité a été le prix à payer pour tenter de sauver son frère. Un drame de plus à encaisser pour lui.

Ce samedi matin nous avons donc une idée précise de l'état apocalyptique de Notre Dame de la Nativité.

Malheureusement, nous n'avons toujours pas de nouvelles de Junel.

Combien d'heures, de jours allons-nous devoir patienter ?

Dans ce flot d'informations sinistres, quelques lueurs d'éclaircies nous parviennent.

Samedi 16 janvier 2010 à 10 h 40

Chers Amis
Je ne sais que vous dire, moi qui ai appris grâce à Marina, la miraculeuse nouvelle de vie de M. et S.

Je ne la remercierai jamais assez ainsi que tous les intervenants de ce fameux lien rétabli avec la crèche, de nous avoir délivré de l'angoisse de l'attente.

Bien sûr, nous avons la facilité d'écrire cela, parce que Marina nous a annoncé une merveilleuse nouvelle.

JE SOUFFRE AVEC J.C À CHAQUE SECONDE LORSQUE NOUS NOUS REMÉMORERONS LES PETITS ANGES QUE NOUS AVONS RENCONTRÉS IL Y A UN MOIS À LA CRÈCHE.

Que chaque parent sache au plus vite, quel que soit le canal d'information.

Gardons notre énergie pour accepter le pire et soutenir ceux qui en ont besoin. Je serai si vous le voulez bien de ceux-là.

Je prie pour tous les parents dans le doute et pour les petits anges et leurs "parents blancs".
C, JC et Cl vers M. et S.

Angie est profondément croyante. Elle n'est pas pratiquante. La prière ne se fait pas obligatoirement dans un lieu de culte. Elle me demande pour autant une faveur en ce début d'après-midi.

Verrai-je un inconvénient de la conduire à Notre Dame de Laghet ?

En 1652, dans la modeste chapelle du vallon de Laghet, entre Nice et Monaco, la Vierge Marie aurait répondu à la prière de dévots par plusieurs miracles.

La rumeur se répandit, et les pèlerins accoururent nombreux ; le sanctuaire s'édifie et les ex-voto (plaque que l'on place dans une église, une chapelle, en accomplissement d'un vœu ou en remerciement) commencent à en couvrir les murs. On en compte aujourd'hui plus de quatre mille conservés dans l'oratoire. Huit cents ex-voto sont classés Monuments historiques.

Le sanctuaire Notre-Dame de Laghet est aujourd'hui l'un des plus fréquentés en France par des pèlerins venus de tous les pays.

Après une vingtaine de minutes de voiture, nous arrivons sur ce haut lieu de pèlerinage de la région.

Nous arpentons le sanctuaire empreint d'une grande quiétude, de silence. Nous allumons deux cierges et les déposons devant la statue de la Vierge Marie. Angie se réfugie dans la prière. Nous ne pouvons que souhaiter la vie sauve de Junel ainsi que pour tous ses copains de jeux.

Une petite boutique tenue par des sœurs est attenante à la chapelle.

Angie est malheureuse. La souffrance se lit sur son visage.

Je ne sais que faire pour lui rendre un tant soit peu de joie de vivre.

Je lui offre un magnifique chapelet, un portrait d'un saint dont j'ai oublié le nom ainsi qu'une grande statue de la Vierge Marie.
Elle est aux anges de ces petites attentions.
Après cette sortie pieuse , nous rentrons nous réfugier à la maison, loin des regards extérieurs.

Nous consultons les mails non lus depuis la fin de matinée.
L'un d'eux retient plus particulièrement notre attention. Il est rédigé par 3 personnes proches d'Éveline.
Ces 3 mousquetaires comme nous les appellerons plus tard, ont déjà adopté par le passé et sont actuellement dans une nouvelle démarche d'apparentement.
Elles seront un lien important entre la crèche et les parents.

Samedi 16 janvier 2010 à 13 h 36

Bonjour,
Merci de nous adresser par mail toutes les informations relatives à vos enfants :
-nom, prénom
- vos noms, adresse et téléphones
- état d'avancement de votre procédure

Merci - Marina, Fanny et Michèle

Samedi 16 janvier 2010 à 13 h 49

Bonjour,
Nous sommes parents d'un petit JUNEL MONTPLAISIR âgé de 3 ans et 7 mois qui réside à la crèche NDN.

Patrick et Angie BELLI   Adresse : .....

Notre dossier est sorti de l' IBESR environ fin septembre et nous nous sommes rendus en Haïti afin de passer en comparution immédiate sauf erreur de notre part le vendredi 18 DÉCEMBRE 2009.

Notre numéro de téléphone est le................

Nous sommes à bout de forces. Si vous devez annoncer une mauvaise nouvelle, pouvez-vous la communiquer à ma belle-sœur Malou au..............
Bien Cordialement – Angie et Patrick
Les journaux télévisés ce samedi soir mettent en lumière la crèche Notre Dame de la Nativité. Un véritable miracle vient de se produire.

Nous voyons des sauveteurs dégager une enfant des décombres 4 jours après le séisme. La petite Angeline ne sait pas qu'elle ne doit sa vie qu'à la persévérance d'Éveline et de son mari.

En effet, les secours depuis quelques heures déjà veulent cesser les recherches. Ils estiment qu'il n'y a plus aucun espoir pour ceux encore ensevelis.

Éveline et Monsieur JANJAN ne veulent rien entendre. Ils donnent de leurs voix, et surtout le peu d'argent qu'ils ont avec eux pour convaincre les secours de poursuivre les fouilles. Ils en seront récompensés à jamais.

Tous les parents que nous sommes, sont dans l'expectative la plus douloureuse. Nous essayons d'avoir la nouvelle. Nous ne faisons qu'encombrer la ligne téléphonique de la crèche. Peut-on nous en vouloir ?.

En ce début de soirée, la fatigue, fortement aidée par l'effet des médicaments, est telle que nous plongeons, ma femme et moi, dans les bras de Morphée.

Samedi 16 janvier 2010 à 23 h 11

Je viens d'avoir une communication avec Éveline et Doudou, j'ai donné autant de noms d'enfants que je pouvais, donc nous allons vous appeler comme hier. À tout de suite.

Lorsque j'aurais fini je passe un mail pour le signaler, Marina fera de même et je vous donnerai un compte rendu que j'aurai eu avec Éveline.
Michèle

Dimanche 17 janvier 2010

Cette journée-là ressemble aux précédentes.

Nous nous levons dans l'angoisse et épuisés. Je n'ai plus de maîtrise sur mon esprit et sur mon corps.

À mon tour je me rue sur les antidépresseurs. Je fais des mélanges tel un cocktail. Celui-ci est dangereux pour mon organisme, j'en ai semble-t-il conscience mais je ne veux plus souffrir.

Nous écrivons une nouvelle fois sur le forum des adoptants :

Dimanche 17 janvier à 12 h 25

NOUS VOULONS JUSTE AVOIR DES NOUVELLES DE NOS ENFANTS.
DE NOTRE FILS JUNEL EN L'OCCURRENCE

please please please – Angie

En ce début d'après-midi, j'ai des difficultés à garder mes yeux ouverts. Malgré cet état, nous allons honorer une invitation.

L'association « Enfants Familles Adoption » organise un goûter avec galettes des rois. Bien évidemment, l'ordre du jour ne sera pas la fête mais sera un soutien moral aux familles adoptantes en Haïti.
Je prends la voiture. Je suis un véritable zombie. Comment puis-je conduire une quinzaine de kilomètres alors que je suis plongé dans une camisole chimique ?
Je suis un vrai danger public pour nous-même et aussi pour les autres conducteurs. Je ne sais comment encore à cette heure nous sommes arrivés entiers.

L'ambiance est pesante. Nous nous voyons proposer des boissons, un morceau de gâteau. Francesca, l'une des responsables de l'association nous entoure. Nous faisons la connaissance d'un autre couple qui est aussi en cours d'adoption en Haïti. Par chance, leur enfant est bien vivant. La crèche dans laquelle il se trouve est située à une centaine de kilomètres de Port-au-Prince. Malgré tout, ce jeune couple se fait un sang d'encre sur les conditions d'hygiène et de sécurité de leur progéniture.

Angie et moi nous laissons porter par les éléments. Nous n'arrivons pas à nous détendre et disons-le clairement, nous nous foutons royalement de participer à cette petite sauterie.

Soudain mon portable sonne. Le nom de ma belle-sœur s'affiche sur l'écran.

Je sors de la pièce pour prendre la communication, mon épouse m'emboîte immédiatement le pas.

Je m'empresse de mettre la fonction « main libre ».

Malou, avec beaucoup de difficulté, a pu rentrer en contact avec Notre Dame de la Nativité. Elle n'a pas pu avoir Éveline. Néanmoins, elle a pu brièvement s'entretenir avec un certain Sébastien, un adolescent d'une quinzaine d'années domicilié à la crèche.

Ce jeune est très sérieux, nous le connaissons. Il veut devenir médecin pour aider son prochain. L'annonce qui nous est faite par ma belle-sœur fait état d'une explosion dans mon corps.

Junel est vivant. Il a été vu après le séisme. Il va bien.

En cet instant, nous nous écroulons, nous pleurons bruyamment. Nous extériorisons nos blessures intérieures.

Une partie des convives en attendant nos cris, sortent, nous entourent, s'attendent au pire...

Francesca, la responsable de l'association demande aux participants de s'éloigner et reste à côté de nous, accompagnée du jeune couple adoptant.

Ils apprennent la bonne nouvelle. Ils avertissent sur-le-champ l'assemblée.

Une grande joie est partagée par tous. Nous sommes toujours par terre. On nous apporte un café, du thé. Nous tentons de reprendre notre souffle, nos esprits.

Ni une ni deux, nous revenons dans la salle principale. Ma femme affiche une mine radieuse. Elle saute de joie. Elle monte sur une les tables et s'adresse à l'assemblée.
« Vous êtes tous invités très prochainement à la maison où nous partagerons des gâteaux et du champagne ».

Nous sommes transportés dans un autre monde. Nous imaginons de nouveau notre futur de manière sereine.

Nous savons que notre enfant fera partie des rapatriements dits « urgents » par l'État français.

Après quelques accolades, nous prévenons sur-le-champ mes parents.

Avant de prendre le chemin de notre domicile, Angie souhaite se rendre de nouveau à Notre Dame de Laghet.

Elle veut remercier la Sainte Vierge d'avoir épargné notre enfant.
Elle n'oubliera pas de prier pour tous ces enfants partis au paradis. Des cierges seront déposés avant que nous ne rentrions à la maison.

Il est 19 heures et nous sommes fins prêts pour regarder le reportage sur M6. Nous découvrons Éveline, entourée d'enfants, de nounous.
Les images sont tournées en partie en fin d'après-midi et début de soirée.
Des chants et prières résonnent. Des lampes éclairent les rescapés.

L'atmosphère est pesante, lourde. Nous le ressentons, nous vivons ces instants par procuration, en compagnie de tous les présents à la crèche.

Nous scrutons l'écran. En l'espace de quelques secondes, ils nous semblent apercevoir Junel. Merci mon Dieu.
Notre tout petit est sain est sauf. On a hâte de le serrer dans nos bras et d'abréger ses peurs, sa souffrance.

Les premières réactions ne tardent pas à affluer sur le forum après ce reportage.
Nous ne pouvons que remercier les journalistes de leur travail et surtout de ne point être tombés dans le voyeurisme, le sordide qui prévalent en général sur ce type d'événement.
Dimanche 17 janvier 2010 à 19 h 15

Après avoir vu ce merveilleux reportage d'espoir sur notre crèche adorée, je viens d'appeler la directrice de production pour la remercier et pour remercier l'équipe sur place.

Elle m'a communiqué l'adresse mail du cameraman que je donne......@tonycomiti.com pour vous permettre à chacun de lui transmettre vos remerciements si besoin.

Elle m'a dit également que l'équipe avait été adoptée par Éveline car il devait rentrer en France aussitôt le reportage fini mais ils ont préféré reporter leur départ dans quelques jours. En attendant ils sont en train de voir pour rapatrier de la nourriture pour nos timouns.

Vous pourrez revisionner l'émission sur m6replay.fr
Bon courage à tous
J-C

Dimanche 17 janvier 2010 à 19 h 53

Comme vous tous, nous avons vu le reportage que M6 a réalisé.

Nous l'avons trouvé vraiment très bien.   Même si nous sommes choqués par ces images.
Nous pensons avoir vu notre fille K et pour cela nous souhaiterions pouvoir le revisionner.

Peut-être que le reportage n'est pas encore disponible car je ne le vois pas.

Bon courage à tous et MERCI aux modérateurs pour votre aide si précieuse.

V. et sa famille pour K.

Nous réagissons à notre tour.

Dimanche 17 janvier 2010 à 20 h 10

Bonsoir, nous sommes de tout cœur avec vous et même plus encore.
Notre fils Junel est en vie (selon Sébastien que l'on a eu au téléphone).

Combien dorment aux bras des anges ? Dans la paix et la grâce.
Nous vous aimons de toute notre âme pour toujours et à jamais. Angie et Patrick

Une maman ne tarde pas à nous interpeller :

Dimanche 17 janvier 2010 à 20 h 31
Quand avez-vous eu Sébastien ? Merci – S.

La nuit, nous la passerons éveillées.

C'est ainsi que nous ne répondrons à S. que le lundi matin aux aurores.

Lundi 18 janvier 2010

Lundi 18 janvier 2010 à 02 h 48

Bonsoir S., désolé de ne pouvoir répondre plus tôt.

Ma belle-sœur a eu Sébastien dimanche après-midi vers 15 h 30 après avoir essayé moult fois depuis samedi midi.

Courage à tous. Malgré la joie d'avoir mon fils en vie je n'arrive pas à trouver le sommeil en pensant aux parents angoissés et à tous les petits anges qui ont rejoint le paradis...

Sans drame, sans larme
Pauvres et dérisoires armes
Parce qu'il est des douleurs qui ne pleurent qu'à l'intérieur
Puisque ta maison
Aujourd'hui c'est l'horizon

Dans ton histoire
Garde en mémoire
Notre au revoir
Puisque tu pars (JJG)
Ce matin Angie entreprend des démarches auprès de plusieurs députés de notre ville.

Lundi 18 janvier 2010 à 09 h 23

Monsieur le Député,

Nous vous adressons ce courrier concernant la situation des enfants en cours d'adoption en Haïti ainsi que celle de leurs parents adoptifs. Nous, parents, avions un dossier qui était, au moment du séisme, en cours de procédure, et espérions aller chercher notre enfant dans les mois à venir.

Le séisme qui a détruit Port au Prince et ses environs nous a donc touchés de plein fouet.
Nous nous sommes tout de suite mobilisés pour venir en aide aux Haïtiens en lançant un appel aux dons autour de nous.

Mais, au-delà de ce drame, après avoir appris avec soulagement, pour certains d'entre nous, que notre enfant était encore en vie, nous n'avons pu nous empêcher de penser que cela remettait très fortement en question les procédures d'adoption.

Avec le souci premier que les choses soient faites dans les règles, malgré l'état d'urgence imposé par la situation, nous avons monté un dossier regroupant les informations principales : informations concernant les orphelinats, informations concernant les procédures, état des procédures de chaque famille et de leurs enfants.
Il est important de noter que les Directeurs et Directrices des orphelinats que nous avons sollicités, tentent de faire des copies des principaux documents attestant de la légalité de nos dossiers.

Nous espérons qu'une solution pourra être trouvée pour nos enfants dont la situation est intimement liée à celle de tous les enfants de Haïti qui ont, à leur tour, besoin de soins et d'asile.

Les responsables des orphelinats nous alertent et relaient l'inquiétude des acteurs de l'enfance en Haïti sur l'urgence de pouvoir faire sortir les enfants ayant une famille adoptive légalement identifiée, pour leur sauvegarde mais aussi afin de leur laisser la possibilité de s'occuper, entre autres, des enfants victimes du séisme.

Ces mêmes responsables, nous demandent d'intervenir auprès de nos gouvernements pour que soit trouvée au plus vite une procédure très exceptionnelle qui permettrait aux enfants attribués d'attendre dans leur foyer d'adoption la fin des procédures haïtiennes et internationales.

D'autres pays, comme les Pays Bas, les États-Unis, le Canada ont déjà annoncé des mesures exceptionnelles.

Nous avons transmis ce dossier à la cellule de crise du Ministère des Affaires Étrangères et au SAI, mais nous souhaitons également avoir votre avis et votre soutien concernant ce drame qui touche tant de familles françaises et d'enfants traumatisés par le séisme, qui, pour la plupart, connaissent déjà leurs parents adoptants et attendent de rejoindre leur famille.
Nous tentons de sensibiliser tous les élus à ce sujet ainsi que la presse.

Nous vous remercions par avance de la bienveillance avec laquelle vous lirez cette lettre et de l'aide que vous voudrez bien nous apporter, et, dans l'attente de votre réponse, nous vous prions d'agréer, Monsieur le Député, l'expression de notre considération.

Angie et Patrick

Cette action sera faite le même jour par un très grand nombre de parents de la crèche Notre Dame de la Nativité.
Nous souhaitons tous qu'immédiatement le gouvernement prenne pleinement conscience de l'ampleur de nos inquiétudes.

D'autres actions de parents sont en cours.
Il y a déjà des demandes d'adoption qui affluent suite au tremblement de terre.

Pour ces dernières, elles ne sont pas d'actualité pour le moment. Nous prions avec tous les parents en attente que nos dossiers déjà montés se débloquent au plus vite.

Nous nous organisons pour le don de vêtements, pour une collecte alimentaire. Inéluctablement, nous devons trouver une solution du stockage.

Angie est sur la brèche

Lundi 18 janvier 2010 à 10 h 45

Bonjour, pour les dons de vêtements, de médicaments et l'alimentaire, je vous propose mon adresse. J'ai de la place chez moi.

Le dispatching se fera à l'adresse que vous me fournirez. Cordialement - Angie

Sur sa lancée, mon épouse écrit directement sur la boîte mail du Service d'Aide Internationale, organe dépendant du Ministère des Affaires étrangères.

Lundi 18 janvier 2010 à 11 h 41

Bonjour nous sommes Angie et Patrick BELLI demeurant à :

Nous sommes les parents adoptifs du petit Junel MONTPLAISIR né en avril 2006 et se trouvant à la crèche NOTRE-DAME DE LA NATIVITÉ – 27 bis rue Delva FONTAMARA – HAÏTI.

Cette crèche se trouve actuellement sous les décombres avec des enfants enterrés dans les parterres. Nous vous prions instamment de faire votre possible pour faire entrer en France tous ces petits vivants et souffrant déjà de malnutrition.

Avec toute notre sympathie. Angie et Patrick BELLI

De mon côté, cette matinée a une résonance particulière.

En effet, je commence un nouveau cycle de formation. Pour cela je suis dans une agence afin de découvrir un nouveau système de caisse automatique.
J'ai besoin de me familiariser avec ce nouvel outil afin de former par la suite l'ensemble des guichetiers de la banque dans laquelle je travaille.

Je suis éreinté mais heureux.
De nombreux collègues viennent aux nouvelles. Elles sont bonnes. Je suis aux anges.

Dans la matinée, je reçois un appel sur mon portable. Il s'agit de la journaliste de Nice-Matin qui m'avait interviewé quelques jours plus tôt.
Elle aussi était désireuse d'informations sur Junel. Nous décidons d'une rencontre en fin d'après-midi pour faire un papier dans le journal qui sera publié dès demain.

À l'heure du repas, je suis rejoint sur mon lieu de travail par Angie. Ce moment est plutôt rare, mais aujourd'hui, nous voulons partager un petit moment de convivialité.

Nous nous rendons dans un petit restaurant situé à quelques encablures de mon lieu de travail. Les places sont chères. Nous nous retrouvons à proximité de connaissances. Nous commandons nos plats. Angie n'est pas dans son assiette. Elle est anxieuse, s'est refermée sur elle telle une huître.
Elle a peur pour Junel, elle ne sait plus quoi penser de la situation. Je la rassure, l'encourage à être forte. Je lui rappelle que notre petit bout est vivant. Nous allons nous battre pour le faire rapatrier le plus rapidement possible.

Rien n'y fait. Elle se met à pleurer. Les larmes coulent sur ses joues.

Mes voisins (un jeune homme et jeune femme) qui sont au fait de l'actualité se permettent de lui faire part de leur soutien. Nous les remercions.

Angie est inconsolable. Elle est en train de lâcher prise.
Je ne peux pas la laisser dans cet état-là. Je décide d'appeler notre médecin. Je prends rendez-vous de 14 h 00, ce même jour.

J'informe mon supérieur que je suis obligé d'interrompre ma formation cet après-midi.
Nous rentrons à notre domicile et nous rendons à l'heure dite à la consultation médicale prévue.

Notre doctoresse, après son diagnostic, préconise un nouveau traitement médical et beaucoup de repos. Elle s'aperçoit et s'inquiète de mon état. Elle me connaît très bien. Elle sait que je ne suis pas de ceux qui demandent pour un rien un arrêt maladie. En général, je le refuse.

Mais compte tenu de la situation, elle m'encourage à m'arrêter quelques jours. Elle décèle mon extrême fatigue nerveuse. Elle souhaiterait vivement que je reste avec mon épouse afin de l'aider à passer le cap difficile que nous traversons.

Pour une fois j'acquiesce à sa demande sans me faire prier.

Nous continuons cet après-midi à correspondre avec plusieurs personnes qui se trouvent dans la même situation que la nôtre.

La même question revient inlassablement : comment faire rapatrier nos enfants compte tenu de l'urgence.

Nous sommes conscients des difficultés que nous allons rencontrer avec les autorités françaises sur de très nombreux points.

Pour devancer les interrogations du Ministère des Affaires étrangères, nous envoyons un message à notre avocat Haïtien.

Lundi 18 janvier 2010 à 15 h 18

Bonjour Maître COBEN,
Nous voudrions savoir ce qu'il en est de l'adoptabilité de notre fils en l'état actuel des choses.

Merci de nous tenir au courant.

Très cordialement. Angie et Patrick BELLI

Nous nous changeons les idées comme il est possible de le faire mais cela est impossible.
Vers 17 h 00, je me rends au rendez-vous prévu avec la journaliste de Nice-Matin.
Nous faisons une interview portant sur notre rencontre avec Junel, son tempérament, son et notre « ressenti » sur l'adoption, tout cela de manière la plus détendue possible.

Elle m'annonce qu'elle a des confrères arrivés en Haïti. Elle me propose de rentrer en relation avec eux afin de voir s'il leur est possible de rejoindre la crèche. Ainsi nous pourrons obtenir des informations sûres et par la même occasion ils aideront le personnel de la crèche à la hauteur de leurs moyens.

La journaliste me propose de m'appeler dès qu'elle en saura un peu plus, sans me promettre quoi que ce soit.

Je rentre à la maison et me retrouve une nouvelle fois face à notre cruelle situation.

En début de soirée, mon épouse et moi-même allons chez mes parents.

Nous décidons d'appeler Éveline sachant que nous risquons de ne pas y parvenir.

La communication est établie, elle est très mauvaise.
La personne à l'autre bout du fil est une voix masculine.
Il s'agit de Sébastien, l'adolescent, qui a eu ma belle-sœur au téléphone la veille.

Ce jeune homme sérieux et bienveillant, nous sommes contents de l'entendre.

Nous nous empressons de connaître la situation sur place.
Puis nous demandons s'il est possible de parler à Junel.
Sébastien nous demande d'attendre quelques instants.

Une éternité plus tard nous entendons une petite voix parler « bonjour maman, bonjour papa ».

Un malaise se fait ressentir immédiatement. Il ne s'agit pas de notre fils. Nous arrivons, non sans mal, à reparler à Sébastien.

« Il y a erreur. Ce n'est pas Junel. ».

Nous reformulons notre demande, nous voulons parler à Junel connu aussi sous le pseudonyme de « tête piquante » du fait de sa tête rasée.

Un long silence s'installe. Il nous répond alors :

« Je suis désolé, il y a une confusion sur l'enfant.
Junel, mais je ne peux pas vous le passer , **Junel est mort !** »

5 - LE PARADIS BLANC (Michel BERGER)

Le choc est apocalyptique, ma femme s'écroule au sol. Je tremble, pleure. Je me souviens que ma mère m'a giflé pour me faire reprendre mes esprits. J'ai une amnésie partielle sur ces quelques minutes de ma vie.

Je sais être sorti en courant de chez mes parents en hurlant à la mort ma peine, mon désarroi...

Un cri dans la nuit de ce lundi 18 janvier 2010.

Comment Angie est descendue chez nous, comment s'est-elle retrouvée au lit sous fort sédatif ? Probablement grâce à mes parents...

Je suffoque. J'ai besoin d'exprimer ma douleur.
Je prends mon téléphone et appelle deux personnes.

La première, est une amie de travail qui avait eu la gentillesse de nous faire une lettre de recommandation pour notre dossier d'adoption.

Je lui annonce la nouvelle sans ménagement, brutalement, des trémolos dans ma voix.

« Non ce n'est pas possible », elle sanglote. Elle se ressaisit . Elle me propose de venir, avec son mari, immédiatement nous voir, nous soutenir. J'accepte sa proposition.

Je suis désemparé, je ne sais plus ce que je dois faire, comment continuer à croire en l'avenir.

Mon deuxième appel est pour Francesca, membre d'Enfance et Familles d'Adoption.

Hier encore à Aspremont, avec elle, nous partagions la joie indescriptible de savoir de notre fils vivant.

Ce soir l'annonce est tellement sombre...
Francesca décide, sur le pas, de prendre sa voiture pour être à nos côtés.
Elle ne veut pas nous laisser tous les deux seuls dans cette insoutenable souffrance.

Nos amis sont les premiers arrivés à notre domicile.
Que dire, que faire, à part se prendre dans les bras et avoir quelques mots.
Tous deux s'inquiètent de l'absence de Angie. J'entrouvre la porte de notre chambre. Angie est plongée dans un coma de malheur.

Nous restons un petit moment dans le salon. Roger remarque sur notre table basse un petit cadre dans lequel se trouvait la première photo que nous avions eue de Junel.

Il s'en approche et délicatement, tendrement, retourne le cadre. Cela en est fini, ce visage fait désormais partie du passé, d'une autre vie...

Ce geste, je le vis avec une bienveillance et il restera dans un coin de ma tête jusqu'à la fin de mes jours.

À l'arrivée de Francesca, nos amis s'éclipsent délicatement. Ils me font promette de rester en contact.

Francesca est également dans la compassion. Elle a appris au fil du temps à nous connaître, à apprivoiser Angie. Elle s'inquiète surtout pour elle. Il va falloir que je sois fort pour la soutenir. Je m'engage à cela mais en serai-je seulement capable ?

À son départ, il y aura au moins encore deux appels téléphoniques.

Le premier sera un appel rentrant. Je décroche, il s'agit de la journaliste qui souhaitait m'apporter des nouvelles de ses confrères.

Elle apprend brutalement la mort de Junel. Elle compatit. Je lui demande de ne pas faire paraître le papier écrit ce jour dans le quotidien.
Elle refuse, me donnant plusieurs prétextes. Je me mets à lui hurler dessus. Je l'exhorte à respecter notre douleur. Rien n'y fait...

Alors je la menace de prendre contact dès le lendemain avec mon avocat. Je ne la laisserai pas faire.
Cette menace l'a fait semble-t-il réfléchir. Elle me fait patienter afin d'en discuter avec son rédacteur en chef, qui était présent dans son bureau. Il m'est annoncé que l'interview ne sera pas publiée.

Je ne peux que lui faire confiance. D'ailleurs je n'ai jamais tenté de savoir si elle avait respecté la parole donnée. Avant de se quitter, la journaliste aimerait avoir de mes nouvelles dans quelque temps, si je le souhaite bien sûr.

Notre « collaboration » s'arrêtera définitivement. Il n'y aura pas d'après.

Mon dernier appel sera pour ma belle-fille. En effet, Angie a une fille majeure. Nous avons de très bonnes relations depuis que nous nous connaissons.

Johanna ne peut que compatir à notre douleur. Elle prend des nouvelles de sa mère. Ni une ni deux, elle va prendre immédiatement un billet de train pour le 20 janvier.

Il est trop tard pour une arrivée demain. Elle doit s'organiser avec son employeur et sa sphère familiale.

<u>Mardi 19 janvier 2010</u>

Je n'ai plus de souvenirs précis de cette journée. Mes points d'ancrage restent essentiellement les messages que nous avons conservés avec mon épouse.

J'annonce laconiquement, sur le forum, le décès de notre fils. Cette nouvelle se propage aussi sur mon lieu de travail.

J'ai une haine envers cette boîte pour laquelle j'ai près de 15 ans d'ancienneté.
Dès le tremblement de terre, j'ai sollicité le Secrétaire Général de l'établissement et quelques représentants du personnel pour qu'une collecte de vêtements et nourriture puisse être proposée.

Cette demande n'a rien d'extraordinaire !
Je précise bien, qu'à titre personnel, je ne veux rien, pas même de la compassion.

Je veux juste aider mon prochain.
Cette demande restera à jamais lettre morte comme mon fils !

Un de mes collègues se débrouille pour obtenir mes coordonnées :

Mardi 19 janvier 2010 à 18 h 14

Patrick

J'ai appris cet après-midi la terrible nouvelle. Je ne peux pas imaginer ce que tu vis en ce moment, mais je voudrais te dire que je suis très affecté par ce qui t'arrive et que je partage ta peine.

Ma femme Audrey est aussi très émue car en tant que mère, elle comprend le drame que vous vivez.

Ce matin, elle a acheté du lait, des couches, des biberons en plastique et recueilli des vêtements pour les enfants.
Je souhaiterais te les faire parvenir mais je ne sais pas comment et où.
Peux-tu m'indiquer la marche à suivre ?

Nous sommes de tout cœur avec vous.

Amitiés, Stéphane Gallé

NB : je me suis permis de demander ton mail à Marc. j'espère que tu ne m'en voudras pas.

Je ne répondrai à cette noble intention que le lendemain matin. Pourquoi Dieu seul le sait ?

Le brouillard a été tel que rien ne me revient malgré des efforts soutenus.

Mercredi 20 janvier 2010

Stéphane,

Merci pour votre soutien, laisse-moi un ou deux jours pour que je puisse faire face à l'immense détresse, que nous avons avec Angie.

Nous sommes obligés de nous shooter aux cachets et même si c'est interdit de boire un peu d'alcool.

Si cela peut être entreposé dans un petit endroit dans votre grand bureau. Je te téléphonerai pour te dire que faire.

Ayez une petite pensée pour notre fils JUNEL qui a rejoint les étoiles et qui dort enfin en paix. Que Dieu est pitié de nous
 Patrick

...

Bien sûr, je vais attendre quelques jours.
Maintenant, si tu préfères laisser tomber pour ne plus avoir à y penser, nous pouvons nous faire rembourser et faire un don en argent à une association. C'est toi qui vois.

Bien entendu, nous pensons bien fort à JUNEL ainsi qu'à vous deux.

À bientôt - Stéphane

...

Stéphane,

Si tu es au bureau demain ou après-demain je peux me débrouiller pour passer avec ma belle-fille qui descend ce soir de Paris.

Je transmettrais le colis par la suite à la personne qui centralise les vivres et vêtements.

Mais bien sûr si tu veux te faire rembourser je ne t'en voudrai en aucun cas.

Si l'opération peut se faire (à savoir) récupérer les affaires, peut-on concevoir de se retrouver au parking afin que je ne sois pas obligé de monter dans les étages.

Ma douleur est trop grande pour rencontrer des gens.

Après cela j'essayerai de me reposer le temps nécessaire et de protéger ma femme.

Amitiés Patrick

La vie continue.

Elle ne s'arrête pas aux pas de notre porte. Et c'est tant mieux comme cela.
Pour de nombreux parents, qui ont l'immense bonheur de savoir leurs enfants en vie, un seul mot revient en boucle : rapatriement.

Jamais nous ne couperons les liens avec ces personnes « chanceuses ».
Nous avons tous partagé jusque-là, le même désir d'adopter. Nous n'avons à aucun cas à être envieux. La seule chose qui doit compter se trouve être la protection des enfants encore en vie.

Bonjour à tous, Je reviens d'une réunion à Paris avec monsieur l'ambassadeur Monchau (le patron de l'adoption) et Monsieur Saint-Paul, directeur des Français à l'étranger + le Service Adoption International

Pour compléter les communiqués officiels et les informations qui sont diffusées dans les médias, je peux vous dire :

– Le jugement d'adoption est la référence qui permettra l'arrivée en France d'un enfant, (l'obtention du passeport qui prenait des mois n'est plus exigée) donc le curseur est mis au jugement

– Toutes les pièces qui peuvent prouver qu'il a été prononcé seront examinées
– Tous les enfants blessés seront rapatriés, quel que soit le stade de la procédure.

La réunion interministérielle de ce soir doit déterminer les modalités techniques du retour des enfants. Un plan sera arrêté. (Par quelle crèche commencer ? Par groupe de combien ? transfert via la Martinique ou la Guadeloupe puis à Paris. ?)

J'ai eu l'assurance, de M. Monchau, que ND de la Nativité serait traitée en priorité. (L'ambassadeur avait visité cette crèche lors de son 1er voyage).

Pour les enfants dont la démarche est au stade "avant le jugement", si l'autorité judiciaire (tribunal) ne fonctionnait pas, une décision administrative pourrait prendre le relais.

Un responsable haïtien, le ministre de la jeunesse et des sports, a été désigné pour les questions d'adoption. 914 procédures d'adoption ont été recensées (environ 200 à 300 au-delà du jugement).
Je pense surtout aux petits blessés, puissent-ils vraiment être ramenés en métropole au plus vite courage à tous.

Paula, maman de T et S.

Les interrogations fusent après ce compte rendu. Plusieurs parents essaient de décrypter les informations, de s'accrocher aux propos tenus par monsieur l'Ambassadeur.

Si j'ai tout bien compris car je n'ai pas trop les yeux en face des trous ce soir, alors c'est une super bonne nouvelle, pour tous, cette accélération sérieuse des procédures.

Ils vont trouver une solution suite à la disparition des juges !
Mais surtout ils vont organiser un rapatriement des enfants blessés en urgence, enfin !

Mille mercis Patricia pour cette info officielle et donc crédible !
Bises - Marina.

...

J'ai eu la même info par une copine du Forum Grand Est qui adopte dans une autre crèche haïtienne.
Le communiqué est sur le forum de sa crèche.
Bises

...

Merci à tous pour le boulot formidable que vous faites même si ça me donne de plus en plus l'impression que je suis nulle...
S, maman de L (survivante NDN)

...

Bonjour,
Mais que se passent-ils pour les parents dont les enfants sont partis rejoindre les anges ? Personne ne répond à cette question. Bon courage R & T

...

Je crains qu'il ne soit possible d'envisager en aucune manière le rapatriement des dépouilles, si je ne me trompe pas sur ton intervention...
Leur histoire s'arrête là... dans une indicible douleur...

Il est important que nous pensions à vous tous qui avez votre ange, là-bas.
Nous allons nous battre pour qu'un espace soit prévu dans la future crèche remontée pour tous les petits qui sont partis.

Il faudra étudier sous quelle forme : mur avec les prénoms, petit espace de recueillement...

Sachez que ceux dont les enfants sont vivants et vont revenir n'oublieront jamais ces petits que nous avons croisés et aimés depuis le début, comprennent, même dans le chaos actuel, vos questions.

Les corps ne reviendront pas, mais il faut rester mobilisés pour que vous obteniez des papiers relatifs à votre situation et un lieu de recueillement et prière ou pensée pour le jour où vous pourrez, nous pourrons, retourner là-bas.
Faisons confiance à Éveline pour cela aussi.

Nous vous accompagnons affectueusement et nous battons en mémoire des anges qui nous accompagnent de là-haut comme l'a si bien écrit Marina
RC

...

Ces mots me font... fondre en larmes....
K, maman d'un petit ange.

À mon tour de m'exprimer :

Je jette mes dernières forces pour vous remercier de cette idée de lieu de recueillement. Tous ces sourires, ces timouns qui sont depuis mardi dans ma tête.

Merci pour mon fils Junel. Je joins également ma femme dans nos remerciements pour votre idée. Elle serait heureuse de l'apprendre. Elle s'est plongée dans les médicaments qui la font dormir depuis plusieurs jours.

Sortons vos enfants vivants de la crèche.
Que ceux qui peuvent aider Éveline le fassent. Je suis désolé mais aujourd'hui, je n'en ai pas la force.
La vie est injuste.

À 3 mois près, notre fils serait parmi ses parents qui continueront à l'aimer jusqu'à leur propre mort.

À notre Amour JUNEL.

Ces informations envoyées très tôt ce jour seront pour partie officialisées par le gouvernement en fin de matinée.

Mercredi 20 janvier, 11 h 35

La secrétaire d'État à la Famille Nadine Morano a annoncé mercredi que 23 enfants haïtiens en voie d'adoption par des Français avec "un dossier parfaitement en règle" arriveront "dès cette semaine" en France. Un bébé de 22 jours est retrouvé vivant à Jacmel- Haïti, victime d'un nouveau séisme de magnitude 6.
"Dès cette semaine, nous commencerons le rapatriement des 23 (enfants) qui ont un dossier parfaitement en règle", ceci "à travers les rotations d'avions" humanitaires, a-t-elle précisé sur RMC-Info/BFM-TV.

"Il y a une liste de 230 enfants pour l'instant" en procédure d'adoption" mais "il y aurait 23 enfants en situation d'avoir des dossiers totalement régularisés et un visa".

La secrétaire d'État a souligné que ces rapatriements ne se feront qu'avec "l'accord des autorités haïtiennes", et "sous l'autorité du ministère des Affaires étrangères, et en lien avec les six personnes envoyées (mardi) en Haïti et qui doivent examiner la situation très précise de ces enfants et la situation des orphelinats".

Ce sont les dossiers "qui sont déjà aboutis, où les parents ont un jugement d'adoption entre les mains". Donc, "évidemment, nous examinons cette situation en priorité et on fera venir des enfants", a-t-elle ajouté.

Craignant un trafic d'enfants, Nadine Morano a par ailleurs indiqué que l'adoption d'orphelins haïtiens ne sera possible qu'après "une phase de réunification des familles et nous devons prendre le temps nécessaire de trouver un membre de leur famille qui est sur place et ne pas enlever ces enfants et les mettre dans les circuits de l'adoption".

Sinon, "cela pourrait devenir un enlèvement d'enfants".

Enfin, la secrétaire d'État à la Famille a par ailleurs annoncé que la France mettra des moyens financiers pour construire des centres de protection de l'enfance temporaires sous l'égide de l'UNICEF en Haïti. AP

Ce message est en contradiction avec celui reçu plus tôt.
Il irait à l'encontre de ce qui a été prévu entre les autorités françaises et haïtienne.

Cette intervention est donc un mauvais signe pour tous les parents qui sont en fin de procédure.
La France se distingue et décide de faire cavalier seul sur les rapatriements d'enfants.

De plus, un point important est à souligner, il n'y a pratiquement pas d'orphelins en cours d'adoption...
La quasi-totalité des enfants sont confiés par les parents biologiques aux différentes crèches du pays.

Mon épouse n'aura pas de mots assez durs après cette déclaration.

Elle ne peut admettre que la France soit le seul pays Européens à freiner les rapatriements alors que tous les autres ont d'ores et déjà enclenché un processus en ce sens. Les États-Unis, le Canada prennent les mêmes dispositions.

L'attitude de Angie est en train d'évoluer. Elle continue de beaucoup dormir mais le volcan est en phase de réveil.

Cette crainte est semble-t-il normale dans un processus d'un décès, qui plus est, aussi brutal.

D'après tous les médecins spécialisés, lorsqu'une personne est confrontée à un deuil, elle passe par plusieurs phases avant l'acceptation.

1 – Choc et déni. À ce stade, la personne souffre d'un choc à l'annonce de la perte.

2 – Douleur et culpabilité. La personne endeuillée se rend compte que la perte est bien réelle.

3 – Colère.

4 – Marchandage.

5 – Dépression et douleur.

6 – Reconstruction.

7 – Acceptation.

En une journée, Angie et moi-même avons déjà franchi les 2 premières étapes.

La douleur et la culpabilité sont bien réelles. Nous nous sentons fautifs d'avoir décalé notre séjour en Haïti. Initialement il était bien prévu que nous partions aux alentours du 4 et 5 janvier.

Nous aurions peut-être pu sauver Junel. Il n'aurait sûrement pas été dans le bâtiment qui s'est effondré. Il aurait été avec nous, sous notre protection, dans la maison d'Éveline.

Je ne cesse d'y penser.
Angie n'a pas voulu croire dans un premier temps au décès de notre fils. Pour elle, il avait probablement fugué hors de la crèche, apeuré par le fracas des bâtiments, des arbres.

J'essaie de l'entourer de mon amour. Je la sens glisser vers la colère. Elle devient imprévisible. Son état passe de somnolence provoquée par les médicaments à une phase où elle veut tout casser dans la maison. Il ne s'agit encore que de mots.

De mon côté, je ne sais comment expliquer ce que je ressens. Ma peine est incommensurable.

Il n'y a pas de mots pour exprimer cela. Pourtant, je perçois une force intérieure qui est latente, qui petit à petit décuple mon énergie.

Est-ce un processus de conservation de « survie » ?

J'ai envie de croire en l'avenir. Je ne veux pas baisser les bras pour ma femme. J'essaie de lui insuffler ma force, mon feu intérieur.
J'ai l'impression que Junel est avec moi, à côté de moi et me donne la foi d'un futur.

Peut-être suis-je en train de devenir fou, moi qui suis non-croyant ?

Je fais la promesse à ma femme que nous allons déplacer des montagnes, que malgré cette adversité, nous allons avoir un enfant.
Y crois-je vraiment ou est-ce un subterfuge pour maintenir ma femme en « vie » ?

J'ose envoyer un courriel sur le forum de la crèche Notre Dame de la nativité. Une bombe, une provocation, une bouteille à la mer ou simplement le cri du désespoir ?

Mercredi 20 janvier 2010 à 15 h 46

En espérant que ce message ne soit pas mal interprété SVP.

Il est écrit par des parents dans la douleur qui ont perdu leur être cher Junel âgé de 3 ans et demi.

Nous avons eu le bonheur de le voir juste avant noël puisque nous nous sommes rendus en Haïti dans le cadre de la comparution immédiate.

Aujourd'hui, nous sommes dans une peine indescriptible. Notre fils sera à jamais dans nos cœurs. Seuls les cachets nous soulagent.

Néanmoins, je suis sûr que Junel aurait voulu un petit frère ou une petite sœur. Nous y songions déjà au mois de décembre.

Il va y avoir tant d'orphelins, tant d'amour à donner. Comment faire pour avoir un apparentement auprès d'Éveline ?

Ne nous jugez pas !
Nous n'oublions pas notre fils Junel, ce petit bonhomme plein de vie et qui nous a donné tant d'amour et de rire à sa maman et à son papa.

Merci pour les soutiens de Pierre, Nicole, Paula, Caroline et Yann.
On vous aime et nous aimerions tant vous prendre dans nos bras.

Ce message a été écrit avec mes tripes. Je ne regrette pas de l'avoir publié. Je suis conscient qu'il peut heurter bon nombre de personnes. Tant pis, j'en assumerai les conséquences.
Une première réponse nous parvient seulement quelques minutes après mon mail, en cette interminable journée.

Marina a été la première à m'écrire. Je ne le sais pas encore mais elle jouera un rôle important dans le film de ma vie, de notre vie. N'oublions pas qu'elle fait partie de la fameuse équipe de mousquetaires, proches d'Éveline.

Mercredi 20 janvier 2010 à 15 h 58

Patrick, loin de moi l'idée de vous juger, bien au contraire ! Je partage votre douleur et je comprends votre demande.

Aucun enfant ne pourra jamais remplacer votre petit Junel dans votre cœur mais il y a assez de place pour y accueillir un autre petit timoun.
Vous avez beaucoup d'amour à donner et beaucoup d'enfants vont désormais être en attente de trouver des parents sur Haïti. Je sais que déjà qu'Éveline reçoit des demandes de parents bios pour accueillir leurs enfants.

Dès que possible je vais poser la question à Éveline mais il faut un peu de temps car il n'y a plus de structure d'accueil, ni de structures administratives pour effectuer les actes d'abandon par les parents.

Marina
...

Mercredi 20 janvier 2010 à 16 h 07

Merci Marina. Si vous saviez comme nous souffrons par tant de malheur. Nous aimerions être dans l'action, à vos côtés mais pour l'instant c'est au-dessus de nos forces respectives.
J'ai tant d'admiration pour Éveline.
Dites-le-lui si vous l'avez au téléphone.

Merci pour tout ce que vous faites
Je prie le seigneur pour la paix de mon fils. Qu'il nous donne par sa grâce un petit timoun ou une timounette.

La vie n'a pas de sens sans amour à porter à un enfant.

Junel est gravé à jamais dans mon cœur. Ses rires résonnent au-delà de mes pleurs.
Patrick

Plusieurs autres témoignages nous parviennent.

Nous n'oublierons jamais nos petits amours disparus, mais il y en aura tant d'autres, malheureusement, du fait de cette catastrophe, en attente d'une famille !

Nous nous en voulions d'avoir cette pensée mais je constate que nous ne sommes pas les seuls à vouloir poursuivre notre projet.

Merci à vous d'avoir eu le courage d'en parler ouvertement.
F. et S. qui pleurent leur petite W.
...

Mercredi 20 janvier 2010 à 17 h 05

Bonjour,
Nous sommes comme vous et tant d'autres à avoir perdu notre petit pirate.

C.C est, et restera notre fils qui nous a été attribué en septembre dernier, à travers les photos, vidéos, colis nous avons créé un lien et il avait et aura toujours sa place dans notre famille.
Je sais que le moment est surtout consacré à l'aide à apporter aux enfants, à la crèche et également au rapatriement des enfants.

J'espère toutefois que les familles dans notre cas et le vôtre ne seront pas oubliés et pourront de nouveau adopter en Haïti.

Loin de vouloir oublier notre petit homme bien au contraire, mais pour le bien de notre famille, de notre petite fille Juliette, nous devons penser à l'avenir, et l'avenir pour nous c'est d'accueillir un autre timoun.

Éveline parle déjà de reconstruire la crèche, alors gardons espoir en elle !

Si vous avez besoin de discuter n'hésitez pas. À plusieurs nous surmonterons cette terrible épreuve et pourtant nous nous sentons un peu seuls pour l'instant... tél : 0000000000 je pense à vous et votre petit Junel !
Hector, Cynthia sans leur petit pirate adoré C-C

Je m'empresse de répondre.

Chers, Hector et Cynthia,

Nous nous sentons seuls également malgré nos familles. Ils ont du chagrin certainement mais ne peuvent comprendre car ils ne sont pas directement impliqués dans le processus d'adoption ;
Angie et moi avons la chance d'avoir 2 familles et une maman qui nous aident par téléphone car nous étions ensemble en Haïti juste avant noël.

Ma femme est très mal et shootée au lexomyl. En dormant, on oublie un peu.

Je vous promets de garder votre numéro de téléphone et de vous appeler dès qu'elle ira mieux.

Si vous voulez m'appeler surtout n'hésitez pas. Que Dieu protège nos petits anges

Patrick et Angie

...

Mercredi 20 janvier à 17 h 56

Nous comprenons votre douleur et nous la partageons,
nous comprenons également votre souhait malgré tout de poursuivre votre démarche d'adoption d'un autre enfant sans famille, car nous sommes dans la même situation que vous,

nous pleurons notre petite fille W. disparue trop tôt alors qu'elle venait de fêter ses 4 ans.

Elle faisait déjà partie intégrante de notre vie, de tous nos projets d'avenir et nous ne pourrons jamais l'oublier, sa disparition nous a plongés dans un profond désarroi.

On s'en veut presque dans ces circonstances de souhaiter adopter un autre enfant, mais ce n'est certainement pas dans le but de la remplacer.

C'est avant tout pour fonder une famille, (c'est dans cette optique je suppose que la plupart d'entre nous ont choisi d'adopter d'ailleurs) mais également offrir à des enfants orphelins des parents qui ont tant d'amour à donner et dont tout enfant a besoin pour se construire et s'épanouir.

Nous n'oublierons jamais nos petits amours disparus, mais il y en aura tant d'autres, malheureusement, du fait de cette catastrophe, en attente d'une famille !
Nous nous en voulions d'avoir cette pensée mais je constate que nous ne sommes pas les seuls à vouloir poursuivre notre projet.
Merci à vous d'avoir eu le courage d'en parler ouvertement.

F. et S. qui pleurent leur petite W.

...

Mercredi 20 janvier à 18 h 03

Je suis content que mon message initial ne vous ait pas choqués et que beaucoup de parents pensent comme mon épouse et moi. Nous devons être solidaires, nous soutenir.

Que les parents qui ont la force suffisante nous aident à continuer notre combat.

Qu'ils fassent comprendre à notre merveilleux gouvernement de mettre en place des démarches facilitées pour les parents ayant eu un enfant décédé et qui souhaitent une nouvelle attribution.

Patrick

Mercredi 20 janvier 2010 à 23 h 21

Nous ne jugeons pas... ne vous inquiétez pas.

Très sincèrement, personne ne peut ni n'a le droit de vous juger. Vous avez tout notre soutien.
Nous pensons exactement comme vous...

C. est notre rayon de soleil et nous guide pour notre avenir. Elle est notre fille aînée et nous souhaitons nous aussi une petite sœur pour notre princesse.

Elle nous a fait aimer Haïti et restera à jamais dans notre cœur.
Notre Conseil Général nous a d'ailleurs approuvés.

Vous pouvez nous appeler si vous le souhaitez. C et J

Nous recevrons encore pleins de mails d'espoir et de compréhension. Mon message a porté ses fruits. Je me sens entouré par toutes ces correspondances épistolaires.

Qu'ai-je fait encore ce soir ? C'est le trou noir. Je suis seulement certain de deux choses.

La première est que ma femme est encore et encore plongée dans le sommeil.

La seconde est que nous ne nous alimentons plus depuis la mort
de Junel. Mon corps refuse la nourriture. Pourtant, je me fais violence. Mais rien n'y fait.

Ai-je le droit de continuer à vivre normalement ?

<u>Jeudi 21 janvier 2010</u>

Une semaine après le séisme, il y a la mise en place d'initiative pour soutenir Haïti, ses enfants, sa population.
De nombreuses manifestations s'organisent en France soit sous l'impulsion d'associations diverses, de mairies.

Un des couples que nous avions rencontrés à Aspremont s'interroge sur d'éventuelles manifestations dans les Alpes-Maritimes.

Bonjour à tous,

Je ne sais pas où chacun d'entre vous en est depuis notre rencontre de dimanche dernier à Aspremont.
Je suis au courant de certaines nouvelles dont une en particulier et j'en suis bien triste.
Tout comme nous, je suppose que vous œuvrez pour le bien de la communauté haïtienne et plus particulièrement dans cette période dramatique.

Je voulais savoir si certains d'entre vous ont connaissance d'un éventuel rassemblement sur le département ce week-end tout comme beaucoup de grandes villes en France.
Souhaitez-vous que l'on se réunisse pour une action commune, dans un premier temps pour faire avancer la priorité de l'accueil des enfants adoptables en France.
Dans un second temps (et/ou en parallèle) se mobiliser et organiser des événements afin de recueillir des dons pour que le peuple haïtien puisse se reconstruire.

Bonne journée et merci à tous.

Merci de faire partager vos idées et vos envies.
Aline-François

Déjà levé, pas beaucoup dormi, je suis déjà sur internet !

Jeudi 21 janvier à 08 h 58

Bonjour savez-vous s'il y a une messe de prévue pour nos timouns ?

Avez-vous des noms de personnes à communiquer afin de confier toutes les denrées, vêtements et autres que nous avons pu récupérer ?

Dans mon cas je souhaite rencontrer notre maire et député Christian ESTROSI (bien sûr, je ne me fais aucune illusion).

Je veux lui mettre la vérité sous le nez, lui montrer des photos d'enfants traumatisés sans nourriture, sans parler de tous ces anges qui ont rejoint beaucoup trop vite le ciel.
Patrick et Angie papa et maman d'un petit JUNEL trop tôt parti rejoindre les étoiles.

Que pouvons-nous attendre sérieusement de nos responsables politiques quelles que soient leurs orientations.
Que représente la voix de quelques milliers de parents ?
Une famille du département limitrophe écrit une lettre ouverte qui a pour but d'interroger de manière étendue et primordiale du « Et maintenant, » ?

Jeudi 21 janvier 2010 à 12 h 32 min

Envoyée à.... (O.A.A), à la Maison de l'Adoption de Marseille, au Ministère des Affaires Étrangères, au Service des

Adoptions Internationales avec le soutien de notre association Enfant Famille Adoption 13, avec qui nous sommes en contact régulier :

Elle nous concerne, nous parents en fin de procédure d'adoption, mais dont les enfants sont décédés... Elle est un appel à l'aide, pour qu'on ne nous oublie pas dans cette tragédie haïtienne et qu'on accélère nos procédures d'adoption !

Nous ne voulons plus passer un Noël sans nos enfants chéris !

Nous avons appris que nos enfants N et Y-N étaient décédés. Nous aimerions savoir quelles preuves nous pourrions récupérer de votre part, de la part des autorités haïtiennes mentionnant que ces enfants étaient les nôtres. Pour la suite de notre histoire, cela est primordial.

Nous avons rencontré nos enfants en novembre 2009, pour la signature de l'acte d'adoption au Tribunal de Paix, et notre dossier était à présent à la signature au Ministère de la Justice et devait bientôt rentrer au M.O.I

Lors de notre séjour à Port-au-Prince, nous avons photographié toutes les pages de notre dossier en cours (que nous pourrons vous fournir si besoin), et nous les avons précieusement conservées.

Nous avons également conservé une copie du "gros dossier" constitué en France et envoyé à Port-au-Prince.

Merci de tout mettre en œuvre afin de nous aider dans ce drame qui nous touche, nous parents adoptants, tout autant que nos enfants, afin d'alléger et d'accélérer nos procédures.
Il s'agit précisément ici d'un cas particulier, d'un cas de force majeure qu'il faut par conséquent considérer comme tel.

Nous sommes des parents qui souffrent de voir nos enfants innocents subir les lenteurs de l'administration, et nous prions la France de nous aider. Par avance merci de votre attention et de votre soutien
E. et J-P, tristes et révoltés

Ce message ne peut que m'interpeller. Outre la perte de notre fils, il est légitime que nous soyons respectés, reconnus comme parents. Cela peut paraître anecdotique pour certains d'entre vous mais nous pleurons des êtres chers qui faisaient déjà partie de nos familles respectives.

Je souhaite apporter tout mon soutien à cette famille :

Bonjour nous comprenons votre demande puisque nous sommes dans le même cas.

1° Nous aimerions que l'État français reconnaisse notre petit JUNEL – décédé - comme étant un membre de notre famille.

2° Nous souhaitons que des procédures particulières et accélérées soient mises en place pour les parents ayant perdu leur enfant et qui désirent un nouveau Timoun à la crèche.

Une pensée à vous tous. Merci aux parents qui ont la force de venir en aide pour faire passer nos demandes qui me semble légitime.

Angie et Patrick Parents de Junel notre petit ange

Cette journée est une de plus qui nous plonge de plus en plus dans la souffrance. Heureusement que ma belle-fille me soulage sur les tâches ménagères et l'aide morale qu'elle tente désespérément d'apporter à sa mère.

Entre deux périodes de réveil, Angie est totalement apathique.

Un nouveau repas où rien ne passe. Nous exhortons Angie à s'alimenter. Peine perdue une fois de plus.
À force de persuasion nous parvenons à la convaincre de manger même un tant soit peu. Nous sommes en début d'après-midi, entre 14 h 00 et 15 h 00.

Pour arriver à nos fins, nous lui demandons ce qui lui ferait « plaisir ».

Angie nous surprend : « je voudrais du homard ».
Vous vous imaginez bien que cet aliment n'est pas présent dans le frigidaire ou dans le congélateur.
Il est hors de question de perdre une occasion de nourrir ma femme.

Je décide d'aller chez PICARD qui se trouve à une dizaine de minutes de notre domicile.
Ma belle-fille quant à elle était sur le point de partir chez sa grand-mère.
Ma femme est calme et toujours à moitié endormie.

Johanna et moi-même partons chacun de notre côté.
Je suis « content » de trouver sans souci du homard à l'armoricaine pour ma chère et tendre.

Je rentre le plus rapidement à la maison pour lui préparer un bon petit plat.

Tout est calme lorsque je pénètre dans la maison. Je me rends immédiatement dans notre chambre pour embrasser Angie.

Le lit est vide. Elle doit donc se reposer dans le salon. Effectivement elle est allongée de travers sur le canapé, la bouche semi-ouverte, les bras ballants… Et je suis saisi par une vision d'horreur.

Du sang est présent sur un de ses bras et au sol, je découvre, horrifié, la lame du robot mixeur.
Je me précipite vers ma femme, je hurle son prénom, je la secoue.

Quelques secondes passent et je découvre que les deux entailles sur son bras ne sont que superficielles.
Angie respire... Elle est tellement shootée qu'elle n'a pas eu la force nécessaire pour s'ouvrir les veines.

Je me mets à hurler, je suis totalement paniqué... J'appelle Johanna sur son portable. Elle se met immédiatement sur le départ.

Angie est consciente à présent.
Je ramasse du parquet la lame du mixeur et vais chercher un verre d'eau.

Je suis désormais conscient que je ne peux plus faire face à la situation. Elle me dépasse complètement.

Je téléphone à notre médecin traitant.
Elle est informée sur le champ de la gravité de la situation par son secrétariat.

Malgré son emploi du temps et son cabinet rempli de patients, elle me fait dire, par son secrétariat, qu'elle se rend immédiatement à notre domicile.
Entre-temps Johanna est revenue de chez sa grand-mère.
On tente de parlementer avec Angie. Nous lui demandons d'accepter de se faire hospitaliser. Elle refuse avec véhémence.

Nous nous retirons du salon pour discuter dans la cuisine. Le temps de faire quelques pas et nous sursautons. Des bruits assourdissants proviennent du salon. Nous nous précipitons.

Angie est debout. De rage elle a retourné la table basse, a envoyé au sol un énorme bougeoir en cristal, de nombreux bibelots représentant des anges ainsi que deux cadres accrochés au mur...
Un tel champ de bataille en si peu de temps.

Johanna hurle sur sa mère « ça suffit maintenant les conneries, ce n'est plus possible... J'en ai marre, je me casse... Tout cela est au-dessus de mes forces ».

Je supplie ma belle-fille de rester. J'ai besoin de son aide.
Elle revient sur sa décision très vite.

Dans la situation présente, le rapport mère fille s'est inversée.
Et cela me va très bien.

Quelques minutes plus tard, le médecin arrive. Je la conduis dans le salon où se trouvent Angie et sa fille.
Elle constate très vite que les blessures infligées par ma femme ne sont pas de nature inquiétante pour sa survie.
Par contre, l'état psychologique est extrêmement préoccupant. Nous sommes tous trois intimement persuadés que Angie doit se faire hospitaliser en urgence. Le docteur le fait savoir clairement à ma femme.

Sa réponse ne varie toujours pas.
Le médecin souhaite s'entretenir en tête à tête avec ma femme.
Elles s'enferment toutes les deux dans notre chambre.

Nous attendrons un long moment, une bonne demi-heure probablement, dans le salon.

La porte de la chambre s'ouvre. Le médecin nous interpelle.
Elle a les yeux mouillés, quelques larmes séchées sur les joues sont visibles.

Angie a également pleuré. Que s'est-il dit pendant le secret de cette discussion, nous n'en saurons jamais rien.
Mais que peuvent se dire, ressentir deux femmes, deux mamans face à la mort d'un enfant.
Le médecin s'est effacé et a montré ses qualités humaines. On le lui en sera toujours reconnaissants.

Il semble y avoir pour le moment un certain apaisement chez Angie à tel point qu'elle accepte l'idée d'être hospitalisée.

Les bases d'un accord sont posées mais pas à n'importe quel prix.

Le médecin ne souhaite pas que mon épouse soit internée à l'hôpital psychiatrique Sainte Marie. Cette institution dans notre ville est connue pour être l'hôpital des « fous ».
Cet établissement ne peut convenir à la souffrance et à la pathologie de ma femme.

Aussi, il nous est proposé une petite structure mieux adaptée et proche de chez nous. Le chef de service jouit d'une excellente réputation – dixit notre médecin.

Toutefois, il est impensable d'obtenir un lit dans l'immédiat. Il faudra donc se montrer patient.
Le médecin va se charger de prendre contact avec l'établissement et de faire tout son possible pour une prise en charge dans les meilleurs délais.
Johanna et moi-même sommes rassurés. Toutefois, notre inquiétude porte sur notre aptitude à soutenir psychologiquement et physiquement Angie.

Un nouveau traitement est prescrit à ma femme. Ce dernier devrait permettre de maintenir Angie à domicile et de nous « soulager » dans notre quotidien.

Toutefois, le médecin me demande de bien veiller à la prise des médicaments et de bien respecter la posologie compte tenu des doses importantes et des possibles effets secondaires.

La tournure des événements me fait prendre une décision. Je décide, avec effet immédiat, de ne plus quitter mon épouse pour quelque motif que ce soit.

Vendredi 22 janvier 2010

Encore un matin où la fatigue est omniprésente. Il faut panser ses propres souffrances et celle de ma bien aimée.

La nuit passée a été angoissante, horrible. En effet, même si le nouveau traitement médical pour mon épouse semblait porter ses fruits dans la journée. Il n'en était pas de même la nuit.

Angie m'a supplié de lui administrer des cachets tant sa douleur était forte. Elle était comme possédée par un démon. Son corps tremblait.

Je n'oublierai jamais ces images ni les mots qu'elle prononça « Donne-moi ces putains de cachets ou tire-moi une balle dans la tête. Je préfère crever (sic) ».
Alors oui j'ai craqué, j'ai anticipé la prise des médicaments. Un mal pour un bien me dis-je.

Ma femme soulagée, s'endormit. Le calme était revenu. Pendant ce laps de temps, j'ai tant culpabilisé.
La peur m'a envahi. N'allais-je pas provoquer un arrêt cardiaque ou que sais-je encore ?

J'ai passé ma nuit à écouter son souffle, la secouer doucement quand le silence me semblait inquiétant...

Je ferai n'importe quoi pour que ce cauchemar s'arrête.

Angie, une fois réveillée, malheureusement se comporte comme les jours précédents.

Johanna et moi-même arrivons à lui faire prendre une boisson chaude mais rien de solide.

Sa seule envie est d'aller faire brûler un cierge pour Junel et de pouvoir prier à Notre Dame de Laghet.

Johanna et moi faisons contre mauvaise fortune bon cœur. Nous nous préparons rapidement, prenons la voiture.

Une demi-heure plus tard, nous arrivons à destination.

Il va de soi que la première halte se fait à la boutique « souvenirs ». Angie souhaite que je lui rachète une statue de la Vierge Marie pour remplacer celle cassée, la veille, lors de son accès de colère.
Elle souhaite, si possible, un chapelet en cristal taillé.

Entre nous, toutes ces bondieuseries me laissent de marbre.
Mais mon seul objectif est de rendre la peine de Angie plus supportable aussi je n'hésite pas un seul instant à faire « chauffer » ma carte bleue.

Direction la salle des ex-voto. Tous les trois, nous prenons des cierges que nous allumons devant la Sainte-Marie. Après une prière, Angie veut assister à la messe qui est sur le point de commencer.
Nous la laissons rentrer dans la chapelle. Pour notre part, nous quittons le sanctuaire et nous réfugions sur la petite place.
Nous nous asseyons à l'ombre d'un platane et profitons de la quiétude de l'instant.

Le temps nous semble long. Je décide d'aller à la rencontre de ma femme. J'ouvre la porte de l'église. Angie est assise non loin de la sortie. Elle prie en silence. Des chants résonnent. Je ne veux ni ne peux l'obliger à quitter cet endroit sacré.

Je retourne donc rejoindre ma belle-fille. Nous discutons de tout et de rien.

Et là d'un coup, nous apercevons Angie hurlante, soutenue par un homme. Nous nous précipitons vers eux.
Qu'a-t-il bien pu se passer ?

Le brave homme nous expliqua que Angie en pleine messe s'était mise à jurer, à insulter à haute voix le seigneur.

Notre interlocuteur nous rapporte que mon épouse s'est excusée à l'extérieur de l'église. Elle a raconté à cet inconnu sa douleur, sa colère.

En bon chrétien, ce monsieur ne pouvait que comprendre. Il n'était pas question d'en vouloir à ma femme. Bien au contraire avec ses mots, il engagea une petite conversation en notre présence. Ces paroles ont eu le mérite de rendre l'atmosphère de nouveau agréable.

Nous rentrons à la maison.

Angie se connecte sur sa messagerie afin de prendre connaissance de son courrier. Elle envoie également un message sur le forum de la crèche Notre Dame de la Nativité.

Son « mal-être », elle l'exprimera au travers le texte d'une chanson de Michel Berger écrite en 1990 : Le paradis blanc.

Je vous invite à l'écouter ou la réécouter. La musique est envoûtante, déroutante.
Dès les premiers accords, l'auteur-compositeur distille des chants de baleines. Le son semble sortir de l'au-delà...

J'ai toujours été partagé en l'écoutant. En fonction de mon état d'esprit, j'éprouve un sentiment de zénitude soit de profonde tristesse.

Je vous laisse prendre connaissance ci-dessous du texte de cette magnifique chanson :

<u>Le paradis blanc (Michel BERGER)</u>

Il y a tant de vagues et de fumée
Qu'on arrive plus à distinguer
Le blanc du noir
Et l'énergie du désespoir
Le téléphone pourra sonner
Il n'y aura plus d'abonné
Et plus d'idée
Que le silence pour respirer
Recommencer là où le monde a commencé

Je m'en irai dormir dans le paradis blanc
Où les nuits sont si longues qu'on en oublie le temps.
Tout seul avec le vent
Comme dans mes rêves d'enfant
Je m'en irai courir dans le paradis blanc
Loin des regards de haine
Et des combats de sang
Retrouver les baleines
Parler aux poissons d'argent
Comme, comme, comme avant

Y a tant de vagues, et tant d'idées
Qu'on arrive plus à décider
Le faux du vrai
Et qui aimer ou condamner
Le jour où j'aurai tout donné
Que mes claviers seront usés
D'avoir osé
Toujours vouloir tout essayer

Et recommencer là où le monde a commencé
Je m'en irai dormir dans le paradis blanc
Où les manchots s'amusent dès le soleil levant
Et jouent en nous montrant
Ce que c'est d'être vivant
Je m'en irai dormir dans le paradis blanc
Où l'air reste si pur
Qu'on se baigne dedans
A jouer avec le vent
Comme dans mes rêves d'enfant
Comme, comme, comme avant
Parler aux poissons
Et jouer avec le vent
Comme dans mes rêves d'enfant
Comme avant.

Je suis bouleversé en découvrant sur ma messagerie ce magnifique texte.

Je m'accroche à tous les souvenirs partagés en Haïti avec mon fils, ma femme. Malgré la profonde cicatrice dans mon cœur, je ne peux m'empêcher de regarder toutes les photos en notre possession. Mais cela ne peut me suffire.

Tel un drogué en manque, je me mets en quête de ma dose. Celle qui m'aidera à me plonger dans un état second, à me faire planer vers un monde meilleur. L'illusion du bonheur, d'une vie sans nuage.

Je cherche mon dealer sur le forum de la crèche :

Vendredi 22 janvier 2010 à 16 h 50

Bonjour à vous toutes et tous.

Si certains d'entre vous ont dans leur album photos de Haïti des clichés de notre petit ange JUNEL, vous seriez adorables de nous les envoyer.

Seules ces images gravées dans vos objectifs et nos souvenirs intenses en Haïti nous permettrons de surmonter l'indescriptible douleur qui nous consume.
Nous avons une pensée pour tous les parents dans notre cas et ceux en attente de leurs enfants.

Nous sommes heureux pour vous et vos timouns. N'ayez pas de honte à exprimer vos joies sur le forum !

Nous avons une pensée pour Éveline, notre maman noire.

On l'aime et on l'aimera à jamais. Elle s'est si bien occupée de nos timouns.

Nous pensons également à toutes les nounous, Monsieur JEAN JEAN, DOUDOU, ANITA, les ados...

Nous avons une pensée pour nos sœurs et nos frères Haïtiens.

Je remercie JUNEL d'avoir veillé sur ma femme hier. Merci mon fils de ne pas l'avoir voulu avec toi au paradis.

Je veux juste vous dire que je vous aime
Patrick

Samedi 23 janvier 2010

La nuit précédente a été un copié-collé de la précédente.

La journée a été longue. Les excès de rage sont à fleur de peau aussi bien chez Angie que chez moi.

En début de soirée, nous décidons qu'il faut évacuer au plus vite cette gangrène qui nous dévore à petit feu.

J'ai la force de prendre la voiture. Nous nous rendons sur les hauteurs de Nice et plus exactement à l'air St Michel.

Cet endroit est le départ de randonnées, d'aire de jeux pour les enfants, de pique-nique...

En hiver et à l'heure du repas, seul le bruit de la ville parvient à nos oreilles.
Nous sortons de la voiture. Johanna soutient sa maman.

Nous voulons que Angie hurle, crie, pleure sans aucune retenue dans cet endroit désert.

Ce soir-là, les cris dans la nuit ont été déchirants. Les aboiements de chiens ont suivi. L'angoisse a dû se faire sentir, pendant quelques instants, dans les gentilhommières environnantes.

Nous avons vomi nos tripes.

Nous rentrons à la maison un temps soulagés et fatigués par cette sortie.

Nous dormirons pour le mieux. Entre deux périodes de sommeil, je continuerai d'écouter le souffle de vie de ma femme. Celui-là même qui n'est plus chez mon fils.

Dimanche 24 janvier 2010.

Je corresponds avec Antonio, le gérant de la maison d'hôtes à Marrakech. Je ne souhaite pas annuler notre voyage. Il était prévu de longue date.
De plus il s'agissait du cadeau d'anniversaire que j'avais prévu pour Angie.

Antonio me demande de ne pas m'inquiéter pour la réservation, ni pour l'acompte à verser. Il est de tout cœur avec nous.
Il m'indique même dans son message que nous sommes ses invités à sa table d'hôtes le soir de notre arrivée.

Cela me rassure. Ma seule crainte réside dans l'état physique de Angie. Je ne sais toujours pas à quelle date elle sera hospitalisée et pour quelle durée.

Lundi 25 janvier 2010

De nombreux messages ce matin, sur le forum, font état des inquiétudes sur le devenir des parents endeuillés.
Certains souhaiteraient que soit inscrit sur le livret de famille l'enfant disparu.
Pour d'autres se pose la question de la poursuite d'une procédure pour obtenir un second apparentement.

Toutes ses interrogations sont légitimes d'autant plus que nous nous sentons démunis.

Les médias commencent à se « désintéresser » du séisme Haïtien.
L'actualité est en perpétuel mouvement. Un bon sujet en chasse un autre. Pardonnez-moi mon cynisme !

Un mail vient répondre pour partie à nos inquiétudes.

Lundi 25 janvier 2010 à 09 h 36

J'étais hier à Paris et j'ai rencontré l'ambassadeur avec le collectif, effectivement nous n'avons pas abordé ce sujet mais je suis concerné au même titre que vous.
Ce que je vous demande, comme pour les parents avec des enfants en attente de rapatriement, c'est aussi de faire parvenir au SAI toutes les preuves de votre engagement dans

la procédure car après avoir traité le dossier des enfants à rapatrier au plus vite la question sera posée aux autorités Françaises.

S'ils ont toutes les preuves d'engagement de procédure nous serons plus à même de les activer afin de pouvoir engager une autre procédure.

À la crèche Notre dame de la Nativité il y avait avant le séisme des enfants sans apparentement.

D'après les informations que j'ai, Éveline les attribuera en premier à des familles qui ont perdu leurs enfants.

Il y a également un afflux de famille qui dépose des enfants chez Éveline et si les autorités Haïtiennes veulent traiter rapidement ces cas ils en auront la possibilité.

Bon Courage, je vous tiens au courant.

JC

Nous essayons vainement d'envoyer un SMS de réconfort à Éveline. Après moult difficultés nous y parviendrons grâce à l'aide apportée par les parents du forum.

Il était important pour nous de lui témoigner tout notre soutien et lui démontrer notre totale confiance.

Une autre nouvelle nous parvient dans la journée. Notre médecin nous annonce qu'une place s'est libérée à l'hôpital. Angie sera prise en charge par l'équipe du professeur SAGET à compter de ce mercredi en début d'après-midi.

J'en informe en premier lieu ma belle-fille qui est rentrée chez elle hier en fin d'après-midi.

Je la remercie encore pour l'aide qu'elle m'a apportée pendant les quelques jours passés en notre compagnie.
Ses obligations professionnelles et personnelles l'ont malheureusement contrainte à nous laisser.
Dans mes relations, nous avons vraiment beaucoup de chance de connaître Francesca. L'une des responsables de L'EFA 06 (Enfant Famille Adoption).

Elle a été là à notre chevet. Elle continue de prendre de nos nouvelles et de se faire du souci pour nous.

Elle se voit toutefois rassurée lorsque je lui apprends le nom du médecin qui va soigner Angie. Il se trouve qu'elle le connaît et m'en dit le plus grand bien.

« S'il y a bien quelqu'un qui peut remettre Angie sur pieds, c'est bien lui ». Nous verrons !

Les journées se ressemblent. Angie est soit plongée dans une certaine léthargie soit rentre dans des accès de colère.

Elle est de plus en plus dépendante des médicaments.
J'ai été contraint de les cacher dans les endroits les plus improbables de la maison.

Elle me harcèle pour que je lui en délivre mais je tiens bon.
La fatigue est immense. Je dors toujours peu, je ne m'alimente presque pas. Je m'interdis toujours de quitter ma femme des yeux.

J'ai mal au ventre car je me retiens d'aller aux toilettes.
Je dois tenir jusqu'à ce mercredi.

<u>Mercredi 27 janvier 2010</u>

Deux semaines se sont écoulées depuis le séisme. Rien à ce jour ne peut nous détourner de notre tristesse.

La boule au ventre, j'aide Angie à préparer sa valise pour son hospitalisation du jour. Nous nous efforçons ce midi-là de grignoter. Cette séparation est primordiale mais nous fait peur.

L'horloge indique 13 h 30 – 13 h 40. Il nous faut partir. Après une dizaine de minutes nous arrivons à destination.
La structure médicalisée est à taille humaine, elle dispose d'une unité d'hôpital de jour et de nuit.
Une fois les démarches d'admission effectuées, la secrétaire nous demande de prendre l'ascenseur et de nous rendre au deuxième étage.

Nous nous retrouvons alors confrontés pour la première fois de notre vie à une porte sécurisée d'une unité psychiatrique.
Nous sonnons, nous nous identifions. Une infirmière nous accueille, nous dirige vers la chambre que Angie partagera avec une autre patiente.

La chambre est spacieuse. Elle dispose de deux lits, d'une table, de quelques chaises et d'une salle de bains.
Je note l'absence de télévision, de téléphone. Les fenêtres coulissantes sont protégées par de gros barreaux.

La voisine de chambre est alitée, les yeux grands ouverts. Elle n'aura aucune expression, aucune parole à notre arrivée.

L'infirmière nous demande à voir le contenu de la valise de ma femme. Elle inspecte avec grande attention. Elle nous demande de retirer tout objet susceptible de couper, de se pendre...
On retire donc la ceinture du peignoir et d'autres petits effets proscrits...

Angie est terrorisée, cela se lit dans ses yeux. Elle me supplie par son regard de ne pas l'abandonner, de faire machine arrière pour l'hospitalisation.

Je ne m'étais pas assez préparé à cette épreuve, à ce lieu.

J'ai bien remarqué comme elle, quelques personnes errantes dans le couloir avant de pénétrer dans la chambre. J'ai dû faire face à la réalité. Ces futurs voisins étaient plus proches de personnages issus du film « vol au-dessus d'un nid de coucou » que « des bronzés font du ski ».

Mon cerveau est en ébullition. J'ai peur, ma femme n'est pas folle, que diable.
Je n'ai pas le droit de la laisser en ce lieu. Il est de ma responsabilité de la protéger, de l'aider. Et pourtant, au plus profond de ma chair de mes entrailles je suis convaincu du bien-fondé de cette thérapie.

L'infirmière revient quelques minutes plus tard. Elle prend la tension, la température, et fait une prise de sang.
Une fois finie, elle nous prie de patienter. Le professeur et son équipe nous recevront dès que possible.

Nous rangeons les effets personnels de Angie. Elle s'étend sur son lit. Je m'assieds sur un fauteuil à côté d'elle. Je lui tiens la main.

Au bout d'un long moment, nous sommes conduits dans un bureau à l'étage. Nous nous trouvons face au corps médical composé du professeur SAGET, de son assistante et d'une psychologue. Nous entamons les présentations.

Angie est sur la défensive, tremblante.
Il lui est demandé les raisons qui ont provoqué son état et son internement.

Aucune parole n'arrive à sortir de la bouche de ma bien aimée. L'ambiance est irrespirable. Je décide d'apporter tous les éclaircissements possibles aux professionnels de santé.

En quelques phrases j'explique notre parcours : La procédure d'adoption, le tremblement de terre, l'attente de nouvelles de notre fils, l'annonce de son décès, la tentative de suicide.

Le professeur et son équipe comprennent le désarroi de mon épouse. Il lui est expliqué le déroulement de son hospitalisation. Tout est fait pour la rassurer.
Elle aura le droit à mes visites chaque après-midi.

Rien n'y fait, ma femme reste silencieuse. Tout à coup, sans crier gare, Angie, folle de rage, insulte les médecins. Je tente de la calmer. Toute la colère – accumulée depuis ces deux semaines – est vomie.

Je ne reconnais plus ma femme.
Elle me fait des reproches infondés, elle ne m'aime plus, d'ailleurs elle ne m'a jamais aimé. Je tente de la calmer.

Des jours seront meilleurs lui dis-je. On va se battre ensemble. Nous allons reprendre une procédure d'adoption.

Elle me rétorque méchamment qu'elle n'a jamais désiré d'enfant de moi, avec moi. Elle veut que l'on se sépare.
Ces diatribes m'anéantissent. Il n'y a pas de discussion possible.

Le docteur SAGET décide d'intervenir et de manière assez virulente et autoritaire.
- Madame, votre état ne permet plus de poursuivre cette conversation, nous ne voulons plus vous écouter.

Il nous tend alors un dossier médical. Il enfonce le clou.

- « Madame, vous n'êtes plus en état de décider quoi que ce soit par vous-même. Aussi à compter de cet instant je demande à votre époux de signer votre admission dans le service et votre décharge d'autorité . Vous allez être conduite

dans votre chambre pour que nous vous administrions des médicaments.
Cette conversation ne reprendra que lorsque vous serez calmée".
Le silence revient dans la pièce. Je n'ai plus d'autre solution que de signer l'enfermement de Angie.

Une fois de retour dans la chambre, les médicaments censés apaiser et soigner mon épouse sont administrés par voie orale et par intramusculaire.
Angie s'endort très vite.
Elle semble assommée par les doses administrées. Je n'ai plus la notion du temps. Il doit être aux alentours de 15 h 00.

Je reste à ses côtés, avec ma profonde tristesse, et je l'accompagne en lui serrant sa main.

J'observe le mur en face de moi, et me tourne de temps en temps vers la fenêtre afin de contempler le paysage qui s'offre à moi.

De temps à autre, l'infirmière passe vérifier que tout va bien. L'obscurité se fait sentir dans la pièce. Le soleil se couche. Il est près de 18 h 00.

Après environ 3 heures de sommeil, Angie entrouvre ses yeux. Elle a du mal à s'exprimer mais me fait cette remarque.

« C'est la première fois depuis longtemps que je n'ai pas fait de cauchemars pendant mon sommeil ».

Ces paroles me réchauffent le cœur et renforcent mon choix d'avoir maintenu son hospitalisation.

Je la rassure, elle se rendort très vite. Je ne lui en veux pas pour toutes les paroles proférées contre moi un peu plus tôt. Je l'aime et je sais qu'il en va de même pour elle.

Vers 19 h 00, je me résous à lui lâcher la main, à quitter la chambre et à rentrer seul à la maison. Je croise l'infirmière de garde.
Nous échangeons quelques minutes. Elle me communique le numéro de téléphone du service. Je peux appeler le lendemain matin afin de m'enquérir de nouvelles. Elle me confirme que je suis autorisé à voir mon épouse dès 14 h 00 le lendemain.

Par le plus grand des hasards, le professeur SAGET passe à cet instant dans le couloir. Il demande à me voir dans son bureau. Pour ce professionnel, le comportement de mon épouse cet après-midi est « normal ». Nous parlons du traitement, de la durée d'hospitalisation qu'il est comme je me doutais impossible de prévoir.

Ce monsieur me posera alors une question qui me surprendra tant je ne l'attendais plus :

- Monsieur BELLI, comment allez-vous ? J'espère que vous n'allez pas faire une « bêtise » ?

Il est la première personne à s'enquérir de mon état depuis 15 jours. Enfin quelqu'un qui décèle ma fatigue, ma souffrance.

Je le rassure immédiatement sur un point, je n'ai aucune idée suicidaire.
Il me fait une confidence. Il n'y a pas à se méfier des psychiatres. Ces spécialistes sont habilités à soigner les maux de la tête.
C'est le même principe que lorsque nous voyons un médecin pour une jambe cassée... Il me conseille pour me détendre de prendre du léxomyl.
Lui-même avoue qu'après une journée particulièrement difficile, il s'en remet à ce médicament pour se détendre.

Sur ces recommandations, je le quitte tout en le remerciant.
Une fois à la maison, je passe très vite sous la douche.

Je mange un morceau de pain et me couche. Je tente de regarder un peu la télévision.
En zappant, je tombe sur le programme de France 3 « plus belle la vie ».

Cela ne s'invente pas.

Jeudi 28 janvier 2010

J'ai mal dormi une fois de plus. Je n'ai pas l'habitude de plonger dans les bras de Morphée sans ma moitié et je n'ai pas cessé de penser à elle.
M'en veut-elle de l'avoir laissée dans cet hôpital ? Comment a-t-elle dormi cette nuit ?
Sur cette interrogation, j'attends impatiemment 09 h 00 afin d'obtenir une réponse auprès du personnel médical.

Je suis vite rassurée par la personne se trouvant à l'autre bout du fil. Votre épouse - me dit-on - a passé une nuit plutôt calme. Il n'y a pas à s'inquiéter. Vous pourrez donc lui rendre visite à compter de 14 h 00.

Je décide de m'occuper en attendant l'heure des retrouvailles. Je commence par nettoyer la cuisine.

Je redécouvre deux belles boîtes à gâteaux en métal, de forme cylindrique, représentant le conte « Alice au pays des merveilles ».
Je les nettoie minutieusement. Seulement elles sont vides.
Afin d'y remédier, je me rends au MONOPRIX à deux pas de chez nous.
J'achète deux paquets de petits gâteaux secs Italiens qui accompagnent merveilleusement bien un ristretto.

Je fais tourner la machine à laver le linge. Pendant ce temps, je vaque à d'autres occupations.

Au bout d'un moment, je retourne à la cuisine et je découvre une inondation.
Je me précipite, je coupe l'arrivée d'eau. Je récupère un seau, une serpillière et j'essuie.

Mes larmes coulent sur mes joues. Je suis à bout de fatigue, de nerf, sous-alimenté, je n'accepte pas la mort de mon fils ni l'hospitalisation de ma femme...

Une fois le nettoyage entrepris, je m'autorise une récompense.
Je mange deux petits gâteaux achetés dans la matinée.
Je ne veux en avaler davantage, je n'en ai pas le droit me dis-je. Je me punis !

Pour cet après-midi, j'ai prévu d'apporter à ma femme deux thermos de thé, un sandwich maison.
Je mets beaucoup de soins à ces préparations.
Je compte prendre également mon ordinateur portable et des DVD pour la « divertir ».
Je continue régulièrement de lire les nombreux messages sur le forum de la crèche.

Une petite voix intérieure me pousse toujours à me battre pour Angie, pour moi.

L'idée obsessionnelle de continuer une procédure d'adoption est bien présente.
Ce n'est certainement pas l'attitude de Angie, la veille qui va m'en dissuader.

J'écris donc à notre avocat en Haïti.

Jeudi 28 janvier 2010 à 13 h 15

Bonjour Maître,
Nous sommes de tout cœur avec vous et avec le peuple Haïtien.

Nous compatissons à votre douleur comme vous devez certainement comprendre la nôtre également puisque notre fils JUNEL fait partie des victimes de la crèche.

Nous étions arrivés à un stade avancé puisque nous étions venus en comparution immédiate avant Noël.
Nous avons plusieurs questions à vous poser :

Malgré notre douleur immense, nous souhaiterions, dès que cela sera possible, faire une nouvelle demande d'adoption à Éveline pour un timoun.

1° Est ce que le dossier que vous avez nous concernant peut-il être utilisé pour partie ou en totalité ?
2° En l'état des choses, pensez-vous que nous pourrons avoir un nouveau dossier en procédure « accélérée » puisque nous étions en fin de procédure.

3° Seriez-vous d'accord pour nous représenter en tant qu'avocat ?

Je sais que votre tâche doit être immense aujourd'hui.

Nous sommes à vos côtés et celle d'Éveline notre maman noire.
Bien cordialement.
M. et Mme BELLI

Je pars pour l'hôpital. Il est 14 h 00 précises, je sonne à la porte sécurisée du service de psychiatrie.

Je suis contraint avant de me rendre au chevet de Angie d'ouvrir mon sac à dos. Une inspection est obligatoire.

Je suis contraint de laisser en consigne le cordon d'alimentation du PC. Cet objet est potentiellement dangereux pour les patients ayant fait une T.S.

Le pain est normalement interdit. Il produit trop de miettes !
L'infirmière ferme les yeux pour cette fois.

J'arrive devant la porte de la chambre. Mon cœur s'emballe.
J''ai l'appréhension de découvrir ma femme transformée en
zombie par trop de médicaments.
Cette inquiétude est légitime à la vue des pensionnaires
circulant dans les lieux.

Je frappe et ouvre la porte. Non, ce n'est pas possible. Je suis
atteint d'une hallucination.

Je découvre Angie - équipée des écouteurs de son baladeur
numérique – en train de danser de manière endiablée dans la
pièce. Elle a les yeux fermés et ne me voit pas entrer.
Ma femme est euphorique !
Je m'étais préparé à tout mais certainement pas à cela.

Lorsqu'elle ouvre les yeux et qu'elle me voit, elle me fait un
grand sourire. Elle m'embrasse fougueusement comme lors de
nos premiers rendez-vous.
Nous sommes si contents de nous retrouver.
On s'assoit sur le lit. Je prépare deux tasses de thé.
Nous discutons, Angie a le visage détendu.

Elle m'avoue avoir très bien dormi. Elle a pris son petit-
déjeuner et son repas dans la chambre.

Une salle de restauration est prévue à l'étage. Toutefois pour
les personnes désireuses de ne pas se « mélanger », la
restauration en chambre est possible.

Je la serre fort dans mes bras. Elle m'explique ne plus se
souvenir de tous les événements de la veille.

Ce matin, elle a eu un entretien avec des psychologues en
présence du professeur SAGET.

Cela a été douloureux mais la discussion a été cordiale.

Cela change d'hier – me dis-je intérieurement.
L'effet de la médication est bien au-delà de toutes mes plus folles espérances

Nous nous installons confortablement sur le lit afin de nous divertir en regardant deux DVD : « un best of du SAV d'Omar et Fred » et un film comique « SAFARI » avec Kad MERAD.

Nous nous tenons tendrement la main. Nous échangeons de petits baisers et nous rigolons. Cela faisait tellement longtemps que nous n'étions pas retrouvés dans cet état.

Nous rions si fort, que nous ne nous apercevons pas de la présence de la voisine de Angie alitée à côté de nous.

Elle nous scrute de son visage fixe, sans aucune expression. Intérieurement je la soupçonne de nous prendre pour deux fous.
En même temps, nous sommes au bon endroit ! Non ?

L'après-midi se termine déjà. L'infirmière apporte dans la chambre le plateau-repas. Il faut avoir simplement faim pour manger. Rien n'est appétissant. Angie mange tout de même, elle souhaite partager avec moi son pain, son bout de fromage et le dessert.

Ce moment est si agréable. Il est bientôt de l'heure de nous quitter. Je fais la promesse de revenir à 14 h 00 le lendemain.

<u>Vendredi 29 janvier 2010</u>

Aujourd'hui et pour la première fois depuis l'annonce du décès de Junel, j'ai une invitation que je vais honorer.
Cette dernière était prévue de longue date. Je dois retrouver - dans un restaurant sur la zone piétonne de Nice – mon

ancienne Directrice d'agence avec qui j'ai noué depuis longtemps des liens extraprofessionnels.

Régina connaît bien mon épouse. Elles se sont déjà rencontrées à diverses reprises. Bien évidemment elle est parfaitement au courant du drame que nous rencontrons.

J'ai discuté avec Régina une ou deux fois par téléphone depuis le drame. Elle ne m'en aurait pas voulu si j'avais décidé de reporter notre repas mensuel.

J'éprouve le besoin de changer d'air.

Je la préviens simplement qu'elle va se retrouver face à un ours sortant de son hibernation.
12 h 00, je marche vers le restaurant, mes pas sont mal assurés, j'ai l'impression d'être complètement saoul.
Je ne me suis plus rasé depuis 15 jours, ma barbe est mal taillée, que va penser Régina en me voyant ainsi ?

On se retrouve. Elle me serre dans ses bras.
Durant ce repas, elle n'aura que des mots de réconfort pour Angie, pour moi-même. Elle m'exhorte à me battre pour ma femme.
Elle prend de ses nouvelles. Elle est d'une réelle empathie.
Le serveur vient prendre notre commande. Je me laisse tenter par l'un des plats du jour qui se trouve être une salade de poulpes.

C'est ainsi que je m'apprête à manger – à table - mon premier vrai repas depuis la catastrophe en Haïti.

Après ce déjeuner, je retrouve Angie. Elle m'attendait avec grande impatience. J'ai apporté des sucreries à partager avec deux grands thermos de thé, comme tous les jours.

Je lui fais part du message de Régina laissé pour elle, ce midi.

J'ai un compte rendu de sa matinée et de sa séance de thérapie.

Nous regardons de nouveau un film. Angie me demande des nouvelles de sa maman. Cette dernière est très inquiète pour la santé de sa fille.

Je l'ai prévenu de son hospitalisation sans lui donner la raison réelle. Elle ne l'aurait sans doute pas supportée et acceptée.

Bien évidemment, sa sœur, sa fille et mes parents sont dans la confidence et l'embrassent chaleureusement.

Angie décide de sortir de la chambre et de me faire visiter les lieux.

Je découvre la grande salle de restauration austère. Les pensionnaires disposent de ce lieu pour les repas mais peuvent également l'occuper pour se détendre. Des machines à boissons et sucreries sont installées. Il est également mis à disposition des jeux de société.

Je ne suis pas très à l'aise dans cette pièce. Les personnes qui nous entourent, rendent une atmosphère oppressante. L'ambiance – croyez-moi - n'est pas à la franche rigolade.

Nous déambulons dans les couloirs où une infirmière sermonne un jeune patient. Elle lui fixe un ultimatum très clair. Soit il décide sur-le-champ de se calmer soit il réintègre immédiatement sa chambre avec interdiction de visites de ses proches.

Angie me fait découvrir une grande terrasse aménagée de tables et bancs en béton et d'une table de ping-pong. Elle discute brièvement avec un pensionnaire dont elle a fait connaissance ce matin.

Dans d'autres circonstances, en un autre lieu, cet espace aurait pu paraître « bucolique ».

Nous partageons comme hier en fin de soirée le somptueux dîner de gala dans la chambre VIP de ma tendre.

Une fois rentré à la maison, je donne des nouvelles rassurantes à Jeanne, ma belle-mère.

Elle souhaiterait rendre visite à sa fille dès demain samedi si possible.
Cela ne me pose aucun problème. Dans la mesure où mes parents me font la même demande, j'envisage donc un convoi exceptionnel.

<u>Samedi 30 janvier 2010</u>

Je suis un peu stressé par la visite de ma belle-mère et de mes parents cet après-midi. Il ne faudra pas que ne fuite, auprès de ma belle-mère, la véritable cause de l'hospitalisation de Angie.

Je briefe mes parents et plus particulièrement ma maman qui est un peu le Gaston La gaffe de ma famille.
Un autre point m'inquiète. Je n'ai pas prévenu Angie de ces visites et je n'ai aucun moyen de le faire.

Que cela ne tienne, mon père me propose que j'aille retrouver ma dulcinée pour 14 h 00. Mes parents se chargeront de récupérer ma belle-mère un peu plus tard dans l'après-midi et nous rejoindrons à l'hôpital.

Je trouve cette initiative excellente.
J'ai des nouvelles de la crèche en ouvrant ma messagerie.

Samedi 30 janvier 2010 à 12 h 39

Bonjour à tous.
Je viens d'avoir des nouvelles de Michèle.

Il faut se calmer et NE PLUS APPELER ÉVELINE SVP.

Elle travaille d'arrache-pied... et bonne nouvelle, les dossiers à tous les stades de la procédure avancent bien ! Lundi, elle a un rendez-vous avec l'ambassadeur.

Pour les parents endeuillés, Éveline ne vous oublie pas et travaille aussi pour vous !

Alors, plus de communication téléphonique SVP.

Je vais essayer d'en savoir plus si possible dans la journée, faites-moi confiance SVP, je vous tiens informée.
Ils ont passé la nuit dans la rue. Ils avaient installé des tentes pour les enfants qui tellement excités par ces petites maisons ont été insupportables toute la nuit :-))))

Bises - Marina

Rendez-vous compte, malgré la violence du séisme, les enfants se font une joie de dormir sous des tentes !

Pourtant, ce n'est pas ce passage du mail qui m'a le plus intéressé.

Pour la première fois, il est confirmé par écrit que ma chère Éveline s'occupait des parents endeuillés.

Comme chaque jour depuis l'hospitalisation de Angie, je suis fouillé en arrivant à l'hôpital. Les infirmières me connaissent maintenant. Elles savent déjà le contenu de mon sac à dos : thermos de thé, sucreries, mon ordinateur sans son cordon d'alimentation et divers DVD.

Angie est toujours impatiente de me voir.

Elle a néanmoins une interrogation persistante. Elle souhaite connaître la date de sa sortie.

Elle s'ennuie, elle trouve l'environnement difficile et se trouve « guérie ».
Elle m'informe qu'elle en a déjà touché deux mots au docteur SAGET. Elle n'a bien évidemment reçu aucune réponse.

Je lui promets qu'avant ce soir, j'essaierai de m'entretenir avec lui, ne serait-ce déjà que pour avoir son point de vue sur l'état psychologique de ma femme et les progrès accomplis depuis son arrivée.

Une fois notre tasse de thé à la main, je lui déclare avoir deux bonnes nouvelles à lui annoncer.
Premièrement, ta maman et mes parents viennent te rendre visite - ce jour - vers 16 h 00. Ne te fais aucun souci, ta mère ne se doute pas du vrai motif de ta présence ici.
Deuxièmement, Éveline travaille pour nous.
Un grand sourire illumine son visage. Elle semble en paix avec elle-même.

La visite de la famille est agréable. Pour ne pas gêner la voisine de chambre, nous nous rendons tous dans la salle commune.
Nous partageons quelques gâteaux apportés et les immondes boissons dénommées thé et café distillées par les distributeurs automatiques.

Je scrute avec attention ma belle-maman. Elle réconforte sa fille. Elle est peu bavarde mais cela est habituel chez elle.
J'ai le sentiment profond qu'elle n'est pas dupe sur les motivations qui ont poussé sa fille dans cet endroit. Elle n'en dira jamais rien.

Fin de la visite, Angie est triste. Ces retrouvailles avec la famille l'ont fait sortir de son isolement. Tous lui promettent qu'elle sera bientôt de retour à la maison.

Justement, je demande à voir si possible le docteur. Il est toujours aussi aimable.

Tout d'abord il est satisfait de l'attitude de Angie envers le personnel médical.
Elle est réceptive et a accompli à ce jour une avancée vers un début de guérison.

J'évoque alors la demande de sortie tant espérée par Angie et ne le cachons pas, par moi-même.

Il fait la moue. L'autorisation de sortie est prématurée. Néanmoins il peut être envisagé une issue favorable sous conditions suivantes :

- Angie devra se livrer sans retenue aux séances individuelles avec l'équipe médicale ce dimanche et lundi matin.
- Elle devra continuer de se comporter de manière exemplaire dans l'établissement.
- Elle doit accepter d'être suivi hebdomadairement par un spécialiste en hôpital de jour
- Enfin, je dois faire la promesse de veiller scrupuleusement à la prise de ses médicaments.

Si je comprends bien les propos énoncés, cela sous-entend une sortie de l'unité psychiatrique ce lundi après-midi.

Le professeur SAGET est confiant sur l'avenir de ma femme. Sa patiente n'a pas eu dans le passé de comportement identique. Aussi il se prononce pour une guérison totale à moyen terme mais sous assistance médicale...
Je le remercie chaleureusement pour cette bonne nouvelle.
Je lui souhaite un excellent week-end et m'empresse de rejoindre ma femme.

Elle est folle de joie.
Non ce n'est pas le bon mot à employer pour le moment.
Elle est remplie d'allégresse.

Il est à présent 21 h 00, on s'embrasse tendrement.

La perspective de savoir Angie à la maison sous deux jours rend mon départ moins douloureux.

<u>Dimanche 31 janvier 2010.</u>

Je reçois 2 messages qui suscitent grandement mon intérêt.
Le premier provient d'un adoptant qui met en place un fichier sur lequel tous les adoptants peuvent faire connaître l'avancée de leur dossier.
Les parents endeuillés ne sont pas oubliés. Ils peuvent dès à présent faire connaître leur volonté de poursuite de procédure et donc d'un nouvel apparentement.

Le second message m'inquiète.

Une rumeur se propage selon laquelle l'agrément obtenu serait devenu caduc du fait du décès des enfants attribués aux familles.
La seule alternative fiable pour poursuivre ladite procédure est d'avoir transmis en temps et en heure – au Service Adoption International – une fiche d'attribution de l'enfant !
La colère froide me guette. J'ai déjà eu à m'entretenir – où d'essayer du moins — avec le S.A.I. Une administration française dans toute sa splendeur.

Je tiens à apporter ma contribution au débat.
Dimanche 31 janvier - 11 h 36

Bonjour, nous sommes, comme, certains le savent déjà, des parents endeuillés comme beaucoup d'entre vous.

Je pense qu'il faudrait essayer de garder son calme.
Nous avons vu - il y a plusieurs jours - l'équipe du Conseil Général qui nous a attribué l'agrément. Ils sont au courant du décès de notre enfant.
Pour eux, l'agrément reste valable en France et il n'y a donc pas lieu d'en redemander un.

Pour le reste je pense qu'il faut faire confiance à Éveline. Le décès d'un enfant en cours de procédure a dû déjà se produire dans le passé malheureusement.

Qu'entend exactement le S.A.I. dans la notion de « parents » ?

Les enfants pour un certain nombre ne portaient pas encore le nom des parents adoptants et ce malgré la sortie de l'IBESR et la comparution immédiate.

L'exequatur et la filiation n'ayant pas encore été faite par les organes représentatifs en Haïti, cela explique cette situation.

Courage à tous et arrêtez d'appeler le S.A.I. qui est incompétent depuis le drame en Haïti.

Angie et Patrick parents du petit JUNEL

Il est bien évident que je ne parlerai pas à ma femme de cette information.

Angie est impatiente de sortir ce lundi. Nous appelons ma maman de mon téléphone portable afin de lui souhaiter un joyeux anniversaire.

Lundi 1er février 2010

Un nouveau mois commence.

C'est le grand jour aujourd'hui. Je suis impatient de rejoindre pour la dernière fois Angie à l'hôpital.
En fin de matinée, nous accomplissons les dernières démarches administratives de sortie.

Nous rentrons chez nous après avoir fait une halte à la pharmacie. La pharmacienne s'enquiert de l'état de santé de mon épouse. Elle est sur la défensive depuis qu'elle avait par mégarde délivré des médicaments sans ordonnance.

La prescription est importante. J'espère seulement que les effets seront vraiment profitables et qu'il n'y aura pas de récidive.

Angie va mieux mais elle n'est pas guérie.
Elle développe même un Trouble Obsessionnel du Comportement. Elle devient maniaque de la propreté. Est-ce l'effet secondaire des médicaments ou d'un traumatisme post-séisme ?
Elle ne supporte plus la saleté. Elle nettoie tout ce qui lui passe par la main et plusieurs fois avec la même implication.
Le lave-vaisselle devient inefficace. Une fois les assiettes et couverts lavés, Angie les récure encore et encore.
Tout est prétexte à se servir d'un chiffon, de javel et de produits ménagers.
À cette allure, la maison sera aseptisée et éclatante de propreté.
Je ne me formalise pas outre mesure. Ce peut n'être que passager. Et entre nous, nous avons traversé tant d'épreuves depuis près de trois semaines que ce TOC n'est pas dérangeant outre mesure.

Nous retrouvons un peu de sérénité et de calme dans notre lieu de vie.

Il en va un peu de même à 6 300 km environ de là. La vie reprend tout doucement son cours à Notre Dame de la Nativité.

Les secours sont toujours présents à des degrés moindres. Ils sont accompagnés par Fanny, docteur et maman adoptante. Elle est toujours sur place pour apporter son aide médicale et psychologique à Éveline.

Une organisation se remet en place. C'est ainsi que nous commençons à obtenir des informations précises sur les dossiers des enfants.

Lundi 01er février 2010 à 18 h 03

Voilà l'état d'avancement pour tous les dossiers rien de nominatif pour l'instant :

- Jugements homologués : 25 dossiers (23 ont été déposés vendredi au consulat et 2 seront déposés lundi) donc le rapatriement va suivre

– Dossiers au parquet (entrée ou sortie) avec ou sans la comparution : ils seront donnés la semaine prochaine au doyen pour signature très rapide puis déposés au consulat
Les rapatriements vont suivre... **Trop cool !**

- Dossiers à l'IBESR : vont être tous déposés au Parquet la semaine prochaine, signature par le doyen, dépôt consulat et rapatriement...

hip hip hip hourra !!!!
<u>Pour ces 3 stades de procédure nous pouvons donc espérer un rapatriement très rapide !</u>

Attendez ce n'est pas fini !

- Dossiers avec apparentement : vont être déposés à l'IBESR. Pour le moment nous ne connaissons pas le délai de traitement de l'institution mais dès qu'ils en sortent, ils rejoignent le Parquet, signature doyen et consulat... pour rapatriement...

EXTRA, non ?

<u>Mais le meilleur c'est pour la fin bien sûr :</u>

À tous les parents endeuillés qui le souhaitent, Éveline va faire une nouvelle attribution, ce qui signifie une entrée rapide à l'IBESR et même étapes que les dossiers évoqués ci-dessus, avec un rapatriement à la clé.
« Je suis trop heureuse pour vous !!!!!!!!!!! »

Lundi, Éveline rencontre l'ambassadeur pour clarifier la situation vis-à-vis du rapatriement des enfants.

Françoise poursuit ses consultations.

Bises
Marina

Toujours et encore cette même souffrance. Elle est ancrée profondément dans chacune de nos cellules.
Une simple étincelle pourrait rallumer le feu des enfers.

Pourtant, je m'accroche, je soutiens de toute mon énergie Angie. J'implore le ciel pour que le noir qui nous entoure se transforme progressivement en bleu. Je supplie le créateur pour que la poursuite de notre parcours d'adoption porte ses fruits.

Je ne suis toujours pas papa et la clepsydre poursuit inexorablement le compte à rebours de notre vie.
J'aimerais tant discuter quelques instants avec notre maman noire.

Elle traverse tant d'épreuves. La foi lui donne la force pour abattre des montagnes.

Nous savons également qu'elle culpabilise de ne pas avoir protégé tous les enfants.
Nous voulons lui apporter un maigre réconfort.

Mardi 2 février 2010 à 13 h 55

Bonjour ÉVELINE,

Nous sommes de tout cœur avec toi. Pas une journée ne passe sans que tu sois dans nos pensées.

Nous savons que tu as aimé et protégé notre fils JUNEL. Tu ne dois pas t'en vouloir de ce qui s'est passé pour tes timouns. Nous sommes comme tu peux le penser totalement anéanti de chagrin. Junel aurait voulu un petit frère ou une petite sœur.

C'est pour cela que nous souhaitons continuer le parcours d'adoption.

De notre côté, une fois remis de ce drame, nous te promettons d'œuvrer activement pour faire rentrer de l'argent dans l'association port aux petits princes.
Nous t'aimons très fort. Nous te disons à très bientôt.

Angie et Patrick

La semaine passe à une lenteur désespérante.

Je n'ai toujours pas repris le travail. Mon médecin n'y est pas favorable.

Plusieurs collègues de mon entreprise prennent de mes nouvelles par mail.
J'y réponds avec bonne volonté. Mais, je suis tellement éloigné de mon activité professionnelle...

Seul ne compte que la santé encore fragile de ma femme.

Il y a clairement une cassure dans mon parcours de vie.
Il y a peu, je ne pouvais imaginer me retrouver éloigné de mes activités professionnelles. J'étais concentré sur ma carrière.

Ce château de cartes s'est effondré comme la crèche. Il ne reste qu'un champ de ruines. Je dois reconstruire mon chemin. Il ne pourra passer que par la consolidation de ma vie de famille et surtout son agrandissement.

Nous ne sommes plus maîtres de notre destin.

Nous ne devons compter que sur toutes les personnes désireuses de nous venir en aide.

Si nous savons pouvoir nous entraider entre parents, il faut aussi composer avec l'État français, mais pas uniquement.
En effet, depuis le chaos post-séisme, un pays a décidé de mettre, de renforcer son emprise, son hégémonie sur Haïti. Je veux parler bien entendu des États-Unis.

Mais quels buts peuvent rechercher les autorités Américaines ? Nous sommes en Haïti, l'un des pays les plus pauvres de la planète.

Ils sont pourtant multiples. Les USA ont été les premiers à apporter leurs soutiens logistiques et humanitaires. Les côtes Américaines ne sont pas très éloignées de Port-au-Prince. Mais que diable recherchent-ils ?

Dans un premier temps, il y a lieu pour les USA de rapatrier les enfants en cours d'adoption par ses ressortissants Américains.
Ensuite, ne faisons pas de l'angélisme, le pays sera à reconstruire. À ce moment-là, les entreprises de l'oncle Sam seront les mieux placées pour remporter la mise.

La France, malgré des liens ancestraux est donc soumise au bon vouloir de la première puissance mondiale.

Haïti est une île. Le seul moyen de s'y rendre est l'avion. À l'heure actuelle, l'aéroport est aux mains de l'armée

Américaine. Il n'y a toujours pas de reprise des vols commerciaux.

Tout ceci a donc une incidence pour nous Français, parents...

Dimanche 7 février 2010

Ce mail de JC résume bien la situation globale.

Bonsoir,

Comme je vous l'avais mentionné lors de notre départ, nos missions sur place avaient été clairement définies.

Pour ma part, j'ai rencontré l'ambassadeur de France et le consul chargé des questions d'adoption en Haïti.

Martine, quant à elle, s'est occupée avec Éveline de la partie Haïtienne des dossiers.

Lors de ma rencontre avec le consul, tous les dossiers apportés par Éveline (dossier avec le jugement) ont été traités par le service du consulat.

Vu l'emprise des Américains sur l'Aéroport, le consul ne dispose que de 50 places par avions qui ont le droit d'atterrir.

Ces avions ont une rotation théorique d'un avion tous les 3 jours. Dans l'hypothèse où les Américains décident de modifier ce programme la France ne peut strictement rien faire !

Le consul m'a également spécifié que si la France décide de rapatrier tous les enfants (900 environ) à raison de 50 tous les 3 jours cela va prendre des semaines.

Son espoir est que les vols commerciaux reprennent au plus vite.

L'ambassadeur m'a évoqué la possibilité de descendre le curseur des rapatriements à la sortie de l'IBESR mais cette négociation se fait entre le S.A.I et les autorités Haïtiennes directement.

Je ne pense pas que cela soit raisonnable car si les enfants arrivent en France sans jugement nous n'aurons pas la possibilité d'obtenir la plénière.

Les procédures reprennent leur cours en Haïti, l'IBESR et le parquet fonctionnent et pour les jugements un nouveau doyen vient d'être nommé.

Les Haïtiens sont convaincus qu'il faut évacuer tous les enfants en cours de procédure et ils mettent tout en place pour que celles-ci arrivent à leurs termes dans les plus brefs délais.

Faites confiance à Éveline qui fait un travail formidable concernant tous les dossiers.
Quand nous sommes arrivés sur place elle avait fait sortir tous les dossiers du parquet et entrer puis faire sortir tous ceux qui étaient juste avant Enfin elle est parvenue à faire sortir tous les dossiers qui étaient à l'IBESR.

Je suis persuadé que la semaine prochaine elle va peser de tout son poids pour faire signer au nouveau doyen tous les jugements et remettre par la suite tous ces dossiers au consul.

Gardez tous espoirs, nos timouns sont en sécurité sanitaire, ils ont à manger et Éveline fait ce qu'il faut pour les procédures.

Bon courage, JC

Les TOC de Angie ne s'arrangent pas bien au contraire.
Elle suit consciencieusement son traitement médical.

Nous sommes aidés jour après jour par nos parents respectifs.

Les miens se chargent de nous faire à manger, de nous faire de petites courses.

Mon papa qui n'est pas un homme expressif dans sa manière d'être est prévenant envers ma femme.
Il ne manque pas une occasion de lui acheter un petit cadeau.
La plupart du temps il s'agit d'Angelots car Angie en fait la collection.

Ma belle-mère ne peut beaucoup sortir de chez elle.
Je fais l'effort bien légitime de faire quelques courses pour elle.

À cette occasion elle me fait prendre systématiquement de la viande rouge de première qualité.

Sa fille a besoin de force. Elle prépare minutieusement tous les jours un jus de viande. Cette mixture est alors un élément indispensable pour fortifier l'organisme de Angie.

C'est ainsi que tous les jours, voire tous les deux jours je me rends chez ma belle-mère afin de récupérer la potion magique destinée à sa fille.

Ce rituel me fait du bien. Il me permet d'une part de sortir un peu de chez nous.

D'autre part, il me permet de tisser des liens avec Jeanne ma belle-maman. Elle est vraiment soucieuse et inquiète.
Autour d'une tasse de café ou de thé, je tente de la rassurer au mieux.
Même si le solstice d'hiver est passé depuis quelques semaines, les journées sont courtes.

Le soleil se couche tôt. Le crépuscule fait son apparition.

Nous découvrons depuis quelques jours que l'approche de la nuit nous fait peur. Nous sommes angoissés par l'obscurité, ses bruits, ses silences.

Mon corps est pris de tremblement, j'ai chaud, j'ai froid. J'ai peur du néant.
Ce trouble est identique chez ma femme. Nous luttons comme nous le pouvons, tous les deux. Nous sommes attirés vers les profondeurs, vers les abîmes.

Chaque jour est un éternel recommencement, une lutte dont nous arrivons à sortir vainqueur mais au prix d'une débauche d'énergie.

À cela s'ajoutent les caprices du temps. Nous sommes sur la Côte d'Azur où l'hiver est clément. Oui mais pas cette année.
Une alerte orange est décrétée ce 11 février par météo France. Il est attendu de la neige à Nice.
Comme une année sur deux, elle tombe en petite quantité sur les collines environnantes.
Pourtant, en ce jeudi 11 février, les premiers flocons déambulent dans le ciel avant de parsemer le sol de notre jardin.
En fin d'après-midi, une légère couche recouvre, les feuilles des arbres, la pelouse.

En d'autres circonstances, j'aurais été le premier à sortir, à ressentir la légèreté des flocons sur mon visage. Je me serai réjoui de ces moments magiques.

Il en est tout autre. Cet épisode neigeux renforce mon malaise. Il gèle dans mon cœur. Toutes mes envies sont en jachère. Que pourra renaître après ce déluge d'intempérie dans mon corps, dans ma tête ?

L'épisode neigeux se poursuivra sur deux jours. Vivement l'arrivée des hirondelles !

Angie n'a plus d'idée suicidaire, semble-t-il. Sur ce point, je suis un peu plus serein.

Mes mouvements d'action se trouvent fortement élargis plus par nécessité que par envie.
En sus des troubles du comportement, Angie a une autre « obsession » : Junel est-il vraiment mort ?

Nous n'en avons pas la preuve. Seule la parole d'Éveline fait foi.

Et si notre fils s'était échappé, tremblant de peur, après le tremblement de terre ? Et s'il avait été recueilli par une famille ? Et si toute la vérité n'avait pas été dite ?

Que répondre à toutes ces interrogations ?
Je n'ai aucun doute sur la véracité des dires d'Éveline.

Nous savons à travers quelques échanges avec plusieurs personnes que les enfants décédés ont été pour certains enterrés dans le cimetière situé dans le quartier FONTAMARA, proche de la crèche.

D'autres, ont été ensevelis sous des grands arbres de la propriété. Pour finir avec cette macabre description, la plupart des autres timouns sont encore sous les décombres des bâtiments effondrés.

Je comprends dès lors que l'absence du corps n'aide pas à faire son deuil.

La seule chose que je propose à Angie, pour la mémoire de notre fils, est de pouvoir déposer une stèle sur le caveau familial.

Mes parents auront la délicatesse d'en faire la demande auprès du responsable du cimetière où reposent mes grands-parents paternels.

Malheureusement, nous aurons une fin de non-recevoir.
Le préposé a laissé entendre que sans dépouille, il n'y a pas de possibilité d'interjeter en notre faveur. Il en est désolé.
Mon seul objectif est de nous voir attribuer le plus rapidement possible un second fils ou fille.

C'est pour moi la certitude d'entrevoir une hausse de moral et une guérison rapide pour ma femme.

Bien entendu, je ne fais pas cela que pour elle. Je dois me reconstruire. Faudrait-il que j'arrive déjà à penser à moi, à faire moi aussi un travail de deuil. Ce n'est pas encore l'heure pour cela.

Je dois continuer d'être fort pour deux. Je dois être le moteur de notre embarcation.

Nous envoyons de nouveau un petit message à Éveline.
Vous ne savez pas à quel point elle est importante dans notre vie, dans nos cœurs.

Bonjour Éveline comment vas-tu ?

Nous espérons que tu tiens le coup malgré tout le travail que tu dois avoir.

De notre côté nous sommes conscients de toutes les montagnes qu'il faut que tu déplaces pour faire avancer les dossiers.

Nous espérons avoir bientôt de bonnes nouvelles de ta part.

Nous essayons de faire aller mais c'est difficile de se faire à l'idée.
Nous nous accrochons à l'espoir d'avoir une nouvelle attribution sans pour autant oublier Junel.

Très grosses bises. Angie et Patrick

Nous supportons toujours aussi mal d'être « seuls » dans cette épreuve. Nous sommes épaulés par nos familles mais aucun de ses membres ne peut comprendre la douleur ressentie.

Mon père l'a d'ailleurs bien compris. Il reprend contact avec Aurélien, le directeur d'agence de voyages que nous avions rencontrés l'été dernier.
Par chance, il dispose d'un certain nombre d'informations pertinentes sur la suite des démarches.
Je m'empresse de prendre contact afin de le remercier. Mais se souvient-il de nous ?

Bonjour,

Je suis le fils de Monsieur et Madame BELLI

Vous aviez rencontré mon épouse l'année dernière au parc de Vaugrenier lors de la venue d'Éveline.

Nous partageons votre souffrance puisque comme vous le savez nous sommes dans la même situation que vous.

Nous vous remercions très sincèrement pour les informations que vous avez communiquées à mon père concernant la suite de nos procédures d'adoption.

Cela atténue un tout petit peu notre peine. Nous espérons que les jours enfin heureux arriveront rapidement.

Très amicalement,

Patrick et Angie parents du petit ange JUNEL

Mercredi 10 février 2010
Nous avons, comme de nombreux parents, des interrogations sur l'aide apportée par le gouvernement français.

Nous avons eu vent qu'une commission paritaire avait été créée et organisée il y a plusieurs jours déjà à Port au-Prince afin d'étudier le devenir des enfants.

Un parent lance une bouteille à la mer en écrivant à l'ambassadeur Français en poste à Port-au-Prince.

La colère, la douleur transpire dans cet écrit.
Il est le porte-parole de beaucoup d'entre nous.

Monsieur l'Ambassadeur,

Nombre de familles sont heureuses d'avoir pu accueillir leur enfant (227 au 6 février) ou de bientôt pouvoir les accueillir (plus ou moins 130 à brèves échéances).

D'autres se disent que leur Timoun sera vite dans leur bras (env 550 enfants) dans le respect de la procédure et de protection et droits de l'enfance.

C'est bien d'installer cette commission mixte, c'est bien de penser et d'aider ces parents et ces enfants... Mais je remarque qu'il n'est fait NULLE PART, mention des parents qui, s'ils n'attendent plus l'enfant qu'ils devaient accueillir — car décédé - attendait au moins du gouvernement Français un signe.

Un signe disant que la commission mixte ne les oubliait pas, que l'on pensait aussi à la souffrance des mères et pères Français (qui en majorité ont "demandé" à leur OAA ou à Éveline de penser à un ré apparentement), mères et pères qui pour beaucoup avaient passé les dernières étapes du jugement... et ne voient aucune aide leur être apportée...

Monsieur l'Ambassadeur, la souffrance de ces parents est aussi grande que celle des autres parents. Pensez-y.

Pensez-y avec la commission mixte, pensez-y en sachant qu'aucun d'entre nous n'est un "voleur" d'enfant ! Je parle pour moi, mon épouse et tous ceux et celles que nous connaissons personnellement ou non et qui sont dans ce cas.

Monsieur l'Ambassadeur, parlez à vos homologues Haïtiens et comprenez tous que le sang Haïtien coule aussi dans les veines de l'espoir que ces parents mettent en vous.

Ils sont obligés de vous faire confiance, ils vous font confiance, dans le cadre légal que vous mettez en place. Mais il faut, comprenez-le qu'ils sachent ce qu'il adviendra de leurs "futurs" parents liés à jamais à Haïti.

Nous comptons sur votre humanité et celles des dirigeants Haïtien dont le but, j'espère le croire, est de sauver des enfants et d'aider des familles à se reconstruire.

Recevez Monsieur l'Ambassadeur, mes plus sincères salutations.

Monsieur Jean-Paul MONCHEAU, ambassadeur en Haïti, proche de Monsieur KOUCHNER et de ses idées viendra doucher bien des espérances. Voici ce qu'il déclara

Monsieur,

Je viens de consulter ma messagerie entre deux rendez-vous ici à Port aux Prince et je vous réponds donc sans tarder.

Votre agrément, je suppose, est toujours en cours. Il a une validité de 5 ans... Indépendamment de cette catastrophe survenue en Haïti, il arrive qu'un enfant décède en cours de procédure. Nous n'avons donc pas à négocier une disposition particulière à cet égard avec les autorités Haïtiennes.

Comme je l'ai indiqué à Éveline Louis Jacques, à Notre Dame de la Nativité, où je suis retourné hier, il est tout à fait possible pour elle de vous proposer un autre enfant et de réaliser un nouvel apparentement.

Cela correspond cependant à une nouvelle procédure à reprendre depuis le début et il ne peut en être autrement, dans la mesure où chaque enfant a son identité, a encore un ou des parents biologiques etc.
J'espère avoir répondu à votre question.
Je saisis cette occasion pour vous assurer de ma sympathie dans l'épreuve que vous traversez.

Cordialement ;
Jean Paul MONCHEAU

Lorsque je prends connaissance des propos de Monsieur l'Ambassadeur, célèbre pour ses réceptions d'après une publicité pour des chocolats fourrés. La voix m'en tombe.

Non soyons honnêtes je suis tel le Capitaine Haddock. Je suis fou de rage. Tous les mots fleuris disponibles ne suffiraient pas à effacer ma colère. Je vous les épargne bien volontiers.
Comment peut-on se permettre de faire un parallèle entre le décès d'un enfant en cours de procédure (extrêmement rare) et des dizaines d'enfants décédés uniquement dans une crèche après un tremblement de terre ayant entraîné des centaines de milliers de morts et autant de sans-abri.

Ne peut-on pas concevoir une procédure spéciale pour les parents endeuillés ?

Après l'exception culturelle que prône l'État français face aux pays du monde entier, la France invente l'exception de l'exceptionnel.

Encore une fois notre cher pays est le seul à se comporter ainsi face aux familles. Je regrette de ne pas être de nationalité Américaine, Belge, Hollandaise, Italienne, Canadienne...
Des mesures drastiques immédiates, en accord avec l'État Haïtien, ont été mises en place pour soulager leurs compatriotes.

De notre côté, on tergiverse. On s'inquiète du sens du vent.

Monsieur KOUCHNER cherche sans doute la photo qui le rendra populaire.

Ce grand Monsieur qui avait lancé, souvenez-vous, l'opération « sac de riz pour la Somalie en 1992 ».

Toutes les télévisions - au garde à vous présidentiel - autour de lui le filmaient sortant de l'eau vêtue d'un pantalon et chemise écrue et portant sur son épaule un sac de riz.

Notre sauveur, Saint Bernard !

Que doit-on dire, de ses interviews en pantalon de pyjamas et pantoufles dans des hôtels sécurisés pendant le conflit de l'ex Yougoslavie entre Serbes et Croates.

Bien sûr ces images vous ne les trouverez pas sur Internet. Il est facile aux journalistes de ne filmer qu'en plan serré.

Mais comment le sais-je alors ?
Tout simplement grâce à mon ami d'enfance qui était alors interprète Croate et présent sur place pour le compte des autorités du pays.

Notre sauveur Saint Bernard, tel Jésus, évangélise ses apôtres. La voix de son maître est bien respectée par Monsieur l'Ambassadeur. J'ai envie de vomir.

Nous savons dorénavant que nous ne devrons compter que sur nous-même, sur l'entraide et la cohésion des parents dans la même situation que la nôtre.

Jeudi 11 février 2010

Il y a un mois, nous apprenions l'existence du tremblement de terre en Haïti. Nous perdions en quelques secondes notre insouciance, notre joie de vivre, nos illusions d'une vie meilleure.

En cette triste journée commémorative, je ne peux et je ne dois oublier mon fils, notre fils.
Nous pensons aussi bien évidemment à tous les enfants, aux parents, aux Haïtiens.

Ce petit mot est déposé sur le forum de la crèche Notre Dame de la Nativité.

Jeudi 11 février 2010 à 11 h 42

Bonjour,
C'est un bien triste anniversaire pour de nombreux parents.
Il y a un mois disparaissait les êtres les plus chers au monde pour nous tous.

Pour toi mon fils JUNEL l'hiver envahit nos cœurs.

Le vent glace nos larmes.
Nos bouches ont un goût amer.
Ton petit cœur, ton odeur sont dans mes narines

Tu n'es plus parmi ce monde. Petit ange veille sur tes copains TIMOUNS, veille sur ta maman si douloureusement touchée. Donne à ton Papa la force de garder ton sourire, ta joie de vivre que nous te connaissions.
Tu resteras comme une lumière qui me tiendra chaud dans mes hivers un petit feu de toi qui ne s'éteint pas

(extrait de la chanson « confidentiel » – J.J.Goldman).

À mon petit homme JUNEL

Dans toutes les régions de France, des petites bougies illuminent nos si tendres et éphémères souvenirs.

Après le recueillement, la colère monte auprès des parents. Comme je m'en doutais, le message de Monsieur l'Ambassadeur a du mal à être digéré. Mais comment pouvait-il en être autrement.

Les adoptants dans leur ensemble ne comprennent et n'acceptent toujours pas le silence des autorités sur le sort des parents endeuillés.

Un d'entre eux s'en émeut ouvertement auprès de J.L MONCHEAU.

Le ton est fort diplomatique et j'en félicite son auteur.

Monsieur l'Ambassadeur,

Nous apprenons ces jours-ci qu'une commission mixte franco haïtienne a été installée afin d'accélérer les procédures en vue d'adoption.

S, la petite fille que nous devions adopter, est décédée à la crèche Notre Dame de la Nativité. Vu l'avancement du dossier, elle nous aurait rejointes cette année.

Grâce à cette commission, peut-être nous aurait-elle rejoints plus tôt. La peine n'en est que plus intense.

Cette commission n'a pas évoqué le cas des parents, qui, comme nous, ont perdu l'enfant qu'ils devaient accueillir. Ces familles se sentent oubliées, alors que malgré leur tristesse, elles se battent pour aider Haïti et sa population, pour aider Éveline, le personnel de la crèche et les enfants survivants.

La situation est exceptionnelle ; la France, par le biais de cette commission y réagit en permettant une procédure et un retour plus rapides pour les enfants survivants et leurs familles adoptives. Pourquoi ne pas envisager, en accord avec les autorités haïtiennes, une procédure particulière également pour les familles dans notre cas, qui souhaitent être aidées et soutenues ?

La tristesse, mais aussi l'espoir de toutes ces familles sont immenses.

Elles attendent un signe de cette commission. Elles font confiance à ses membres pour trouver un accord avec les autorités haïtiennes qui permettrait d'envisager une autre adoption.

Recevez, Monsieur l'Ambassadeur, mes plus sincères salutations.

Bien, la rébellion s'organise. On ne va pas vous « lâcher » Monsieur l'Ambassadeur chargé de l'adoption internationale auprès du ministère des Affaires étrangères et européennes...

La carte de visite de ce monsieur doit être large et coûteuse à la lecture de son poste. Voilà encore où passent les deniers de l'État.
Quelle gabegie !

Désolé, je me perds, recentrons le débat. Pour ce faire, prenons, de ce pas, connaissance de la réponse apportée.

Monsieur,

Je me suis rendu vendredi dernier à la crèche Notre Dame de la Nativité où j'y ai rencontré Éveline, le personnel de la crèche et naturellement les enfants.

Malgré tout, la vie reprend son cours. La crèche est approvisionnée.

J'ai vu les stocks de médicaments, de nourriture et Éveline m'a assuré qu'elle ne manquait de rien. Comme la grande majorité des Haïtiens de Port au Prince, les enfants dorment dehors, sous la tente.

Ils sont surveillés par un personnel dévoué, certes marqué par la catastrophe, mais sur ce point il est difficile de changer le cours des choses...

Nous avons naturellement parlé des enfants endeuillés. Éveline m'a dit que certains parents souhaitaient obtenir un nouvel apparentement. J'ai le lendemain interrogé la directrice de l'IBESR, Mme Bernard-Pierre, qui m'a assuré que les parents n'auraient pas à reconstituer tout le dossier.

Autrement dit, et c'est parfaitement compréhensible, seul le dossier de l'enfant aurait à être présenté à l'IBESR, tout ce qui tient au dossier des parents (notamment l'agrément déjà déposé) étant considéré comme valable pour cette nouvelle procédure d'adoption.

Ces cas particuliers devraient donc pouvoir être traités avec toute l'attention particulière qu'ils méritent.

J'espère avoir répondu à votre question. Je vous assure de ma sympathie en cette période si douloureuse pour votre famille.

Cordialement

Jean-Paul MONCHAU

Ambassadeur chargé de l'adoption internationale

Ministère des affaires étrangères et européennes

Ce Monsieur n'est pas ambassadeur pour des prunes.

La diplomatie est inscrite dans son sang. Une fois de plus beaucoup de bla-bla et d'informations déjà connues. Nous attendons des actes BORDEL ! (Désolé). De notre côté, nous mettons notre énergie au service d'Éveline.

Nous faisons le tour des pharmacies afin de récolter des médicaments à envoyer en Haïti. Cette mission est compliquée.

Les officines dépendent de l'association CYCLAMED. Cette structure agréée par les pouvoirs publics, a pour mission de collecter et de valoriser les médicaments non utilisés à usage humain, périmés ou non, rapportés par les patients dans les pharmacies.

Elle a également pour objectif de sécuriser l'élimination des médicaments non utilisés, afin de préserver l'environnement et la santé publique.

Notre pharmacie attitrée est la seule qui par l'intermédiaire de l'une des responsables nous apportera un peu de soutien dans notre démarche.

Madame Contes, se doit-elle de se racheter une conduite suite à son écart de conduite vis-à-vis de mon épouse ?

Nos connaissances plus ou moins proches se proposent de nous remettre tous les vêtements en bon état dont ils disposent et qu'ils ne mettent plus.

Notre médecin, de sa propre initiative, aura la gentille attention de mettre dans la salle d'attente un message de collecte d'habits. Merci encore Docteur.

Nous récoltons une goutte d'eau dans un océan de solidarité. Mais ne dit-on pas que les ruisseaux font les grandes rivières.

Nous transmettons à une coordinatrice de la région la liste de notre précieuse collecte.

Samedi 13 février 2010 à 10 h 25

Bonjour Véronique,

Avec un peu de retard, tu trouveras ci-dessous les différentes petites choses que l'on a pu collecter pour envoyer à Éveline.

<u>MÉDICAMENTS :</u>

- 4 flacons 500 ml de glucose aguettant 5 % en solution injectable.
- 3 flacons 500 ml de chlorure de sodium 0,9 % en solution injectable.
- 4 boîtes (KIT) MEDISET PERFUSION
- 6 boîtes d'EFFERALGAN 500 mg
- 3 boîtes d'AMOXICILINE 500 mg
- 6 boîtes de SPAFON LYOC
- 1 flacon de BISEPTINE
- 6 perfusions de 1 000 ml de chlorure de sodium 0,9 %
- 3 perfusions de 500 ml de chlorure de sodium 0.9 %

<u>ALIMENTAIRE :</u>

- 2 boîtes de lait pour enfants - pâtes – riz – purée – lentilles – petits pois – soupes en sachets – compotes individuelles – boites de quenelles.

<u>HYGIÈNE :</u>

- 1 paquet de couches PAMPERS junior et 3 biberons.

Ainsi que plusieurs sacs de vêtements pour enfants. En espérant te voir bientôt. Grosses bises
Angie et Patrick

Nos fameuses vacances dans un riad à Marrakech approchent à grand pas. L'envie est absente mais nous nous devons de changer d'air, de respecter nos engagements auprès de notre hôte Antonio.

Je lui confirme par mail notre venue, le virement effectué pour les nuitées réservées et ne manquerai pas de lui indiquer l'heure de notre arrivée à l'aéroport Mohamed VI.

Malgré la perspective de notre voyage et le besoin vital d'évasion, de légèreté, nous nous sentons de plus en plus isolés.

Nos familles sont formidables mais sont incapables de saisir le cataclysme déclenché dans nos têtes, dans nos corps.

Angie va un peu mieux même si cela reste relatif.

Elle doit absolument expurger ses mauvaises pensées, ses idées noires. Nous avons l'idée de lancer « une bouteille à la mer » auprès du forum des adoptants.

Pourquoi ne pourrait-on pas partager sa peine, se soutenir dans cette épreuve. Nous serons entendus par de nombreuses familles. Nous échangeons nos téléphones. Les échanges sont empreints de chagrins, de doutes mais aussi d'espoir.

Nos pensées virevoltent inexorablement vers Éveline.

Pas un jour ne passe sans que l'on pense à elle. Nous ne voulons pas l'appeler. Elle a déjà suffisamment de travail et Angie n'est pas encore prête à lui parler.

Mercredi 17 février 2010

Mon épouse prépare nos valises pour notre petite escapade dans la ville ocre si chère à Yves Saint Laurent.

La période est idéale pour se ressourcer.

Les températures sont printanières. Le soleil réchauffe les corps meurtris par l'hiver.

Short, chemise et lunettes de soleil sont les éléments indispensables pour les touristes.

Cette parenthèse joyeuse va s'évaporer bien vite en ce milieu d'après-midi. La nouvelle s'abat tel un coup de massue. Une maman très en colère nous transmet son indignation.

Mercredi 17 février 2010 à 15 h 40

L'info vient de tomber il y a quinze minutes. Il n'y aura plus AUCUN rapatriement.

Suite à divers témoignages de psychologues et d'équipes médicales présentes à l'aéroport lors des diverses arrivées des enfants, le cabinet ministériel a décrété qu'il était trop traumatisant pour les enfants d'arriver dans ces conditions.

Par contre aucune autre solution n'a été trouvée pour l'instant. L'ambassade en Haïti conjointement avec le ministère réfléchissent...

Le gouvernement Français déconseille fortement aux parents de se rendre sur place !

Inutile de vous dire l'état de rage dans lequel je me trouve !

J'ai demandé à une personne qui travaille au S.A.I. si l'une des solutions préconisées était de laisser mourir les enfants qui les attendaient là-bas ?

Je lui ai également demandé si ces psychologues avaient des enfants en cours d'adoption en Haïti ?

Est-ce « normal » que ces enfants continuent de subir de nombreuses secousses post-séisme, vivent à l'extérieur et n'aient pour certains même pas le minimum vital.

Non tout cela n'est pas traumatisant ?

Ma « gentille » interlocutrice du S.A.I. m'a finalement déclaré qu'elle était tout à fait consciente de la situation mais que malheureusement elle n'était que le porte-parole du ministère.

Le mot impuissance prend aujourd'hui tout son sens pour moi.

C.

Ce même jour était présent en Haïti, l'élite de la France composée du président de la République Nicolas SARKOZY, le ministre des Affaires étrangères Bernard KOUCHNER et de la secrétaire d'État chargée de la famille et de la solidarité Nadine MORANO. Mais pour quoi faire ?

Nos célèbres pieds Nickelés ont besoin d'un bon coup de com. D'ailleurs, un article du monde titré

« Visite historique de 4 heures de SARKOZY en Haïti » :

« curieux déplacement de Nicolas Sarkozy en Haïti mercredi 17 février. C'était la première visite d'un président français dans cette ancienne colonie qui se libéra en 1804 de la tutelle française. M. Sarkozy y est resté moins de quatre heures.

Pour effacer les plaies du passé et préparer l'avenir, le chef de l' État à annoncé un plan d'aide de 270 millions d'euros sur deux ans (hors annulation de la dette haïtienne de 56 millions d'euros). L'objectif est de Placé la France à l'approche de la conférence de New York du 31 mars, qui doit décider de la reconstruction d'Haïti, et d'éviter que le pays ne tombe sous la coupe des États-Unis.

.... Le chef de l'État a trouvé le temps pour visiter le Champ-de-Mars, jardin public du centre d'Haïti où se pressent les sans-abri. Atmosphère bon enfant, faite de promesses d'aides, d'assurance sur les adoptions d'enfants. *"À la place du chaos et des pillages qu'on nous prédisait, on a vu des foules s'organiser et se recueillir dans la dignité"*, a commenté M. Sarkozy. Dans son élément parmi les réfugiés, Bernard Kouchner, le ministre des affaires étrangères, s'interroge sur une reconstruction efficace. *"La première mission de Médecins sans frontières, il y a quarante ans, c'était en Haïti. Ils y sont encore"*, déplore l'ancien *"French Doctor"*.

"Depuis quarante ans, on a vu défiler toutes les ONG. Cela a été utile, mais cela n'a pas changé le fond", explique M. Kouchner, qui donne un exemple d'interrogations : *"Faut-il reconstruire les hôpitaux ou créer un système de Sécurité sociale ?"* René Préval ne dit pas autre chose : *"Le pays n'est pas à reconstruire. Il est à construire."*

En réalité, la France, à travers le chef de l'État, ne veut en aucun cas que l'île ne tombe sous tutelle américaine, comme elle l'a été de 1915 à 1934.

Elle ne peut abandonner une partie de son passé colonial.

Notre beau pays se doit d'être présent pour les futurs marchés publics afin de reconstruire ce pays. Business is business.

Les engagements financiers et humanitaires ne sont que de façade. Il faut bien justifier de notre présence.

L'aide à apporter au peuple Haïtien, le sort des enfants en cours d'adoption ne sont que bla-bla...

Ces mots de compassions, d'amour envers le commun des mortels me font penser aux paroles d'une chanson interprétée en 1972 par Dalida et Alain Delon.

Paroles, paroles, paroles
Écoute-moi
Paroles, paroles, paroles
Je t'en prie
Paroles, paroles, paroles
Je te jure.

Paroles, paroles, paroles, paroles, paroles et encore des paroles que tu sèmes au vent...

Qui sème le vent récolte la tempête.

Une nouvelle fois le volcan en moi se réveille. Je me fends d'un mail assez fleuri et j'annonce clairement la couleur dès les premiers mots.

Jeudi 18 février 2010 à 17 h 21

Désolé si ces mots vont choquer certains d'entre vous. J'ai le regret de vous dire que nous sommes gouvernés par des gros nuls.

SARKO en Haïti quel beau coup de com. Il doit être un des seuls abrutis à s'être baladé sur le champ de mars avec une ROLEX à son poignet.

KOUCHNER a-t-il prévu de distribuer des sacs de riz devant les caméras ?

MORANO, le vide, le néant... pff que dire, on a tiré le gros lot.

Je me sens plus Haïtien aujourd'hui que FRANÇAIS.
J'ai la rage de voir par quel mépris le gouvernement nous traite.

Patrick papa du petit ange JUNEL

Que les choses soient bien claires entre nous. Ces propos, je les aurais tenus quel que soit le gouvernement en place agissant de la sorte.

Je suis ulcéré. J'ai maintenant hâte de quitter pour une semaine la France et retrouver avec beaucoup de plaisir mes amis Marocains.

Je pars de Nice l'esprit tranquille.

Je n'ai pas voulu que mon arrêt de travail une nouvelle fois prolongé aujourd'hui ne serve à un autre motif que ce pour quoi il est fait. Aussi, j'ai averti mon employeur que mon arrêt ne viendra pas se substituer à mes jours de congés payés déjà posés. Il sera de nouveau effectif dès la fin de ma semaine de vacances.

Samedi 20 février 2010

Apres trois heures de vol, nous arrivons à Marrakech. Nous avons le privilège d'être attendu par notre hôte Antonio.

En général, nous commandons un taxi pour nous rendre au riad. Cette fois-ci nous sommes chapeautés par Antonio en personne.

Une fois le dernier portique de l'aéroport passé, nous le reconnaissons au premier coup d'œil. Il est vêtu d'une tenue printanière et décontractée.

Il embrasse tendrement Angie. Il est extrêmement prévenant. Le ton du séjour est donné.

Après une halte dans une pharmacie, nous arrivons au riad. Nous sommes heureux de retrouver les deux employées de notre hôte. Les filles sont heureuses de nous revoir. Après de chaleureuses embrassades nous montons nous rafraîchir dans notre chambre.

De retour dans le patio ensoleillé, nous dégustons un thé à la menthe accompagné de petits gâteaux.

Nous avons l'habitude d'être choyés lors de nos séjours.

Nous sommes loin de nous imaginer ce qui nous attend durant cette semaine de vacances. Antonio nous informe de la manière la plus naturelle possible que notre séjour est « open bar ». Nous sommes ses invités tous les soirs à sa table d'hôtes. Angie devra se charger de faire connaître ses envies pour qu'elles soient exhaussées.

Il faudra néanmoins que nous changions quelques-unes de nos habitudes. Il est de coutume au riad de prendre l'apéritif offert tous les soirs aux convives présents.

Les médicaments et l'alcool ne sont pas les meilleurs amis du monde.

Il fait encore chaud lorsque nous passons à table vers 20 h 00 – 20 h 30. Nous sommes cinq pour ce premier dîner. En sus de notre hôte, nous partageons ce moment avec Antonio et sa fille âgée d'une douzaine d'années.

Angie est tendue. Ces TOC n'ont pas disparu. Elle prend sa serviette posée devant elle et se met à nettoyer son assiette, ses couverts, son verre. Je me sens gêné. Heureusement que j'avais évoqué, avant notre départ, ces TOC auprès d'Antonio.

Angie décompresse. Elle entame son deuxième verre de vin. Elle tiendra ce soir-là des propos incohérents et indélicats.

Il ne lui en sera jamais tenu rigueur. Nos hôtes sont des personnes pleines de bonté et compatissantes face à la détresse de ma femme.

Nous allâmes nous coucher dès la fin du repas, assommés par la fatigue, les médicaments et les effets de l'alcool.

Dire qu'il y a une semaine nous étions sous la neige. Ce matin, nous nous retrouvons autour d'un petit-déjeuner dans le patio. Je dois avouer qu'il ne fait pas très chaud, toutefois une petite laine suffit.

Comme précédemment, les petits-déjeuners sont copieux et délicieux même si nous n'avons toujours pas retrouvé notre fameux coup de fourchette.

Angie a une requête auprès de notre hôte. Elle souhaite faire elle-même le nettoyage de notre chambre. Ce n'est pas un manque de confiance vis-à-vis des employés mais ces TOC l'obsèdent. Cette demande rend chafouin Antonio : il est toujours aux petits soins pour ses invités. Il a bien compris qu'il ne pourra que céder à la demande de ma femme.

Nos journées seront rythmées par nos balades dans la médina. Nous sommes comme des poissons dans l'eau. Nous aimons la place Jemea El-Fna.

Cette célèbre place publique, de forme triangulaire, se situe au sud-ouest de la médina (vieille ville historique) de Marrakech. Elle est l'accès principal aux souks de la ville.

Ce haut lieu traditionnel, populaire attire plus d'un million de visiteurs chaque année. Elle est d'ailleurs inscrite au patrimoine mondial de l'UNESCO depuis 1985.

Alfred HITCHCOCK l'a immortalisée en 1956 dans son long-métrage « l'homme qui en savait trop ».

L'ambiance, les odeurs, la fréquentation sont différentes selon le moment de la journée.

Le matin il y a peu d'agitation. Les roulottes des marchands de jus d'orange, de fruits secs sont les plus courtisées par les touristes. Quelques marchands de souvenirs s'installent sur la place, les tatoueuses au henné, les cartomanciennes et porteurs d'eau en tenue traditionnelle essaient d'attirer tant bien que mal le chaland.

Malheureusement, la place est connue pour une autre activité qui me révolte. Plusieurs emplacements sont occupés par des marocains sans scrupule exhibant des singes en couche-culotte, et par des charmeurs de serpents aux crocs arrachés. Ces pauvres animaux sont présents du matin au soir dans des conditions à la limite de l'acceptable. Tout cela pour quelques photos payées à prix d'or par les touristes.

Il faut le dire, cette place est un piège pour les visiteurs. Nos amis Marocains sont très forts et très bien organisés pour vous soutirer des sommes indécentes pour le service rendu.

Les habitants de cette ville ont d'ailleurs affublé Marrakech du surnom de « ARNAQUECH ».

Avis aux amateurs de petites herbes de Provence, je vous conseille de marcher doucement aux abords de la place. Si vous êtes seul ou en couple, vous aurez la chance d'être abordé par Maître DUCROS en personne. Il vous susurrera « chichon chichon » ou « hachis-hachis » ?

Désolé je ne suis pas amateur, le seul hachis qui trouve grâce à mes yeux est le parmentier.

Je suis espiègle en déclinant ces offres en « vente privée ». Je me contente d'interpréter le refrain d'une chanson de Bob AZZAM, plus couleur locale : « fais-moi du couscous chéri, fais-moi du couscous ».

Définitivement, nous préférons l'ambiance de cette place en début de soirée. Les gargotes restaurants se dressent avec une organisation sans faille. La nuit, la fumée s'élève dans le ciel en une danse endiablée et envoûtante. Les odeurs des épices, des grillades vous mettent en appétit.

Les vendeurs des échoppes vous hèlent, se disputent le chaland mais toujours dans la bonne humeur.

Ce côté pittoresque est un incontournable de Marrakech. Il faut, au moins une fois dans votre vie, dîner en ce lieu.

Ce n'est pas de la grande gastronomie, c'est même très moyen et pas si économique que cela mais faites-le pour le spectacle. Nous aspirons au calme des ruelles interminables de la médina., ces petits restaurants connus des autochtones.

Nous déambulons place des ferblantiers, située dans le quartier du Mellah (quartier Juif) où se trouve le palais BADI. Sa popularité ne cesse de prospérer chaque année grâce au festival « Le Marrakech du rire ».

Nous déambulons le matin tôt dans le jardin Majorelle. L'heure y est propice pour s'asseoir à l'ombre des arbres pour méditer, lire ou se ressourcer. Le silence est interrompu que par les nombreux chants d'oiseaux.

Passer le milieu de la matinée nous laissons place à la horde de visiteurs armés de leurs appareils photos.

Nous apprécions le quartier de la Kasbah. Ce lieu excentré d'une dizaine de minutes du cœur de la médina est un véritable spectacle quotidien. Pour les amateurs de vestiges, il y a lieu de visiter les tombeaux Saadiens. Ils sont les seuls témoignages restant de la dynastie Saadienne qui régna pendant l'âge d'or de la ville entre 1524 et 1659.

Une autre attraction attire de nombreux visiteurs en ce quartier. Les remparts de la ville très proches offrent un spectacle unique et permanent tout le long de l'année. Pour le contempler, il suffit de lever les yeux sur les murs de la ville.

De magnifiques cigognes ont niché. La colonie est importante dans ce secteur de la ville. J'aime entendre le claquètement de ces majestueux oiseaux. Je contemple avec toujours autant de plaisir leurs survols de la ville.

Si vous êtes très chanceux, vous apercevrez la naissance de certaines d'entre elles. Vous assisterez à l'heure de la becquée tranquillement assis sur une terrasse d'un restaurant panoramique.

Souvent l'après-midi, nous nous laissons choir à la pâtisserie des princes sur la zone piétonne Bab Agnaou à quelques encablures de la place Jemea El-Fna. Nous nous désaltérons d'un jus d'orange frais, d'un thé à la menthe accompagné d'une petite douceur. Ces petits moments nous font oublier le tumulte de nos pensées.
Gueliz, la ville nouvelle de Marrakech nous tend les bras pour faire quelques emplettes. Nous échappons au circuit traditionnel des touristes.
À mes heures perdues, je fais aussi guide touristique.

Je sais ce que vous vous dites, quel homme, quel talent ! Que voulez-vous c'est dans ma nature d'être dans l'excellence. Pour autant, n'oubliez pas de me donner une petite pièce messieurs-dames, à votre bon cœur.

Ces quelques sorties sont ponctuées par de nombreuses siestes au riad. Nous profitons de la terrasse et de ses transats pour lire.

Mon endroit préféré est le patio. Il est agrémenté d'un confortable canapé dans un espace ombragé. De cet endroit, nous écoutons l'excellente sélection musicale diffusée tout au long de la journée par notre hôte. L'ambiance se veut très jazzy, musique du monde. Je me fais servir du thé à la menthe, des pâtisseries, je suis alors le maître des lieux. Enfin j'en ai au moins l'illusion.

<u>Mercredi 24 février 2010</u>

Cette journée est particulière. Elle est d'ailleurs à l'origine de notre venue à Marrakech. Nous fêtons l'anniversaire de mon épouse.

Célébrer cet événement est bien relatif dans le contexte actuel vous en conviendrez bien aisément.

La joie ne se lit pas sur le visage de Angie ni sur le mien.

Notre hôte nous abandonne pour faire quelques courses. Discrètement il déposera dans notre chambre un magnifique bouquet de roses pour marquer l'événement du jour.

Pour ma part, je me suis contenté d'apporter dans nos valises une bouteille de champagne rosé demi-brut Moët et Chandon. Ce nectar nous le dégusterons à la fin du dîner entourés de nos hôtes.

Chaque soir, nous philosophons avec notre hôte sur la vie, sur l'épreuve que nous traversons actuellement.

Subrepticement au cours de l'un de ces échanges chaleureux et enrichissants, une idée, une envie se fait jour.
Nous pensons depuis un certain temps qu'il serait bon de changer notre cadre de vie.
Pour ma part, j'ai toujours aimé mon job mais je m'essouffle.
Ma femme a un souhait depuis longtemps celui de tenir une

maison d'hôtes. Cette perspective ne m'a jamais emballé même si j'envie la qualité de vie de notre hôte Antonio.

Suite à une introspection, je me rends à l'évidence que la mort de mon fils a agi comme un détonateur. Je ne me sens plus en phase avec les valeurs de l'entreprise où je travaille. Ma seule motivation repose sur mon envie de continuer d'accomplir des missions à la demande de mon Directeur Général Adjoint.
Je le considère comme mon mentor, mon papa putatif. Je suis trop intimidé, pudique pour lui exprimer mon bonheur de le connaître et surtout de travailler pour lui.
Tant qu'il sera présent dans l'entreprise, mes « frustrations » resteront enfouies.
Malgré ce grand monsieur, j'ai envie de fuir la France.
Au détour d'une conversation j'ose donc dévoiler à Angie mon adhésion à son projet de maison d'hôtes. Il y a toutefois une condition à cette activité. Je ne veux absolument pas l'exercer en France. Pourquoi n'envisagerions-nous pas de nous expatrier ici, à Marrakech ?
En fait, je suis « tombé en amour » – comme diraient nos amis Canadiens – pour le Maroc depuis un séjour d'un mois en 1991. Aujourd'hui, pourquoi ne pourrais-je joindre l'utile à l'agréable ?

Toutefois, cette perspective n'enchante pas ma douce. Certes, elle a appris à aimer le Maroc mais elle a aussi des convictions. Elle ne s'imagine pas emménager dans un pays où le droit de la femme Marocaine est si souvent bafoué. Elle ne veut cautionner ce régime monarchique qui interdit et punit sévèrement l'homosexualité. Elle s'interroge sur son adaptation dans un pays musulman ou la religion est omniprésente dans la vie de tous les jours. L'éducation, la santé sont extrêmement inégalitaires.
Ces revendications se respectent. J'argue le fait que depuis l'avènement du roi Mohammed VI en juillet 1999, la société Marocaine se transforme lentement mais sûrement. Mohammed VI est un monarque très aimé par son peuple.

Depuis son accession, il n'a eu de cesse d'entreprendre des réformes sociales pour ses concitoyens, de faire évoluer le Maroc vers le progrès, la modernité, la « justice sociale ».

Arrêtons de rêver autour de ce projet lancé autour d'un verre de rosé. Nous avons un autre combat à mener. À nos yeux, il est tellement plus important pour nous.

La fin du voyage approche. Nous nous conditionnons mentalement à notre retour en France, à affronter la grisaille du temps, de notre vie. Antonio nous informe, la veille de notre départ, de la tenue d'un salon de l'immobilier au palais des congrès. Que cela ne tienne, nous n'avons rien à faire de précis.
Au détour d'une allée, nous découvrons un programme immobilier avec de belles prestations. Une commerciale nous interpelle et nous propose de nous faire visiter la villa témoin.

Nous tombons sous le charme de cette propriété. Elle est d'une superficie d'environ 450 m2 habitable sur trois niveaux, petit terrain avec piscine. Nous nous mettons à envisager un possible achat. Le bien constitué de cinq chambres, quatre salles de bains et d'un étage en sous-sol aménageable en salle de massage et hammam, répondrait à nos critères pour la maison d'hôtes. Le prix de ce bien est attractif compte tenu de la superficie et des matériaux utilisés.

Nous rentrons au riad. Nous haïssons affectueusement Antonio. Alors que nous avions mis entre parenthèses notre projet fou, celui-ci refait surface à notre départ. Nous allons y réfléchir. Je ne suis pas un homme à prendre une décision sur un coup de tête. Par chance, mes différents postes à la banque vont me permettre d'élaborer un projet, un business plan, le financement.

<u>Samedi 27 février 2010</u>

Voilà, c'est fini !

Les valises sont prêtes, notre chauffeur vient d'arriver. Nous sommes tristes de quitter les filles, A., de sortir de ce cocon douillet. Nous ne sommes encore que des chrysalides et ne demandons qu'à nous transformer en de magnifiques papillons.

Nous embrassons chaleureusement Antonio, le remerciant pour le séjour. Nous savons qu'il ne s'agit alors que d'un au revoir.

Dimanche 28 février 2010

En ce dimanche matin, nous reprenons nos bonnes habitudes à savoir lire les mails du forum des adoptants. Rien n'a réellement avancé en une semaine. Pendant notre absence, ma mère a réussi à avoir Éveline au téléphone. Elles ont pu échanger un petit moment malgré la mauvaise qualité de la ligne.

Éveline est fatiguée mais elle tient le choc. Nous lui adressons un mot de réconfort.

Dimanche 28 février à 11 h 25

Bonjour à notre maman de cœur,

Nous sommes à tes côtés perpétuellement par nos pensées
Nous aimerions tant être parmi vous tous afin d'aider dans tes tâches quotidiennes. Mais serions-nous à la hauteur ? Pourrions-nous t'apporter un petit plus sans pour autant être un fardeau pour toi ou pour celle de Monsieur JANJAN ?

Nous avons hâte de revoir une éclaircie dans notre ciel.
Le drapeau Haïtien flotte dans notre salon et celui de mes parents.
Nous sommes fiers de ton peuple, nous sommes en adoration pour toi.

J'ai honte parfois d'être Français lorsque l'on voit avec quel mépris les autorités traitent tes frères et tes timouns.

La vie continue aujourd'hui sans saveur, seule toi pourra de nouveau la pimenter. On t'aime

Patrick et Angie

Lundi 1er mars 2010

Nous nous avons le plaisir de découvrir dans notre boîte mail la réponse d'Éveline suite à notre message d'hier. Malgré la tâche immense qui est la sienne à la crèche, elle a pris le temps de nous adresser ces quelques mots :

Angie & Patrick,

Quel message d'amour, je suis également avec vous.

Rassurez – vous, très bientôt, je vous donnerai le nom de l'enfant qui vous a été attribué.

Je vous aime beaucoup ainsi que Mme BELLI (la mère qui m'aime bien).

Je vous embrasse

Ce que nous apprenons alors nous laisse sur la défensive. Les avancées sont réelles mais à prendre au conditionnel.

Il est hors de question de s'enflammer, de sortir la bouteille de champagne. Je n'envisage même pas la bouteille de mousseux à ce stade des opérations.

Francesca, membre de l'E.F.A avec qui nous avons sympathisé, a adressé hier soir tard un message à tous les couples en cours de procédures en Haïti.

Bonsoir à toutes et tous,

Je ne vous ai pas oubliés, loin de là... Vous êtes tous présents dans mon cœur, avec vos enfants...

Mais les nouvelles sont si changeantes, contradictoires... Je pense pouvoir vous dire demain ou après-demain ce qu'il en sera vraiment des procédures... et c'est quasiment certain que vous, vous aurez encore d'autres sons de cloche !

A. et V., M-P, D. et V, J... Avez-vous des précisions concernant vos petits ?
Patrick, Angie avez-vous eu Éveline récemment ?

Amitiés à Tous. Francesca
Je m'empresse d'informer Francesca, par retour de mail, des dernières nouvelles que nous détenons.

Lundi 1er mars 2010 à 08 h 48

Bonjour Francesca,
Nous te remercions de prendre de nos nouvelles.

Pour notre part, nous avons des infos d'Éveline via ma maman.
Elle l'a eu au téléphone. De nombreux enfants doivent rentrer à la crèche.

Elle doit par la suite obligatoirement faire les démarches médicales et demander l'accord pour adoption aux parents biologiques afin de déposer les dossiers à l' IBESR.

En ce qui concerne les parents endeuillés, le dossier a l'IBESR ne devra pas être revu dans sa globalité. Seuls les documents liés à l'enfant seront examinés.
Cette procédure devrait être d'après elle assez vite.

Pour le moment, le dossier, une fois sorti de l'IBESR, passerait entre les mains de la doyenne. Il semblerait également que la comparution immédiate pour les enfants de port aux princes ne soit plus obligatoire.

Nous avons envoyé un message d'amour hier à Éveline dès notre retour de vacances.
Elle a été très touchée et chose très rare elle nous a répondu par mail.

D'après ces dires, elle nous aurait déjà réattribué un enfant.

Elle ne veut pour le moment nous donner plus d'éléments.

Nous aurons probablement son prénom très prochainements. Je pense qu'auparavant, elle veut connaître avec certitude son état de santé et obtenir l'accord des parents.

Nous pensons très fort à toi d'ailleurs comment pourrait-on t'oublier après tout ce que tu as fait pour nous.
On t'embrasse très très fort - Patrick et Angie

Je reçois encore et encore des messages de soutien de mes collègues et de mes connaissances professionnelles.

J'informe une ou deux personnes que j'envisage sérieusement de reprendre le travail dans une semaine à mi-temps thérapeutique. Je souhaite tout d'abord obtenir l'aval de mon médecin et de ma psychologue.

Ma thérapeute constate qu'il est encore trop tôt pour évoquer une reprise d'activité même à mi-temps. Elle estime que je n'ai pas encore réellement commencé mon travail de deuil. Mon altruisme envers mon épouse m'a conduit avant tout à la protéger, à l'aider à cicatriser ses plaies. Dans cette tragique histoire, il semblerait que j'ai oublié les miennes. J'ai enfoui ma peine, ma souffrance et, me dit-elle, à un moment donné tout cela va ressurgir. Il faut donc me préparer à subir le contrecoup.

Je me range à l'avis d'expert. Le temps libre supplémentaire me permet d'étudier la faisabilité de notre projet de maison d'hôtes à Marrakech.
Le bien immobilier peut-être financé par de la trésorerie à hauteur de 80 pour-cent. Le différentiel devra être obtenu par le biais d'un crédit. Ce point-là n'est pas un obstacle à notre projet.
Une fois celui-ci clairement défini et chiffré, je m'empresse de le transmettre à Antonio notre hôte du riad.
Son activité est florissante, il connaît parfaitement son secteur d'activité. Il est donc le bon interlocuteur pour « valider » les taux d'occupation retenus, les canaux de distribution, les marges, les charges, les investissements à entreprendre à moyen terme...
C'est ainsi qu'après lecture des données fournies, Antonio se fendra de ce court message :

Parfait ! il n'y a rien à dire, les bases sont bien posées.
C'est assez encourageant, n'est-ce pas ? - Antonio

Afin de parfaire mon dossier, je prends contact avec la commerciale du projet immobilier au Maroc. J'aimerais qu'elle m'éclaire sur la fiscalité en place. À ce stade, il n'y a rien de rédhibitoire.

Parallèlement à ce dossier, je m'investis dans la création d'un site internet pour le compte de mon épouse.

Elle a un talent certain dans la création de bijoux. Ces derniers sont des œuvres uniques montés sur argent et composés de pierres semi-précieuses. Je ne suis pas un pro de l'informatique mais les difficultés ne m'ont jamais fait peur. Aussi je m'empresse d'acheter un logiciel de création. À partir de là, j'oublie la notion du temps. Je passe jusqu'à 10 heures par jour pour développer le site, créer un catalogue de vente. Je souhaite que ce site soit à l'image des œuvres de ma femme. Cet investissement a deux effets positifs. D'une part, nous faisons face à l'inertie de la procédure d'adoption en occupant au mieux notre temps libre. D'autre part cela crée une énergie positive pour Angie.

Le temps s'écoule inexorablement. Nous sommes toujours plongés dans un tunnel interminable et n'apercevons toujours pas la lumière du jour.

Et malheureusement nous ne sommes pas les seuls à subir les événements.

<u>Vendredi 12 mars 2010</u>

Trois mois se sont écoulés.

Certains parents attendent toujours le rapatriement de leurs enfants. Nicole et Pierre sont dans ce cas-là.
Leur fils est toujours présent à la crèche malgré les conditions précaires, une jambe cassée et un état psychologique fragile.
Cet enfant dont j'ai déjà conté son histoire. Celui-là même qui a tenté de sortir des décombres son frère, sans succès.
Leur dossier est complet. Combien de temps vont-ils encore être séparés ?
Je corresponds avec plusieurs familles avec qui nous avons tissé des liens. Nous évacuons pendant quelques instants notre lassitude, nos peurs, nos peines.
À ce propos, ma psy a eu le nez creux. J'accuse sérieusement le contrecoup. Je n'ai plus d'essence dans le moteur et j'ai encore tant de kilomètres à faire.

Je suis atone, cela inquiète Angie qui pour sa part se refait une santé tout doucement même si ses TOC persistent.

<u>Mercredi 17 mars 2010</u>

De nombreuses informations plus ou moins antinomiques circulent toujours sur différents forums et médias.

Nous nous en inquiétons. Nous savons toutefois de manière certaine que notre très chère Éveline viendra en France d'ici quelques mois.

Nous lui téléphonons.
Malgré nos tentatives, elle ne veut toujours pas nous donner d'information sur notre nouvel apparentement.

La communication est mauvaise comme de bien entendu. Nous nous décidons à lui écrire.

Mercredi 17 mars à 19 h 16

Bonjour maman Éveline,

On a hâte de te voir à Nice au mois de mai pour te serrer dans nos bras.

On s'excuse de t'avoir ennuyée tout à l'heure au téléphone. Les rumeurs sur le forum en France parlent que les parents doivent de nouveau comparaître auprès du tribunal même s'ils ont déjà accompli cette tâche au préalable...

Nous savons bien que cette décision n'émane pas de toi, mais les autorités devraient prendre conscience – surtout pour les parents endeuillés - du coût très élevé que cela engendre.
Dans notre cas cela fera deux allées retours (comparution pour JUNEL et pour notre nouvel enfant) et un autre aller-retour pour venir recueillir notre enfant. !
Rien n'est vraiment entrepris dans l'intérêt des familles, des enfants, des finances. Ne parlons même pas du moral !

Angie va un peu mieux. C'est maintenant à son tour de me soutenir car je subis à peine maintenant le choc en retour.

Bon, je ne vais pas t'ennuyer après tout ce que tu as vécu et ce que tu subis encore.

Gros bisous. On t'aime et on t'embrasse très fort

Patrick et Angie

Rien n'est moins sûr à cette heure sur l'obligation de nous rendre en Haïti afin de comparaître - une nouvelle fois - auprès des autorités compétentes.

L'État français a fortement déconseillé aux parents de se rendre en Haïti compte tenu du niveau de dangerosité. Nous n'avons qu'à prier pour que les deux états travaillent main dans la main.

Nous attendons fébrilement l'information officielle.

Nous avons déjà dépensé la quasi-totalité de nos économies pour faire face aux divers frais budgétisés au départ de cette aventure.

Jeudi 18 mars 2010

La réponse des autorités haïtiennes, tant attendue, ne se fera pas attendre très longtemps.
Elle nous est communiquée via un adoptant.

Jeudi 18 mars 2010 à 10 h 41

Bonjour,
Je viens d'avoir la responsable du S.A.I. pour Haïti.
Elle m'a bien précisé que la nouvelle doyenne souhaite que la comparution des parents adoptants se fasse.

En ce qui concerne le moment de cette comparution elle m'a indiqué qu'elle devait se faire avant l'entrée à l'IBESR.
Même si des parents étaient allés comparaître à un autre moment de la procédure c'était uniquement du fait que cette comparution venait juste de se mettre en place.

Il ne s'agissait pour les autorités que d'un simple « rattrapage ».

Pour les parents endeuillés qui ont un nouvel apparentement, il suffit de les appeler au ... afin qu'ils puissent mettre à jour leur système informatique.

Pour les modalités de la comparution, je dois appeler Éveline dans la journée afin de s'organiser.

Cordialement.

Bon courage à toutes et tous.
J.C

Un calme somme toute relatif était revenu depuis plusieurs semaines sur le forum. Ce mail ne peut que raviver les braises encore incandescentes.

J'ai l'impression d'être au casino face à la banque qui gagne toujours. Vous souvenez-vous de la publicité exploitée en 2008 pour la marque ORANGINA ?
On y découvrait des hommes affublés d'un costume de la fameuse bouteille enfermés et secoués frénétiquement dans un flipper géant.

À la fin de la partie, Le slogan était alors « même joueur joue encore ».

J'ai la désagréable sensation d'être pris pour une vache à lait.
Ce qu'il devait arriver, arriva. Les messages affluent sur le forum.
L'incompréhension domine dans de nombreuses prises de paroles.
Ci-après, mis bout à bout, se trouve une compilation des messages les plus significatifs. En l'espace de quelques heures nous sommes de nouveau tous conscients qu'il faudra gérer dans l'urgence une situation inattendue.

Savons-nous approximativement combien de familles de la crèche sont concernées par cette comparution ?

...

D'après les informations que j'ai nous serions une cinquantaine de familles à être dans ce cas. Mais je n'ai pas d'infos pour les O.A.A, pour les parents endeuillés qui désirent repartir dans une adoption.
Cordialement et bon courage, Jean-Christophe

...

En effet ça fait beaucoup de monde ! en espérant qu'on trouve une solution pour éviter cette comparution qui me paraît aujourd'hui impossible à gérer par Éveline en plus de tout ce qu'on lui demande en ce moment !

...

Je suis d'accord avec toi ! De plus cette comparution va être demandée pour tous les dossiers de toutes les crèches j'imagine... J'ai peur que ça alourdisse les délais de la procédure et au final l'arrivée de notre loulou en France... Sans parler d'aller le voir (merveilleux bonheur) et je n'imagine même pas l'idée de repartir sans lui... dans des conditions qui n'ont rien à voir avec celles qu'ont pu connaître les autres parents... K et D inquiets en attente de JW

Je ne peux laisser passer une nouvelle l'occasion de m'exprimer.

Jeudi 18 mars 2010 à 12 h 26

C'est purement et simplement une honte de refaire comparaître des parents qui ont déjà accompli cette démarche.

Nous sommes déjà dans la douleur du deuil et on en rajoute une couche.
Bien entendu que nous serons tous heureux d'être avec nos timouns. Mais comment ne pas évoquer l'aspect financier !
Cela fera pour le moment deux A/R uniquement pour signer un bout de papier sur un simple cahier d'écolier.

À cela, il faudra en rajouter un dernier qui servira pour rentrer en France avec nos enfants. Ne parlons pas des conditions difficiles d'hébergement sur place malgré notre merveilleuse Éveline.
Si effectivement, nous devons comparaître avant l'entrée du dossier à l'IBESR, cela sous-entend que nous devons programmer un départ en urgence dans les semaines à venir.

J'ai envie de tout casser.
Patrick

À ce stade, nous savons qu'une cinquante d'enfants est décédée, que de nombreux parents ont leurs dossiers gérés par une OAA.
Nous pouvons sans trop nous avancer et nous tromper qu'il y aura au final plus d'une centaine de comparutions à programmer.

À cela s'ajoutent les préconisations de notre merveilleux et efficace ministère des Affaires étrangères qui nous déconseille de voyager.

Les infrastructures à la crèche Notre Dame de la Nativité sont devenues incompatibles avec un hébergement décent.

Pour conclure, les lignes aériennes commerciales ne sont toujours pas opérationnelles malgré le travail de reconstruction des pistes de l'aéroport.

Quelques jours, plus tard, j'apprends - par le biais de l'un des parents du forum – l'existence d'un projet avancé d'un livre en hommage à nos enfants décédés. De nombreux textes ont déjà été collectés (cérémonies, messes, poèmes...) et photos, tous plus émouvants les uns que les autres. Cependant, il est encore temps d'envoyer notre contribution à sa conceptrice. Deux personnes se chargeront de faire la mise en page en cette fin du mois.

Dimanche 21 mars 2010

Aujourd'hui je ne vais pas bien du tout.
J'ai le moral dans les chaussettes.
Mes angoisses se font de plus en plus pressantes, mon fils me manque terriblement. Angie veille sur moi comme le lait sur le feu.

J'éprouve le besoin d'extérioriser ce torrent de boue qui coule dans mes boyaux. Comment pourrais-je y parvenir ? Je décide de me mettre à la peinture. Mon épouse, en plus de créer des bijoux, peint aussi des toiles. Elle me met ainsi tout le matériel nécessaire à ma disposition.

J'ai des flashs du passé pas si lointain où je partageai des rires avec Junel.
J'adorai sa peau miel foncé. Je mélange les couleurs sur la palette. Après de nombreux essais, je parviens non sans mal à obtenir la couleur de mon petit amour. Je saisis une toile vierge. Sans réfléchir je passe ma main sur la palette. D'un geste circulaire, j'étale la peinture sur la toile. Les dégradés se forment. Ces nuages dansent et se dispersent élégamment sur le support dont la blancheur a totalement disparu.

Je me satisfais du résultat. Je laisse sécher. Je réfléchis à la suite de mon œuvre. J'ai besoin de blanc. Mon index s'improvise pinceau. À la façon de Ben l'artiste Niçois, j'écris d'un trait la phrase « dis merci mon cœur ».

 Ces quatre mots seront ma reconnaissance éternelle pour avoir partagé un tant éphémère bout de moi avec mon fils.

Cette toile est toujours accrochée sur un mur dans notre maison et ce malgré les huit ans écoulés.

Lundi 22 mars 2010

Je veux laisser une trace, remercier la vie de m'avoir conduit vers notre fils. Pour ce faire, je souhaite contribuer à ma modeste manière au livre posthume.
Je décide de faire un pêle-mêle de différentes photos au temps du bonheur. J'en sélectionne deux autres, plus personnel où ma femme et moi chérissions le petit ange.

J'ai envie également de mettre des mots sur cette merveille rencontre.

C'est ainsi que je coucherai les lignes suivantes.

À notre fils, à mon amour, à son sang qui coule dans nos veines, à nos cœurs brisés.
Une partie veille sur lui au paradis des Anges.

Mon bébé on t'aime, on t'aime, on t'aime.

La chaleur de ton corps est présente dans nos esprits ainsi que la douceur de tes petits bras autour de nos cous.

Je me souviens de ton premier je t'aime dans le jardin le lendemain de notre arrivée. Si doucement, si timidement.
Tu nous avais apprivoisés tel le petit prince et le renard.

Je me souviens de tes derniers mots la veille du séisme lorsque nous t'avons téléphoné.
Maintenant, tu es une rose au paradis qui ne fanera jamais, ton parfum enivrera nos narines et nos pensées.

Le printemps est là, mais nous sommes toujours en hiver, le plus froid qu'on ait jamais connu.
Mon ange veille sur nous, veille sur ta maman, continue de jouer avec tous les timouns au paradis.
Sans drame, sans larmes, pauvres et dérisoires armes parce qu'il y a des douleurs qui ne pleurent qu'à l'intérieur.

J'envoie prestement l'ensemble de mes hommages aux coordinateurs du projet. Ils auront la gentillesse de me remercier.

La future maman s'est dite émue et m'apprendra que lors de son séjour avec son mari elle avait « bisouillé » notre petit trésor.

Mais l'un des plus beaux messages reçu, sur notre fils, sera celui d'une maman de la crèche.

Junel est et restera magnifique... vous aussi êtes magnifiques...

Votre déclaration d'amour à votre petit ange est d'une telle puissance qu'elle ne peut que percuter même les plus insensibles d'entre les hommes.

Puisse cette déclaration circuler pour que ce cri d'amour et de douleur résonne à tout jamais, par-dessus les frontières d'ici et de là-haut pour parvenir à votre enfant, votre Junel qui vous accompagnera jusqu'à la paix, si un jour c'est possible.

K maman de W

Cette fin de mois est maussade aussi bien pour Angie que pour moi. En ce qui me concerne, je n'arrive toujours pas à obtenir le feu vert pour reprendre mon activité professionnelle.
Ma psychiatre a probablement raison. Je suis pris de terribles cauchemars chaque nuit et je ne parviens pas à retrouver mon énergie.

Angie, de son côté est de nouveau saisie d'interrogation.

Elle ne parvient toujours pas à faire le deuil.
Elle me soutient dur comme fer que Junel est encore en vie.

Elle s'autopersuade que notre fils, une fois enfuit, a été recueilli par des personnes aimantes. Nous nous trouvons toujours dans un cercle vicieux.

« C'est quand le bonheur ? » comme l'a si bien chanté CALI en 2006.

Ma très chère Éveline, « Il suffira d'un signe » (JJG -1981).

<u>Mardi 6 avril 2010</u>

L'initiative du livre sur nos enfants disparus, rencontre un véritable engouement des parents et proches.
L'équipe en charge de l'élaboration nous en fait l'écho.

Mardi 6 avril 2010 à 16 h 13

Bonjour à tous,

Je viens vous faire un petit compte rendu sur nos récoltes pour le livre d'Éveline. Nous avons rassemblé à ce jour :

130 Articles de Journaux (portant presque tous sur NDN)
17 Affiches de manifestations ou récolte de dons

4 Documents divers
30 Photos de Famille
9 Dessin d'Enfants
pour un total, à ce jour, 265 pages.

Je tiens à tous vous féliciter pour vos envois et pour les retardataires dépêchez-vous car je ne vais plus pouvoir en prendre d'autres ;
En effet, il me reste encore beaucoup de boulot pour la mise en page et l'impression.

Vous disposez d'un délai supplémentaire jusqu'à la fin de la semaine

Vu le nombre assez important d'articles de journaux, je voulais également vous féliciter pour votre mobilisation pour notre crèche adorée.
Je pense qu'avec ce recueil Éveline pourra se rendre compte combien nous avons pensé à elle pendant ces dernières semaines et combien nous nous sommes tous mobilisés pour elle.

Cordialement et bon courage à tous. J-C

Je suis enchanté de savoir que ce projet va se concrétiser. Je serai, d'ici peu, heureux d'acquérir un exemplaire de ce livre. Je suis un peu déçu que mon épouse n'ait pas apporté sa pierre à l'édifice. C'est ainsi !

Mercredi 7 avril 2010

Cette journée se termine par un véritable choc.

N'ayez crainte, il ne s'agit pas d'une énième mauvaise nouvelle. Angie me tend simplement une banale feuille de papier.

Je suis loin d'imaginer l'émotion que va me susciter le texte qui y est alors couché. J'ai du mal à trouver ma respiration. Je suis touché au plus profond de mes viscères.

Elle a osé se mettre à nu, dévoiler ses émotions, ses sentiments en écrivant un poème dont le seul titre fait mouche.

MOTS POUR MAUX

La terre s'est ouverte
Et ce sont mes veines qui ont coulé
La terre a tremblé
Et c'est mon cœur qu'on a secoué
La terre s'est asséchée
Et ce sont mes larmes qui ont coulé
Alors sans trop s'aimer
Sans trop s'aider
Sans trop céder
Sans trop se mêler
S'entremêler
Ceux de bonne volonté
Ont alors décidé
de prendre l'amour en main
Tous les faux culs
ont alors décidé
de prendre en marche le train
Mais ici point de sac de riz
Mais ici point de sac de blé

ô Haïti chérie, Haïti aimée
Haïti déchirée, Haïti abîmée
qui nous fait comprendre
à coups de pied au cul
à coups de pied au cœur
que tout l'amour qui n'est pas donné
se perd à jamais dans le sable du malheur
ô Haïti aimée, Haïti chérie
Pays oublié c'est toi qui nous guéris
en nous confiant
par le biais d'une grande dame
par le biais d'une grande âme
Quelques-uns de tes enfants

Angie – maman à la vie, à l'amour– de Junel

Après avoir repris mes esprits, il est évident que nous devons faire rajouter ce poème afin d'enrichir le livre en préparation.

Mais il est surtout impensable que nous ne réservions pas la primeur de ce texte à notre, chère Éveline, notre maman noire.

Ce soir-là, je fais partir deux mails. Le premier, adressé à Éveline, est envoyé à 20 h 49. Le second est diffusé sur le forum Notre Dame de la Nativité à 22 h 15.

Sans le savoir, sans le vouloir, nous déclencherons la mise en route d'un véritable feu d'artifice encore lointain.
Il aura fallu exactement 11 minutes pour recevoir un message bien énigmatique.

L'expéditeur n'est autre que Marina qui fait partie des fidèles parmi les fidèles d'Éveline. Elle est toujours et encore l'un des liens les plus précieux depuis le séisme entre la crèche et les parents.

Mercredi 7 avril 2010 à 22 h 26

Si vous avez un moment demain pourriez-vous m'appeler en journée au numéro suivant : --------.

Attention, rien de grave, bien au contraire... rien que du bonheur en perspective.
Grosses bises - Marina

À la réception du mail, j'appelle Angie. Penses-tu la même chose que moi ? Non ce n'est pas possible.
Seule la Reine Éveline détient la nouvelle que nous attendons depuis bien longtemps.

Je ne me vois pas patienter jusqu'à demain. Que faire ?

Il serait malvenu de ma part d'appeler aussi tard Marina.
Je vais donc lui adresser un mail. On ne sait jamais.

Peut-être en prendra d'elle connaissance avant demain ?

C'est ainsi qu'une minute plus tard

Mercredi 7 avril 2010 à 22 h 27

Bonsoir Marina,

Nous venons de prendre connaissance de votre message.
Nous espérons que ce sont de bonnes voire de très bonnes nouvelles. Nos plaies sont encore immenses.
Patrick et Angie

Nous attendons sans trop y croire une réponse ce même soir.

Nous patientons fébrilement. Le temps semble s'être arrêté. Après 16 petites minutes qui nous ont paru interminables, les haut-parleurs de l'ordinateur crachent « vous avez un message ».

Mercredi 7 avril 2010 à 22 h 43

Excellentes nouvelles Patrick. Éveline va vous faire une attribution je pense... et si tout va bien comme je le crois, nous allons même être de la même famille et j'en suis ravie ! ... mais CHUTTTTT.

SVP, SVP, ne dites rien à personne sinon je vais me faire gronder très très fort !
Bises Marina

11 minutes plus tard :

Merci Marina,

Nous savions déjà qu'Éveline nous avait fait une attribution mais elle ne nous a donné aucune indication sur le sexe, l'âge de notre futur enfant.
Toutefois nous sommes ravis de faire partie de ta famille par ce biais.
Es-tu quasiment sûre de ton info ?

On t'appellera de toute manière demain dans la journée, on est trop impatients...

Grosses bises
Patrick et Angie

Sur le forum, les avis sont unanimes concernant le poème « Mots pour maux ». Il déclenche une avalanche de remerciements.

« Magnifique...je n'ai plus de mots... Toutes nos pensées vont, comme d'habitude, vers tous ces petits anges... »

S et A dans l'attente de C.
...

« MERCI. Il n'y a pas d'autre mot à dire... » C.
...

Angie, tes mots sont très touchants et traduisent si bien vos maux et ceux d'Haïti.

Douces pensées pour vous tous et pour vos petits anges, à jamais dans nos cœurs.
Courage à vous tous, encore et encore.
Stéphanie

Angie est touchée par tant d'éloge. Mais la plus touchante, la plus marquante, la plus inattendue, nous parviendra pendant notre sommeil.
C'est ainsi que le jeudi 8 avril à 3 h 55, Éveline nous fait parvenir le Saint-Graal.

Pour vous remercier, ANGIE ET PATRICK,

je tiens à vous faire part de l'attribution d'un petit garçon qui, lorsque vous découvrirez la photo avec beaucoup de joie, vous fera penser à quelqu'un.

Je vais vous donner le nom et l'âge mais vraiment, il n'est pas encore à la crèche et je reste prudente, j'espère que je ne rencontrerai pas de problèmes.

Je sais, qu'avec l'aide de Dieu je n'en n'aurai pas. Il s'appelle D.L, Il est né le ../../ 2007

AMOUR À VOUS TOUS - ÉVELINE

Le signe que nous attendions depuis de si longues semaines nous est enfin parvenu.

À partir de cet instant, nous pouvons de nouveau nous projeter vers un avenir radieux, enfin je l'espère.

Nous n'oublierons jamais pour autant JUNEL, notre bout de chou à jamais gravé dans nos mémoires.

Un nouveau chapitre s'ouvre sur le chemin de notre vie.

5- MON FILS, MA BATAILLE

Mon fils, tu es entré officiellement dans notre vie ce matin du 8 avril 2010. J'ai peur que cette profonde joie que je ressens ne soit qu'éphémère. J'ai envie de croire en notre future rencontre. Tu n'es encore qu'un rêve, deviendras-tu réalité ? Seul l'avenir m'apportera la lumière ou les ténèbres.

Nous essayons de téléphoner à Marina depuis ce matin. Nous ne parvenons pas à la joindre. Cela sera chose faite en début de soirée. Elle est heureuse d'apprendre qu'Éveline nous a fait part de notre nouvel apparentement. Marina peut ainsi se confier plus facilement. Elle a des détails à nous apprendre sur la famille de notre fils. Notre enfant a une sœur aînée. Elle a mis au monde une petite fille dont elle ne peut subvenir aux besoins. Elle sera donc, si tout se passe bien, adoptée par Marina. C'est ainsi que notre progéniture sera l'oncle de « sang » de sa fille.

Nous avons vent d'une information extrêmement sérieuse provenant des autorités françaises et haïtiennes.

Il s'agit de la dénommée « liste des 500 ».
Elle recenserait l'ensemble des enfants en cours d'adoption, dont les procédures sont loin d'être achevées. Le Président Haïtien, René PREVAL, souhaite ainsi mettre en place des mécanismes permettant, en lien avec les autorités françaises, un rapatriement rapide des enfants. Pour ce faire, il demande à l'État français de lui soumettre ladite « liste des 500 » qu'il s'engage à faire signer à son Premier ministre dès réception. La seule contrainte exigée sera que la France transmette le document avant une date butoir. Le délai est cohérent. Il doit répondre aux urgences du pays et permettre également aux parents endeuillés de se voir attribuer par les différentes crèches un nouvel apparentement.

Nous apprenons également que le ministère des Affaires étrangères aurait commandité une mission ayant pour objectif de faire une évaluation des conditions de vie, médicale et psychologique des enfants post-séisme.
Tout cela va dans le bon sens. Seulement nous n'avons aucune connaissance de la date butoir pour « la liste des 500 ».
Quant à la mission, c'est un mystère. A –t'elle déjà eu lieu ?
Dans l'affirmative, quelles sont les conclusions retenues ?
Toutes ces questions, nos interrogations, nos doutes, nos colères alimentent 24 heures/24 les différents forums des adoptants. Ces lieux agissent comme soupape de sécurité pour notre santé mentale. Peut-on nous en tenir grief ?

Jeudi 8 avril 2010

Big Brother déploie ses grandes oreilles. Ils nous écoutent.
Je viens d'avoir une brève discussion téléphonique avec Éveline. Elle est passablement contrariée.
Elle me demande de faire passer un message à tous les parents du forum de la crèche.

Jeudi 8 avril 2010 à 19 h 10

Bonsoir,

Éveline souhaite que nous arrêtions de trop parler sur les forums.
 Une attention particulière est demandée aux parents endeuillés ainsi que sur tous les sujets portant sur la comparution.

Les messages que nous échangeons, seraient connus, lus aussi bien par les autorités Haïtiennes que Françaises. Cela éveille leurs intérêts.
À ce jour rien n'est décidé pour les comparutions immédiates.

En force d'en parler, Éveline nous fait savoir, qu'elle aura du mal à faire passer des propositions aux responsables des diverses institutions et de faire avancer les dossiers.

Bien cordialement.
Patrick

Le message a le mérite d'être clair. Ce qui l'est moins est la finalité des écoutes.
Entre nous, n'y a-t-il pas des tâches plus importantes pour nos gouvernants ?

Bien évidemment, la requête d'Éveline déclenche un nouveau raz de marée de messages de toutes sortes. À l'arrivée ce rappel « à l'ordre » se révèle contre-productif. Éveline, ne « pète pas les plombs » comme certains parents le pensent.
Éveline ne veut en aucun cas brider les discussions sur le forum qui est, comme le rappellent beaucoup de parents, une énorme bouffée d'oxygène dans une procédure éprouvante. Nous avons tous besoin d'échanges, de nouvelles, de photos, d'amitié...
Le forum est avant tout un lieu convivial et ne se veut rien d'autre.

J'imagine surtout qu'Éveline fait tout ce qui est en son pouvoir pour raccourcir les délais et ainsi éviter aux parents de se rendre de nouveau en Haïti afin de comparaître, de surcroît, dans les conditions qu'on connaît.

À force d'entendre les parents parler de comparution comme un fait établi et définitif, les autorités françaises ou haïtiennes, risquent de ne rien vouloir négocier sur ce point.

Éveline préférerait assurément que tout le monde oublie cette étape de procédure mise en place uniquement depuis l'été dernier et qui pourrait ainsi retourner aux oubliettes.

Arrêtons de voir le mal partout et restons unis. Éveline par sa famille est une personne connue et reconnue à Port-au-Prince. Elle détient la clé de nos espérances.

Jeudi 15 avril 2010

Pas une semaine ne se passe sans une polémique, une incertitude. « La liste des 500 » fait son retour sur le devant de la scène. Certains parents endeuillés, sans nouvelle attribution pour le moment, s'inquiètent.
Le Service des Adoptions Internationales tente d'éteindre l'incendie par l'intermédiaire de Madame Hamont, agréable et compétente personne. Tous les parents anciennement ou nouvellement apparentés, en cours d'apparentement (suite au décès de leur enfant) doivent se faire recenser auprès du S.A.I. afin d'apparaître sur ladite liste. Il est donc impératif de le faire rapidement car la liste - une fois établie et validée par les autorités - deviendra définitive.

Grâce à l'opiniâtreté et l'entraide des parents j'apprends donc la nécessité de contacter urgemment le S.A.I.
Il est regrettable que cette information hautement importante n'ait pas été diffusée sur le site du Ministère des Affaires étrangères.
Une sensation d'amateurisme transparaît jour après jour. D'autant plus, que nous avons déjà envoyé plusieurs mails au S.A.I. depuis le séisme leur permettant de suivre la situation et l'évolution de notre dossier.

Je m'empresse de les contacter par téléphone. Le service est submergé d'appels. Je suis donc redirigé vers une boîte vocale toute aussi saturée. Qu'à cela ne tienne, j'arrive à obtenir la ligne directe de la responsable de service Madame Hamont, la fameuse fonctionnaire dévouée à la cause des parents. Je fais encore « chou blanc ». Mon appel est transféré sur un autre poste dont le titulaire fini par répondre. Tout ne va pas se passer comme je l'espérais. Le pataquès continue.

J'informe mon interlocutrice que je souhaite transmettre les éléments relatifs à mon nouvel apparentement et ce afin de mettre à jour notre dossier auprès de leur service.

La préposée est très surprise par ma requête. Elle ne trouve aucune trace de notre dossier en leur service.

Elle souhaite que nous régularisions notre situation. Pour ce faire nous devons lui fournir dans les plus brefs délais un rapport psychologique établi par l'équipe adoption de notre Conseil Général.

Je lui fais part à mon tour de mon incompréhension face à ses propos.

Premièrement, nous avions, dès le jour du séisme, envoyé par mail au S.A.I., la fiche de renseignements réclamée.
Deuxièmement, l'équipe du Conseil Général – avec qui nous entretenons des contacts épistolaires - nous affirme que notre agrément est toujours valide. Notre dossier ne demande aucun complément.

Notre interlocutrice prend bonne note de la perte de notre premier enfant. Son service veut néanmoins avoir la certitude que nous sommes à ce jour « apte » à accueillir un enfant (mais de quoi je me mêle !).
Encore une fois j'ai vraiment l'impression que l'on se fout de nous, puissance mille. Je suis sidéré, le cauchemar continue.
J'interroge les parents du forum. Aucun d'entre eux n'a été confronté à cette demande. Ils restent pour la plupart étonnés, d'autres s'inquiètent. Une adoptante me transmet les coordonnées mail de la responsable du S.A.I. Malheureusement elle se trouve en repos jusqu'à la semaine prochaine.
Merci le Service des Affaires Internationales, nous allons passer un week-end idéal.

Lundi 19 avril 2010

À force de pugnacité, j'arrive à entrer en relation avec la responsable du S.A.I. Je relate mon entretien de fin de semaine dernière avec l'une de ses subordonnées. J'ai affaire à une personne très sympathique, réactive mais surtout j'ai le sentiment d'avoir une personne compétente et totalement à mon écoute. Malheureusement Mme M. n'a pas tous les éléments en sa disposition. Elle me propose de s'enquérir des bonnes informations et de me rappeler ensuite. Elle me demande cependant d'être indulgent, elle rentre ce jour de vacances et doit traiter certains dossiers en urgence.
Je la remercie de son aide.

Nous vivons au rythme des nouvelles, jour après jour et les nerfs sont mis à rude épreuve... Nous avons des informations concernant la « liste des 500 ». Cette dernière aurait dû déjà partir depuis plusieurs jours. Le service Haïti du S.A.I. confirme le départ de ladite liste dès ce soir. Elle sera donc acheminée par valise diplomatique pour signature par le Premier ministre Haïtien. Que se passera-t-il par la suite ? Nul ne le sait pour le moment. Nous avons la quasi-certitude que cela va permettre de débloquer la situation de 52 enfants dont les dossiers sont complets mais toujours bloqués à Port- au-Prince. Pour les autres nous attendons la mise en place de la procédure accélérée comme promise par les autorités.

Mercredi 21 avril 2010

Mme Hamont, du S.A.I. me rappelle comme elle s'y était engagée. Elle me confirme que ma femme et moi-même sommes bien répertoriés sur la liste de leur service et qu'à sa connaissance il n'y a pas de rapport complémentaire à fournir.

Elle se confond en excuses pour les mauvaises informations que nous avons eues par des personnes issues de son service.

Afin de nous rassurer elle doublera notre conversation par l'envoi d'un mail.
Six jours d'angoisse dont nous nous serions bien passés.

Heureusement d'autres échéances se profilent. La première concerne notre projet de maison d'hôtes au Maroc. Nous avons décidé de franchir le pas. Nous repartons à Marrakech pour la semaine du 25 avril au 1er mai. Nous prévoyons de faire durant ce séjour un chèque de réservation.

La seconde étape extrêmement importante est la venue d'Éveline dans une quinzaine de jours. Elle sera porteuse de la photo de notre fils.

Nous ne manquerions pour rien au monde ce rendez-vous. Nous avons hâte de serrer dans nos bras, notre si tendre Éveline.

Jeudi 22 avril 2010

Nous sommes sur une autre planète, dans une galaxie inconnue où les crétins pullulent, bienvenu dans le monde des administrations. Me trouvez-vous dépité, en colère ? Il n'y a pas pourtant pas de quoi.

Les nouvelles sont plutôt encourageantes. Je remets une pièce dans le nourrain.

Jeudi 22 avril 2010 à 13 h 46

Bonjour,

L'équipe du conseil général qui nous a délivré notre agrément, il y a deux ans, vient de nous contacter à la demande du S.A.I.

Nous devons prendre rendez-vous afin de faire le point sur notre situation.

La psychologue nous a même demandé de fournir un mot de la psy de mon épouse afin de certifier que nous sommes médicalement et psychologiquement assistés depuis le décès de notre fils JUNEL.
Ce serait un plus !

Pourtant Madame Hamont, du S.A.I. m'a affirmé qu'il n'y avait aucun document à fournir.
Je ne sais plus quoi penser de leur service.
J'ai bien une idée qui me vient, mais je vais me taire.

Nous savons seulement que l'équipe du conseil général a été à nos côtés dans la période qui a suivi le décès de notre fils et qu'ils ne veulent en aucun cas nous mettre des bâtons dans les roues.

Cette même équipe a même accueilli avec joie notre nouvelle attribution.

Je suis amer, nous avons été, comme beaucoup d'entre vous, oubliés. Le S.A.I. ne s'est jamais manifesté après le séisme.

Aujourd'hui, que cherche-t-il ?
 Patrick et Angie

Les parents sur le forum sont indignés. Aucun d'eux n'a été contacté. Y aurait-il deux poids, deux mesures ?
Une réponse intéressante est postée, par J.C l'un des papas adoptants les plus actifs sur le forum. Il n'aura fallu qu'une heure entre les deux mails.
La communauté se soutient et s'organise de nouveau.

Bonjour,

Je viens d'avoir Mme Hamont au téléphone pour lui

demander quelles instructions le S.A.I. avait transmis aux Conseils généraux pour les parents endeuillés.
Après avoir un peu haussé le ton, elle m'a clairement expliqué que leur service a pris contact avec les CG pour leur transmettre la liste des parents endeuillés afin qu'ils aient une attention particulière vis-à-vis de nous.

J'ai insisté sur le fait que certains C.G en profitaient pour mettre une pression supplémentaire sur les parents endeuillés en leur exigeant un RDV avec un psy.

Mme Hamont va s'entretenir avec la personne à l'origine du message et reprendre contact avec les C.G afin de clarifier leur message.

Elle m'a également signifié que chaque C.G était autonome.

Le SAI n'avait donc aucun pouvoir sur leurs décisions.
Dans l'avenir, si de telles situations se reproduisent, veuillez m'en tenir informé et je ferai le nécessaire auprès de mon interlocutrice et même auprès de vos C.G respectifs.

Cordialement et bon courage à tous.
J-C

Nous nous envolons pour Marrakech.

Nous passons la majeure partie de la semaine à nous reposer.

Nous faisons une contre-visite concernant le bien à acquérir.

Nous sommes toujours sous le charme et avons toujours l'intention de nous positionner sur la villa. La seule inquiétude que nous avons, concerne le règlement de copropriété. Nous permettra-t-il d'exercer l'activité envisagée ? La commerciale n'a bien évidemment pas la réponse à notre question.

Nous profitons pour éplucher les annonces immobilières.
Nous tombons sous le charme d'une superbe bastide entourée d'oliviers située à une cinquante de kilomètres de Marrakech.
Ce lieu est déjà exploité en maison d'hôtes.
Nous en discutons avec notre hôte du riad. Ce projet est séduisant mais il doit être écarté.
En effet, le village ne comporte aucune école.
Il sera impossible de faire de longs trajets pour accompagner notre fils.

Mercredi 28 avril 2010

De notre lieu de villégiature dans la médina de Marrakech, nous ne restons jamais bien loin de notre ordinateur, témoin privilégié de notre destin.

Nous connaissons enfin les dates de la tournée française d'Éveline.

Notre guest-star se produira dans notre département malgré son agenda digne d'un ministre.

En effet, elle est attendue dans les quatre coins de notre beau pays. Pour les Alpes-Maritimes, la rencontre aura lieu le dimanche 9 mai à midi à Grasse. Pour cette occasion, il est prévu un pique-nique. Pour l'heure, il ne reste qu'à finaliser le lieu de rendez-vous. Nous nous empressons de confirmer notre présence et celle de nos parents à l'organisatrice.

29 avril 2010

Hier soir a été diffusé sur France 3 un reportage sur Haïti et sur la crèche Notre Dame de la Nativité. Cette institution est devenue en quelques semaines un lieu incontournable pour les journalistes dès lors, qu'il s'agisse des conditions des enfants et/ou des adoptions.

La chaîne publique a retransmis par la suite un débat enregistré en présence de plusieurs parents dont un adoptant de la crèche NDN. Afin d'éviter certaines dérives, les « débatteurs » avaient fixé au préalable un code de bonne conduite à la Directrice de production. Cette dernière les avait toutefois mis en garde sur la diffusion de certaines images. Néanmoins, il était convenu qu'elles respectent la dignité des personnes. Malheureusement les bonnes intentions se sont envolées au moment du montage vidéo.

Nous n'avons pu voir la télévision hier soir car le riad ne possède pas de télévision. Heureusement, nous n'avons donc pas été témoin d'images honteuses. Les parents devant leur petit écran ont découvert horrifiés des images de corps sous des linceuls mais aussi de corps jetés sans aucun ménagement dans le jardin par des secouristes. Les journalistes recherchent - dans leur majorité – du sensationnel au détriment du mot respect. Cette attitude est minable et jette l'opprobre sur une corporation déjà suffisamment décriée.

Ce même jour, certains parents de la crèche nous informent qu'en accord avec Éveline, ils se rendront début juin en Haïti afin de comparaître de nouveau. Ils estiment sans doute que plus vite ils auront accompli cette démarche, plus vite ils pourront rapatrier leurs enfants.

Notre semaine au Maroc se termine. Nous n'avons pas avancé d'un iota sur notre projet immobilier. En effet, nous n'avons aucune nouvelle concernant le règlement de copropriété, condition indispensable à notre achat.
Nous ne ferons donc pas de réservation. Cela s'avère trop risqué. Nous sommes déçus. Nous verrons bien ce que l'avenir nous réservera !

Jeudi 6 mai 2010

Nous avons rendez-vous avec l'équipe chargée des adoptions au Conseil Général. Cette entrevue fait suite aux « pressions » subies par le S.A.I.

Nous sommes heureux de revoir nos interlocuteurs et cela est réciproque. Ils nous confirment officiellement qu'ils ont pour consigne de faire remplir un questionnaire aux parents endeuillés portant sur leur situation personnelle, leur capacité psychologique à accueillir un enfant. Certaines questions posent de sérieux problèmes aux psychologues du Conseil Général car jugées extrêmement « délicates ». Ces employés subissent comme nous les pressions de fonctionnaires zélés du S.A.I.

Un rapport sera établi à la fin de notre entretien pour envoi au service requêtant. Une copie sera adressée à notre attention.

Tout sera entrepris pour émettre un avis très favorable à notre dossier. L'équipe est à nos côtés et le restera. Le discours de l'équipe est clair et sans ambiguïté. Cette directive émane du Ministère des Affaires étrangères et de lui seul !

Pour le moment les informations dont dispose le C.G ne sont pas encourageantes. Toutes les procédures post-séisme sont « gelées ». Pour celles antérieures, qui touchent donc les parents endeuillés, le flou est de mise. On apprend que le MAE peut refuser le visa d'un enfant malgré un apparentement et la validation de l'adoption par jugement Haïtien.

Le combat de notre vie continue. J'ai le sentiment d'être Sancho PANCHA, ce héros de DON QUICHOTTE qui se bat contre des moulins à vent.

Je suis surtout en mode guerrier, rien ne pourra m'arrêter.

Cette promesse je la dois à Junel, ma femme et mon fils Marvin.

<u>Dimanche 9 mai 2010</u>

Point de grasse matinée ce matin. De toutes les manières, cela n'a jamais été notre tasse de thé avec Angie. Nous sommes excités comme des puces. Le jour que nous attendions depuis si longtemps est arrivé. Nous allons revoir Éveline. Le temps est maussade et pluvieux depuis plusieurs jours. Le pique-nique prévu en plein air a été annulé. Tous les participants doivent se retrouver dans une salle polyvalente louée pour l'occasion.

Nous nous rendons à Grasse, la capitale mondiale des parfums. Notre voyage d'une cinquantaine de minutes nous semble interminable. Mes parents ont souhaité partager avec nous ce moment.

À notre arrivée, le parking réservé pour l'événement est déjà plein. Nous nous garons tant bien que mal. Nous nous empressons de faire la bise à l'organisatrice de cette journée. Nous en profitons pour lui remettre tout le stock de vêtements, nourritures et médicaments collectés depuis quelques semaines.

Nous entrons dans la salle. Nous tentons d'apercevoir Éveline. Pour ce faire, rien de plus simple, il nous suffit d'observer une nuée de parents tels des abeilles butinant une fleur. Au bout de quelques instants, nous tombons dans les bras de notre maman noire. Elle est émue, nous le serions à moins. Elle serre fort Angie dans ses bras. Malgré toutes les épreuves subies par Éveline, elle n'a jamais cessé de s'inquiéter de l'état de santé de ma femme. Elle réitère ses remerciements pour le poème « mots pour maux ». Elle nous présente son frère Clausel, ophtalmologue en Haïti, qui l'accompagne durant son voyage en France. Nous ne pouvons monopoliser trop longtemps notre hôte. D'autres parents piaffent d'impatience derrière nous. Éveline nous verra un peu plus tard, plus posément.

Nous nous installons à une grande table. Nous reconnaissons certains parents et plus particulièrement Aurélien et Mélanie, le couple d'Aix en Provence que nous avions rencontré à Vaugrenier grâce à mes parents. Ce même Aurélien qui nous avait fait un point précis sur l'état de la crèche seulement quelques jours après le tremblement de terre. On s'embrasse chaleureusement.

Aurélien est heureux de savoir Angie en bonne santé. Il lui avouera s'être lui aussi inquiété pour elle. Mélanie, son épouse est tout aussi empathique et sympathique. Nous décidons de partager notre repas en leur compagnie, de tisser des liens d'amitié. Nos discussions portent essentiellement sur la situation en Haïti, sur les procédures en cours, sur nos enfants décédés et surtout sur ceux qui nous attendent dorénavant à la crèche.
Mélanie et Aurélien attendent comme nous avec impatience qu'Éveline nous remette la photo de nos fils respectifs.

Une bonne ambiance règne autour du repas. Éveline grignote comme à son habitude. Elle ne veut pas perdre de temps et papillonne de table en table avec des dossiers entre les mains. Le moment est venu de s'installer parmi nous. Elle n'a qu'une promesse elle nous tend alors une petite photo. Nous découvrons avec une joie intérieure démesurée la petite bouille de notre fils.

Éveline a tenu à nous « offrir » ce petit pour deux raisons.

La première, c'est qu'elle porte une attention particulière au tempérament de l'enfant. Il se doit d'être compatible avec celui des parents.

Une deuxième raison, plus particulière, se trouve être la ressemblance avec notre petit Junel.
Effectivement il y a une légère apparence commune mais ce n'est pas flagrant. J'admets que l'on ne peut se faire une

opinion sur un photomaton. Je ne connais personne qui soit à son avantage sur ce type de photo.
En sus du portrait de notre petit ange, nous recevons son extrait d'acte de naissance ainsi que son dossier médical.

Une fois remis de nos émotions, vient le temps des interrogations.

Nous écoutons attentivement les dernières avancées des procédures. Malheureusement, comme nous nous y attendions, la comparution devant le juge en Haïti est une nécessité.

Éveline nous demande de lui communiquer au plus tôt une date de séjour. Le plus tôt sera le mieux.

Aurélien et Mélanie sont dans la même situation. Aurélien va se renseigner sur des dates possibles rapprochées. Il faut foncer.

Je lui demande aimablement si nous pouvons nous joindre à eux pour cette nouvelle étape de procédure. Mon idée est acceptée avec joie. Il se propose même de s'occuper des réservations d'avions après avoir obtenu les meilleurs prix possibles.

Éveline prend bonne note et nous recevra avec un grand plaisir. Elle s'occupera de la logistique, ce qui ne sera pas une partie de plaisir compte tenu des infrastructures.
Nous avons le plaisir d'échanger avec Clausel, le frère d'Éveline. Cet homme nous apprend que les Haïtiens ont une très mauvaise image sur l'adoption des enfants par des Européens. Il ne s'agit pour eux que d'un trafic de donneurs d'organes pour les plus riches. Il nous avouera qu'il avait lui-même des doutes sur les réelles intentions des parents.
C'est pour cela que sa sœur a souhaité qu'il partage son périple en France. Il aura cette formidable confession « jamais je

n'aurais pu imaginer qu'une simple photo d'enfant donnée aux futurs parents puisse provoquer autant de joie et d'amour ! ». Merci Monsieur Clausel pour votre sincérité.

Une tombola en fin d'après-midi est organisée au profit de la crèche.

Mon papa et moi achetons de nombreux tickets. Le tirage au sort se déroule dans la bonne humeur. Le rôle de l'animateur revient à Aurélien Il anime cela avec beaucoup d'humour. Un lot est gagné par mon père. Il s'agit d'un tableau Haïtien représentant une scène d'un marché créole. Ce tableau a été peint par un artiste local. Aujourd'hui encore cette toile fait partie de notre quotidien. Elle s'affiche fièrement dans notre salle à manger.

Toutes les bonnes choses ont une fin. L'heure des au revoir est arrivée. Nous sommes tous extrêmement tristes de nous séparer. Néanmoins, nous avons la certitude que nos retrouvailles sont proches et seront remplies de joies et d'émotions. Comment pourrait-il en être autrement ?

Ce soir-là, nous n'aurons de cesse de regarder la petite photo de notre fils. Nous voulons croire au lendemain qui chante.

Nous sommes soulagés d'avoir des compagnons de voyage pour notre retour en Haïti. Nous appréhendons tant ce moment.

Lundi 10 mai 2010

Comme convenu, dès ce lundi matin, nous avons des nouvelles d'Aurélien par mail. Il souhaite connaître nos disponibilités pour la comparution. Il semblerait qu'il faille avancer notre départ afin d'obtenir les meilleurs tarifs pour les billets d'avion.

Pour notre part, nous lui laissons carte blanche. Nous nous rendrons disponibles quelle que soit la période retenue.

Mardi 11 mai 2010

Les dates sont fixées, les billets retenus et payés. Notre séjour sera très court. Il est programmé du 15 au 19 juin. Grâce aux recherches efficaces des collaborateurs d'Aurélien, nous obtenons un prix canon même s'il y a quelques petites contraintes.
Cela nous laissera 3 jours pleins à la crèche. Il ne sert à rien de rester plus longtemps. Nous sommes nombreux à devoir nous rendre chez Éveline. Nous ne devons pas monopoliser les places d'hébergement devenues très limitées à la crèche. Les conditions de sécurité sont aussi à prendre sérieusement en compte.

Nous informons la communauté du forum de la crèche de nos dates de départ. Nous nous ferons un plaisir, pour ceux qui le souhaitent, de transmettre lettres et petits cadeaux. C'est à notre tour de participer à cette chaîne de l'amitié tant appréciée de tous. Nous communiquons nos coordonnées. Il est fort à parier que notre facteur va avoir un surplus de travail dans les prochains jours. Un autre « devoir » nous attendra sur place. Il nous faudra faire le plus de photos d'enfants possibles. Elles serviront à alimenter une base de données réservée aux parents. Cette solution permet ainsi à chacun d'avoir des nouvelles de leur progéniture.

Mercredi 12 mai 2010

J'informe de notre départ en Haïti l'une des membres de l'équipe de notre C.G. Je lui relate notre entrevue avec Éveline. Elle est sincèrement heureuse de nous savoir en possession d'une photo et du dossier médical de notre fils.

Elle est simplement soucieuse de son état de santé. Je la rassure sur ce point, rien d'anormal. Il nous faudra simplement le traiter avec un vermifuge. J'apprends lors de notre discussion que notre rapport établi suite à notre entrevue est à la signature. Nous nous promettons de nous tenir au courant dès que nous aurons une certitude sur une quelconque avancée de notre dossier.
Au fil des jours, nous continuons d'annoncer nos bonnes nouvelles à notre entourage. Nous recevons en retour tant de messages de sympathie, d'encouragement. Nous commençons à entrevoir notre voyage. Il sera très différent du premier. Les conditions sécuritaires, d'hygiène ne sont plus les mêmes qu'en décembre dernier, il nous faut donc, sans tarder, prévoir une vaccination contre la fièvre jaune et le paludisme.

Un nouveau débat s'engage sur le forum, il concerne les frais supplémentaires que va nécessairement engendrer la nouvelle comparution. Pour beaucoup de famille, la situation financière devient précaire. Les budgets initiaux sont très largement dépassés. Les plus « touchés » sont principalement les parents « endeuillés ».

Nous devrons payer le nouvel apparentement, la nouvelle procédure.

Parallèlement nous avons évoqué avec Éveline le défraiement prévu pour notre prochain voyage.

Sur ce point, Éveline est gênée. Elle n'est pas une femme cupide. Elle connaît la situation de chacun d'entre nous. Aussi, elle continue invariablement à éluder la question financière « on verra, vous me donnez ce que vous voulez ». Jusqu'à maintenant, les frais prévus pour l'hébergement des parents et des enfants étaient de l'ordre de 100 dollars US par jour. Cela peut paraître une somme importante pour Haïti mais la nourriture proposée a toujours été de qualité et abondante, la crèche est considérée comme un lieu sécurisé sans compter les déplacements à plusieurs voitures pour les démarches administratives.

Nous décidons avec Angie, de ne pas déroger à ces tarifs pour notre futur voyage. Ce problème est réglé pour nous mais pas pour tous.

Les bas instincts de certains se réveillent. La rumeur se propage, se diffuse sournoisement et empoisonne notre existence. Éveline est accusée d'enrichissement personnel. Comme si le comportement du gouvernement ne suffisait pas, nous sommes contraints de subir celui des parents accusateurs.
Très vite, nous prenons la défense d'Éveline comme la plupart des parents du forum. Malheureusement, le mal est déjà fait. Nous touchons le summum de la bêtise humaine.
Toutes ces agitations nous font oublier notre principal combat.

Toutes ces vilenies proférées finissent par arriver aux oreilles d'Éveline.

Tout ceci est honteux ! Cette dame, ne l'oublions pas, vit en permanence avec les enfants. Elle se bat chaque jour pour leur donner une nourriture et des habits décents. Chaque matin elle reçoit des dizaines de femmes qui font la queue pour quémander de la nourriture, de l'argent. Après un bref sermon à chacune d'entre elles, Éveline les gratifie de quelques dollars.

La crèche est connue pour être la cour des miracles. Je me répète sur ces derniers points mais il est très important d'ancrer mes propos dans la mémoire de tous.

Mardi 18 mai 2010

Le flot incessant des messages obligera Éveline à sortir de
son silence.

Certaines rumeurs concernant mon possible enrichissement
grâce à l'argent versé par les donateurs circulent à travers le
monde des adoptants de ma crèche.

Je suis désolée d'une part, de leur apprendre qu'il n'en est
rien , d'autre part, que j'ai des pertes énormes (trois maisons
détruites).

En outre, durant la période post-séisme, je me suis battue avec
le peu de moyens qui restaient de façon à faire fonctionner la
crèche, à donner les soins nécessaires aux enfants et à
m'occuper des mille et un problèmes qui se sont présentés
chaque jour. Je pense que c'est dommage pour moi que
d'aucuns ne puissent comprendre la somme de sacrifices
nécessaires à la gestion d'une entreprise dans les
circonstances que nous savons tous.

Par ailleurs, je dois remercier toute la famille des adoptants
qui ont rendu possible ma tournée à travers la France et qui
m'ont aidée soit par leurs encouragements, soit par leur aide
matérielle.

Je suis satisfaite du bon déroulement des choses, de l'accueil
que l'on a réservé à mon frère ainsi qu'à moi-même.

Bien que les nuages sombres menacent les futurs parents et
les possibles postulants, Dieu se chargera de les dissiper bien
vite afin que tout un chacun puisse chérir l'enfant qui lui sera
attribué.

Je vous laisse mes chers amis et espère vous rencontrer
bientôt.

Éveline Louis Jacques, Directrice de Notre Dame de la
Nativité

Éveline est touchée. Nous voulons lui apporter notre soutien
le plus total.

Bonjour maman Éveline,

Nous espérons que tu as fait un bon voyage et que ton séjour en France s'est bien passé malgré les rumeurs ignobles te concernant.

Nous avons pris nos billets d'avion pour venir à la crèche. Nous serons présents du 15 au 19 juin en même temps que Mélanie et Aurélien.

Fais de gros bisous à Marvin de notre part, amitié à Monsieur JANJAN et un grand bonjour à nounou Anne.

Dans l'attente de te faire de gros bisous.
Patrick et Angie

L'épreuve haïtienne que nous traversons, comme beaucoup d'autres a indubitablement changé notre comportement.

Depuis notre ré-apparentement nous nous interdisons d'appeler notre enfant. Cela est trop difficile.

Nous nous protégeons, nous ne voulons pas subir une nouvelle fois la foudre, la colère des dieux.

Nous en souffrons mais nous ne le montrons pas.
<u>Mercredi 26 mai 2010</u>

Chaque jour apporte son lot de médisances de futurs parents aigris. L'État français continue d'éluder le cas de nos enfants.

Ils sont lâchement oubliés y compris Marvin, notre fils que nous n'appelons toujours pas.
Je m'interroge, tout cela me met mal à l'aise. J'ai besoin d'évacuer mes pensées. Je ne souhaite toujours pas m'épancher auprès de ma famille, elle ne comprendrait que partiellement mon état.

Je me tourne donc tout naturellement une nouvelle fois vers la famille des adoptants :

Mercredi 26 mai 2010 à 8 h 48

À vous la grande famille du cœur, j'ai besoin de livrer mes sentiments. Nous allons partir pour Haïti du 14 au 19 juin afin de comparaître et pour aller à la rencontre de notre fils Marvin.

Pas un jour ne passe sans que je pense très fort à JUNEL, parti rejoindre les étoiles bien trop tôt. J'appréhende mon séjour, ma rencontre avec Marvin.

Comment vais-je l'apprivoiser ?

J'ai un mal fou à me projeter dans le futur, me convaincre que plus rien ne peut arriver à nos timouns.

J'ai un mal fou à accepter le fait que je ne verrai pas ma petite bouille de JUNEL près du portail ou sur la terrasse de la crèche.

J'ai peur de ne pas être à la hauteur avec Marvin. J'aimerais tant penser à lui tous les jours mais je n'y arrive pas. J'aimerais tant aimer cet enfant autant que JUNEL. Y arriverai-je ?

J'aimerais pouvoir me réveiller et me persuader que tous ces mois écoulés ne sont que cauchemars.

J'aimerais entrevoir l'avenir avec sérénité, faite de joie.

J'aimerais être simplement avec mon fils et lui montrer que je suis tout simplement son papa ! J'aimerais que le meilleur arrive enfin. Patrick

Les retours de mail, une fois de plus me réconfortent. Je ne suis pas le seul à me poser tant de questions.

Nous sommes tous des éponges gorgées d'émotions. Nous sommes proches du trop-plein, de la goutte qui va faire déborder le vase.

La gouttelette que nous redoutions tous, va arriver beaucoup plus tôt que prévu. Elle émanera d'une association de parents. En milieu d'après-midi nous recevons un terrible coup de poignard en plein cœur.

SOS Haïti Enfants Adoptés

Un 3e enfant est mort.
Le Ministère des Affaires Étrangères laisse les enfants adoptés et leurs familles livrés à leur propre sort.

Un troisième enfant en cours de procédure d'adoption est mort la semaine dernière en Haïti. Le gouvernement français fait trop peu, et peut être plus rien, pour les 500 enfants haïtiens à diverses étapes de la procédure d'adoption par des familles françaises et toujours en Haïti 4 mois après le séisme. Et ce, en dépit des soutiens émanant de multiples députés et sénateurs français.

Devant cette situation intolérable, le collectif SOS Haïti Enfants Adoptés a officiellement mandaté Maître David KOUBBI, du cabinet octobre, qui a soutenu son action depuis les premiers jours, pour entamer une démarche amiable et, à défaut, judiciaire, dont le résultat attendu sera l'arrivée de l'ensemble des enfants en cours de procédure d'adoption en Haïti sur le sol Français, dans les plus brefs délais.

Après avoir arrêté les rapatriements d'urgence début février, le Ministère des Affaires Étrangères, qui s'était pourtant engagé à favoriser l'arrivée de tous les enfants Haïtiens adoptés avec un jugement homologué, a mis un coup d'arrêt le 21 avril à la seule mesure mise en place : la demande accélérée de passeport (l'ambassade n'accepte même plus les dossiers avec un jugement permettant la demande de passeport). Tous les enfants déjà évacués depuis le séisme en ont bénéficié. Aujourd'hui 500 autres en sont privés. Il y a chaque jour en Haïti, plus d'enfants détenteurs d'un jugement et donc « enfants de ressortissants Français » pour lesquels aucune aide n'est envisagée. Par ce choix, le Ministère des Affaires Étrangères établit une discrimination injustifiable entre les enfants.

Le gouvernement Français reste ainsi sourd aux dangers annoncés par la Mission sur les adoptions en Haïti mandatée par ses propres soins. Les experts envoyés en Haïti soulignent dans leur rapport, remis ce 18 mai, la précarité des conditions de ces 500 enfants et les dangers auxquels ils sont confrontés. Au vu de la situation, ils recommandent même, comme le réclame depuis le début le Collectif SOS Haïti Enfants Adoptés, « d'accélérer » les procédures.

La France, à la différence de bien d'autres pays, n'a pas encore mis en place les moyens adéquats permettant de résoudre cette situation insupportable. L'étude des dossiers prenait près de deux ans en temps normal. Compte tenu de « l'état de survie de l'administration Haïtienne » (selon Monsieur Bernard Kouchner lui-même), les délais vont assurément augmenter. La France condamne donc près de 500 enfants déjà apparentés à des familles Françaises à affronter durablement les conditions d'hygiène et de sécurité chaque jour plus difficiles.

Combien d'autres enfants devront mourir pour que le nécessaire soit fait ?

Ce message est une nouvelle épreuve oh combien douloureuse, un véritable tsunami. L'onde de choc va être je n'en doute pas désastreuse pour l'image de nos représentants du gouvernement mais surtout le point de départ d'une révolte organisée.

Il est maintenant clairement évident que l'on nous ment. Nous nous faisons gentiment endormir : « Ayez confiance ».

Nous devons reprendre notre destin en main. Cela commence par communiquer entre personnes de bonne volonté.

La première contre-attaque ne se fait pas attendre. Nous arrivons à obtenir copie de la fameuse mission mandatée par l'État français dont le collectif fait état dans son communiqué. Le collectif souhaite médiatiser l'affaire, faire du bruit, peut-être même amplifier certains propos. Jugeons uniquement sur pièce.
Ce collectif n'a en rien exagéré ces propos. Le rapport est accablant. Les huit pages décrivent parfaitement la situation. Elle est donc parfaitement connue par les trois signataires Monsieur Bernard KOUCHNER et Mesdames BACHELOT et MORANO.

Je vous laisse libre d'apprécier dans sa globalité le rapport 00927 CM intitulé « Mission Adoption Haïti » à la fin du présent livre.
Je reste coi à la lecture des bonnes pages telles que les livrent les journaux en quête de sensation.

Je suis pris de nausée, j'ai le souffle court. Je suis tout simplement sonné.
Angie est anéantie. En quelques jours seulement Éveline a été salie, traînée dans la boue par des parents inconscients et aujourd'hui elle a confirmation que nos élites se « foutent » royalement de Haïti.

Elle s'enferme dans notre chambre.
Elle en ressort avec ce second poème sur Haïti. Les couteaux sont de sortie.

ALORS HEUR (EUX) !

Bataille de loups

Coups contre coups
Bataille de clans
Dents contre dents
Robe de soie
Brocart de la république
Quant à toi
On te fait la nique (éh éh)
Grand couturier
Contre clan ouvrier ?
Lutte des classes ?
Qui dit lutte
Dit casse

Choix ? Républicain
Augmente fret aérien
Grand sourire pour annoncer
Que les avions vont voler
Et celui qui mange les saucisses
Dans le ventre du cochon
se retrouve tout à coup
En donneur de leçons
Les idéaux de la vie républicaine
ont disparu
Dans le sarko-phage
Des discours convenus
Tous les cons venus

De la républic'haine
veulent leur photo
En première page
L'heure est là
Des règlements de compte
C'est la voie royale
Des règlements de cons
À quelques heures d'avion
Silence : on meurt
Au fait grand homme
Quelle heure est-il
À ta chère montre ?

Une citation de Michel AUDIARD est fort adaptée à la situation « les cons, c'est comme les emmerdes, ça vole en escadrilles ». Parlons-en des emmerdes...

« La liste des 500 » n'est toujours pas signée par le MAE alors qu'elle est réclamée à cor et à cri par la présidence haïtienne. Monsieur Jean-Paul MONCHAU, ambassadeur de l'adoption internationale souhaite maintenant avoir la liste des adoptants concernés par la dispense présidentielle.

En effet, seuls les couples sans enfants sont en principe autorisés à adopter en Haïti, à défaut il y a lieu d'obtenir une autorisation. Cette dernière est signée par la présidence haïtienne.

Vendredi 28 mai 2010

Notre Conseil Général, à la demande du S.A.I., nous réclame de nouveaux certificats médicaux de psy pour Angie et moi-même. Il y a anguille sous roche. J'ai la nette sensation que nous jouons malgré nous au jeu de poker menteur. Je ne suis pas d'humeur à collaborer.

Vendredi 28 mai 2010 à 12 h 55

Madame Gauthier,

Je me permets de vous écrire ce mot suite à un appel du C.G 06 ce jour concernant nos attestations de psy que nous vous avons fourni lors de notre dernier rendez-vous au mois de mai.

Merci de m'apporter des éclaircissements face à votre nouvelle demande.
Nous tenons à vous signaler que nous sommes les seuls parents endeuillés en France (à notre connaissance) devant nous justifier sur nos capacités à poursuivre notre parcours d'adoption.

Le S.A.I., à notre connaissance, a demandé à l'ensemble des Conseils Généraux de proposer une éventuelle assistance aux parents endeuillés. Aussi nous ne comprenons pas vos demandes.
Merci de bien vouloir m'indiquer à qui sont destinées ces attestations déjà fournies. Aujourd'hui, ces documents auraient été « légalisés » par erreur par vos services ce qui annulerait la validité desdits documents !

S'ils sont à usage interne comme le laisse entendre la personne que j'ai eu ce matin, quelle est alors l'utilité de nouveaux documents ?
A contrario, s'ils sont destinés au S.A.I. comme vous nous l'avez indiqué à plusieurs reprises je reste sceptique sur vos intentions.

Après interrogations le service sous tutelle du Ministère des Affaires Étrangères, dément vouloir obtenir un quelconque document...

Vous nous avez fait savoir depuis le départ être à nos côtés, permettez-moi aujourd'hui d'avoir un doute ?

Bien cordialement – Patrick BELLI

J'envoie copie du présent mail à la responsable du S.A.I.

Cette même personne me contactera quelques heures après. Madame M. me confirme que notre Conseil Général fait du « zèle » dans le seul but de nous apporter une aide pour parfaire notre dossier en attente. Madame M. se charge une fois pour toutes de prendre contact avec notre C..G afin de clarifier la situation.

Je recevrai un mot d'excuse de mon contact privilégié au CG. :

« ... Effectivement, le S.A.I. n'a pas besoin de documents écrits certifiant votre état de santé. Si nous vous avons froissés en exigeant ceci de vous, veuillez-nous en excuser, mais devant le flou administratif face aux événements dramatiques à Haïti, nous avons voulu fournir une actualisation de votre dossier la plus complète possible, pouvant favoriser l'attribution d'un enfant... ».

Le gouvernement ne tarde pas à répliquer au communiqué du collectif SOS Haïti Enfants Adoptés.
L'avocat David KOUBBI mandaté pour défendre l'intérêt des parents est connu pour être un excellent communicant en sus de ses qualités professionnelles, il y a donc lieu pour le pouvoir en place de déminer le terrain.

Communiqué Haïti : accélération de la procédure post-jugement (28.05.10).

Le ministère des affaires et étrangères et européennes s'attache, depuis le séisme du 12 janvier 2010, à permettre l'accueil en France, par leurs parents adoptifs, des enfants haïtiens pour lesquels un jugement d'adoption a été rendu, et ce dans les meilleures conditions pour les enfants comme pour les familles, au présent comme pour l'avenir.

À cet égard, un véritable plan d'action respectueux des engagements internationaux de la France est recherché auprès des autorités haïtiennes.

À ce jour, la situation de 591 enfants haïtiens dont la procédure a atteint le stade du jugement a pu être réglée.

Pour les 445 enfants qui sont encore en cours de procédure, à la demande expresse du ministre, l'ambassade de France à Port au Prince a entrepris des démarches auprès de chacun des services administratifs intervenant dans le processus de délivrance des passeports. L'objectif recherché est de faciliter et d'accélérer les différentes étapes de la phase administrative post-jugement afin de réduire le délai de délivrance du passeport de l'enfant à un ou deux mois, au lieu des six voire douze mois, constatés antérieurement au séisme.

Des discussions sont en cours, notamment avec le ministère de l'Intérieur dont les services procèdent à quatre contrôles successifs. Nous espérons aboutir à une solution rapide en accord avec les autorités haïtiennes.

De telles démarches mobilisent les services de l'ambassade de manière très importante, et des moyens supplémentaires vont être engagés par le ministère, sur les fonds du Service de l'adoption internationale, pour permettre la mise en place du dispositif qui pourra être trouvé avec les autorités haïtiennes, en complément de l'aide déjà apportée destinée à la restauration du bâtiment de l'I.B.E.S.R et à l'équipement du tribunal de Port au Prince.

La précarité des conditions de vie de tous les enfants haïtiens, qui en raison de leur jeune âge demeurent plus fragiles, ne doit pas nous faire oublier que l'adoption demeure l'ultime mesure de protection de l'enfance après la recherche de solutions de développement.

Afin d'apporter son aide et son assistance à tous ces enfants, l'ambassade de France poursuit en outre ses visites de crèches, veille à leur approvisionnement en denrées alimentaires et produits pharmaceutiques et réagit immédiatement à toutes les alertes humanitaires qui lui sont communiquées.

Nous prenons acte enfin des bonnes intentions de nos instances gouvernementales. Il est dommage de devoir mettre des ultimatums pour arriver à un début de solution.

Il faut maintenir la pression. Toutefois en ce vendredi soir, il est temps de décompresser face aux échéances à venir.
Il est prévu de mettre en place avec de nombreux parents un plan d'actions concrètes.
En premier lieu d'écrire à nos élus quelle que soit leur appartenance politique afin qu'ils prennent position sur la situation de nos enfants en Haïti.

Notre nouveau départ pour Haïti approche à grand pas.
Pour ce faire, nous devons également préparer nos bagages et rentabiliser au maximum la contenance de nos valises.
Je propose à nos amis de route de conserver un peu de place afin d'apporter un peu de vin, de cochonnaille et de biscuits apéritifs.

Premièrement il n'y a pas de mal à se faire du bien.

Deuxièmement, nous pourrions avoir des aliments salés lors de nos dîners à la crèche pour remédier aux collations sucrées.
Mélanie est partante, nous n'en parlerons pas à son mari Aurélien.

Ce n'est pas qu'il soit contre un apéritif mais il ne souhaite emporter que le strict nécessaire pour la crèche.

Mardi 01er juin 2010

Le plan médiatisation de nos enfants se met en marche. Le forum des adoptants nous fournit des modèles de lettres à adresser aux élus de nos régions, aux ministres. L'opinion publique doit être prise également à témoin. Les médias vont venir nous prêter main-forte.

C'est ainsi que le journal de 08 h 00 d'Europe 1 ouvre son édition avec ce titre :

À la une, cette information Europe 1 : les parents adoptifs des orphelins de Haïti mettent en demeure Bernard Kouchner.
Ils exigent le rapatriement dans les plus brefs délais des enfants qu'ils s'apprêtaient à accueillir avant le séisme.
Le journaliste poursuit : « Un huissier s'est rendu au quai d'Orsay afin de remettre à Bernard Kouchner une sommation interpellative.

Le ministre a 15 jours pour faire venir en France la trentaine d'enfants dont le dossier est complet mais bloqué. Les familles lui demandent d'accélérer la procédure pour les autres, ils sont plus de 430. Si la mise en demeure ne donne aucun résultat, les familles engageront une action judiciaire ».

Leur avocat D. KOUBBI déclare « je comprends les préventions de M. Bernard KOUCHNER qui nous dit qu'on ne doit pas faire tout et n'importe quoi. Les parents qui sont concernés par la demande, chaque famille sait qui est son enfant, chaque enfant en cours d'adoption sait qui sera sa famille d'accueil.

Ces enfants attendent un visa et un passeport et ce n'est pas possible.

Les orphelins de moins de 5 ans ne vont pas aller faire la queue devant des administrations écroulées pour obtenir un document administratif, donc l'État Français a un pouvoir régalien, il fait ce qu'il veut avec ces enfants.
Qu'il fasse le job ».

...

TF1 et LCI : les familles somment KOUCHNER d'agir

...

Marianne : la police au quai d'Orsay. Le gouvernement pense à Alain Juppé pour remplacer B.Kouchner.

La plupart des médias télévisuels ou de la presse écrite feront des reportages en notre faveur. Une brèche s'est indéniablement ouverte pour les parents, le gouvernement et son ministre semblent aux abois.

Je réfléchis à une action forte, significative sans pour autant qu'elle soit politisée. Une idée folle me traverse l'esprit, pour autant je dois tout d'abord obtenir l'accord de Angie.

Je souhaite envoyer son poème « mots pour maux » accompagnés d'une lettre à un de nos plus grands compositeurs interprètes français des 30 dernières années.

Ce monsieur n'est autre que Jean Jacques Goldman. Peut-être me dis-je qu'il accepterait de mettre en musique le texte de mon épouse afin de récolter des fonds pour Haïti pour les enfants. Ma femme me répond du tac au tac « je me fous de recevoir un autographe, mais si cela te fait plaisir ! ».

Dans ce courrier, je lui avoue bien volontiers que je suis un de ces fans mais m'empresse bien vite de lui avouer que ce n'est pas à ce titre que je lui écris. En effet, J.J.Goldman n'a jamais compris la notion de « fan ».

Dans le livret d'un de ses albums Il déclare, bien volontiers « les chansons sont plus belles que ceux qui les chantent ».

Aussi, cette lettre est avant tout destinée au père de famille, à l'homme de cœur qui a tant œuvré pour les restos du cœur et c'est à ce seul titre que je fais appel à lui. Je lui fais part de notre histoire, de la thérapie par l'écriture de mon épouse sur son texte « mots pour maux », quelque temps après son cri de désespoir face à la tragédie haïtienne, la mort de notre enfant, aux images diffusées en continu.
Je pose alors la question « qu'a-t-elle pu faire juste après ça ? » : Simplement, mettre fin à ses jours.

J'ose un parallèle avec une de ses chansons « Juste après ».
Elle lui fut inspirée par un documentaire sur le Zaïre, par hasard, un soir en zappant. On y découvre un médecin et une sœur dans un dispensaire essayant désespérément de réanimer un bébé venant de naître. On assistera alors avec impudeur aux gestes de premiers secours, aux doutes de l'équipe médicale malgré les gestes brusques de réanimation. Au terme de longues minutes, cet enfant ouvrira les yeux, poussera son premier cri.
JJG dira avoir été happé par ces images d'une rare violence, presque complaisantes, puis miraculeuses pour cette femme et son quotidien de vie ou de mort. Cette infirmière, écrira-t-il « qu'a-t-elle pu faire juste après ça ».

Je caresse donc le rêve fou que l'homme de mots, ce talentueux mélomane répondra à ma demande. Bien cordialement.
Je ne me berce d'aucune illusion. Recevra-t-il mon courrier ? Prendra-t-il le temps de répondre ? J'en doute !

Une bonne nouvelle nous parvient de proches. En effet, Nous sommes si heureux d'apprendre que Pierre et Nicole, que nous avons connus à la crèche en décembre, ont obtenu tous les papiers nécessaires au rapatriement de leur fils Régi.

Enfin, dans quelques heures leur famille sera réunie. Nicole nous promet de prendre soin de notre fils pendant son séjour en Haïti, de prendre multitudes de photos mais surtout de parler à Marvin de sa maman et de son papa blanc.

Le soir même, nous regardons le reportage « phare » sur l'adoption diffusé au journal de 20 heures de France 2. J'avais oublié à quel point cette chaîne est muselée par le pouvoir en place. Le sujet proposé ne fera mention ni du sort des enfants en cours d'adoption, ni de la sommation faite par huissier au cabinet du Ministère des Affaires étrangères.

Mercredi 2 juin 2010

Je me réveille très tôt. J'allume mon ordinateur.
Le hasard fait que j'apprends que Nadine MORANO, Secrétaire d'État chargé de la Famille et de la Solidarité sera l'invitée de Jean-Jacques BOURDIN sur RMC ce jour.
Elle y est invitée pour parler de la Francophonie. C'est ainsi qu'à 5 h 08, je saisis cette occasion pour adresser un long plaidoyer en faveur de Haïti, des enfants, de l'adoption sur le forum de la chaîne d'information.

J'exprime également ma colère et demande que le journaliste interroge son invitée sur la situation de manière globale et la plus complète sur Haïti.

Je passe vite à une autre activité. Surtout, je n'ai pas envie d'écouter cette charmante dame. Je me suis fait mon opinion sur elle depuis fort longtemps. Elle gesticule, elle parle fort, joue les divas, les ténors de la bêtise... (big up Monsieur Charles AZNAVOUR). Je n'ai rien à espérer.

Je reçois un appel téléphonique vers 09 h 30. L'homme à l'autre bout du fil se présente. Il fait partie des collaborateurs de Monsieur BOURDIN. Il me dit avoir été « très touché » par mon intervention écrite de ce matin. Il m'avoue également être très sensibilisé à la cause des enfants et de l'adoption.

Il me propose à ce titre d'intervenir sur l'antenne de RMC au côté de JJ BOURDIN d'ici une dizaine de minutes.
J'accepte bien volontiers mais que vais-je bien pouvoir dire ? Mon interlocuteur me demande simplement deux petites choses. L'une est de rester en ligne et la seconde de ne pas être trop « technique » durant l'interview...

J'allume la radio, me branche sur RMC... J'ai le téléphone collé à mon oreille. Une musique d'ambiance me fait patienter. De temps en temps mon interlocuteur me demande si je suis toujours en ligne.
Bien sûr que je suis là, je me rends compte de la portée de ma possible prise de parole chez JJ Bourdin.

Je réunis des notes, mon PC est à portée de main. J'ai trouvé un fil conducteur. Il faudra que j'arrive à m'y tenir. En effet Monsieur Bourdin est un bon journaliste mais il a pour défaut de couper fréquemment la parole. Pour y remédier, je décide qu'il me faudra avoir un ton soutenu, des propos rapides, incisifs.
La voix au téléphone intervient. Patrick, vous allez être mis à l'antenne dans moins d'une minute. Et puis...
Jingle Jean Jacques Bourdin
Antenne

JJB : Avant de parler de ce qui s'est passé au large de Ghaza , avant de revenir sur l'éducation nationale je voudrais, je voudrais, écouter Patrick. Patrick est dans les Alpes Maritimes, employé de banque – 39 ans à propos de Haïti et de l'adoption.
Patrick bonjour

Moi : bonjour Monsieur BOURDIN

BOURDIN : il faut accélérer les adoptions, heu vous attendez toujours là Patrick ?

Moi : Oui, on va essayer d'être très factuel et ne pas garder trop l'antenne.
Bourdin : Allez-y Patrick

Moi : Notre cas est simple, nous avons malheureusement perdu notre enfant en Haïti lors du séisme.

Il avait trois ans et deux mois. Nous étions en fin de procédure et nous devions aller le chercher au mois de mars – avril, ce qui malheureusement n'a pas pu se faire.

Nous avons comme beaucoup de parents endeuillés demandé une attribution d'un nouvel enfant, ce qui a été fait en concertation avec notre avocat Haïtien et en concertation avec la Directrice de crèche d'Haïti.

Donc un nouvel enfant nous a bien été attribué. Je tiens à dire que tout est fait dans la plus grande transparence possible, en toute légalité vis-à-vis du gouvernement Haïtien et vis-à-vis du gouvernement français qui est au courant de toutes les démarches en Haïti par l'ensemble des parents souhaitant adopter dans ce pays.

Pour faire simple, aujourd'hui rien n'est fait pour les enfants français, la saison des cyclones a commencé et se terminera au mois de septembre.

Aujourd'hui, les conditions de sécurité, sanitaire -j'en passent et des meilleures - sont exécrables.

Nous venons de recevoir des photos de la crèche, il ne reste plus rien.

L'État français a commandité un rapport qui a été signé par Mesdames MORANO, BACHELOT et par Monsieur Bernard KOUCHNER, rapport qui a fait état d'une mission du 26 mars au 7 avril dernier où des équipes spécialisées se sont rendues sur place pour constater l'état de délabrement de toutes les institutions haïtienne ainsi que l'état des enfants, en particulier leur état psychique qui ne peuvent que se détériorer au fur et à mesure des jours passant.

Nos enfants actuellement sont en survie. Ils sont en train de survivre ! Ils ont besoin dans le meilleur des cas d'être rapatriés rapidement.

Je souhaite réagir aux propos de France diplomatie en rappelant qu'un collaborateur de Madame MORANO hier a dit que :

« l'impatience compréhensible des parents se heurte non seulement à l'intérêt futur des enfants mais également à la souveraineté du gouvernement Haïtien qu'il convient de ne pas perdre de vue.

Notre action se fonde, non pas sur un droit à l'enfant qui n'existe pas mais bien sûr le nécessaire respect du droit des enfants ».

Je souhaite ajouter que le MAE oublie de préciser que c'est le Président Haïtien René PREVAL qui a souhaité dès le début une accélération des dossiers en cours.

C'est lui qui a réclamé à la France une liste des dossiers en instance dans le but de la faire valider par son Premier ministre.
Monsieur VALERO, pour ne pas le citer, oublie de dire que cette liste a été envoyée hors délai par l'État français du fait de la lenteur du Ministre.

JJ BOURDIN : oui Monsieur VALERO, c'est le porte-parole du Ministère des Affaires étrangères.

Moi : Oui absolument. Que sans l'intervention et l'opiniâtreté de certains parents, ladite liste n'aurait jamais été transmise à l'État Haïtien.

JJBOURDIN : hum

MOI : je suis désolé de le dire, combien d'absurdité allons-nous encore lire sur ce sujet ?
Le rapport est clair. Il parle bien de la survie de nos enfants

JJ BOURDIN : oui

Moi : donc moi je souhaiterais que l'État français se rapproche des autorités Néerlandaise, Canadienne, Américaine et autres, qui eux ont immédiatement pris les mesures d'urgences qui s'imposaient.

Je souhaite également dire que tous les enfants dont les dossiers sont référencés au S.A.I. ont quasiment la plupart du temps des parents « attitrés ».
En plus de cela l'État français nous demande de ne pas nous rendre en Haïti pour tous les problèmes que vous pouvez bien vous imaginer.

Par contre, le rapport oublie de préciser qu'il y a une spécificité supplémentaire dans la province de Port-au-Prince.

Les parents sont obligés d'aller comparaître en compagnie des parents biologiques pour un consentement à l'abandon ce qui pour eux est un acte d'amour.
Nous par cette procédure, nous acceptons l'adoption.

JJ BOURDIN ; Vous vous heurtez à l'administration évidemment.

Bien Patrick, et bien merci. Vous repartez dans 15 jours, vous nous tiendrez au courant, d'accord ?

Moi : Oui merci Monsieur BOURDIN de m'avoir laissé l'antenne

BOURDIN : mais je vous en prie c'est normal

Je suis ravi. J'ai réussi, JJ BOURDIN ne m'a pas coupé. J'ai eu un peu plus de 4 minutes d'antenne.

Quelques personnes m'ont entendu à l'antenne. Angie, mes parents et mon garagiste m'ont trouvé efficace, clair, concis.

Je suis fier de moi. J'aime ce genre d'exercice totalement improvisé. J'ai toujours été à l'aise à l'oral, c'est pour cela que j'adore faire des formations dans mon milieu professionnel.

Après un café bien mérité, je télécharge le podcast de mon intervention sur le site de RMC. J'isole mon passage et l'enregistre sur mon disque dur.

Je mets le lien à disposition des parents adoptants sur le fichier consacré aux actions médiatiques.

Le seul point négatif à retenir est l'absence de réaction de Nadine MORANO.
En effet, elle avait déjà quitté RMC au moment de mon intervention de mon « J'accuse ».
N'ayez crainte je ne me prends nullement pour E. ZOLA mais mon coup de gueule m'a fait un bien fou.

Chaque jour apporte son lot d'interventions médias de parents, de missives envoyés aux députés, sénateurs, conseillers municipaux... Le soufflet ne retombe pas.

Vendredi 4 juin 2010

Nous apprenons que deux députés des Alpes-Maritimes se sont rendus en Haïti ces derniers jours afin de faire évoluer la situation. Une rencontre avec le Président Haïtien a même été organisée. De retour en France, ces deux représentantes de l'Etat ont souhaité faire un compte rendu aux collectifs SOS Haïti Enfants Adoptions.

M. Le Président Préval a assuré une nouvelle fois qu'il souhaitait une accélération du processus d'adoption. Il se dit prêt à signer personnellement les dispenses Présidentielles et tout ce qui irait dans le bon sens.
Il réitère qu'il ne fait absolument pas obstacle à l'adoption par des parents ayant déjà des enfants biologiques.

Je reçois également un mail assez bref de la porte-parole de l'association des parents ayant mandaté l'avocat David KOUBBI pour défendre nos dossiers.

Elle souhaite s'entretenir avec moi. D'une part elle a trouvé mon passage radio réussi sur RMC.
D'autre part, elle est « intéressée » par mon futur départ - avec mon épouse - en Haïti dans une dizaine de jours.

Nous nous appelons le soir même. Elle m'apprend que la chaîne TF1 - au travers son émission 7 à 8 - présentée par Harry ROSELMACK- souhaite faire un long reportage sur une famille d'adoptant en Haïti. Nous correspondons à ce que recherche l'association, à savoir : des parents combatifs, n'ayant pas leur langue dans leur poche.

Ma décision est prise assez vite. Je ne suis pas dupe une nouvelle fois, les journalistes veulent du « sensationnel » pour faire de l'audience. D'un autre côté j'ai tendance à croire que la médiatisation peut aider notre cause à tous et surtout notre propre dossier. Le plus dur sera de convaincre Angie.

Je demande à la porte-parole le week-end de réflexion.

Cette journée est de nouveau très riche en informations.
Éveline nous fait savoir que notre fils est désormais hébergé exclusivement par la crèche.

C'est une excellente nouvelle, nous nous réjouissons à l'idée que Marvin va pouvoir manger dorénavant à sa faim, avoir une hygiène « correcte », bénéficier d'attention et de soins.
<u>Dimanche 6 juin 2010</u>

Nos compagnons de route Pierre et Nicole sont de retour en France.
Bienvenue à notre petit Régi.

Nous leur souhaitons tout le bonheur du monde.

Le voyage a été éprouvant, chacun doit désormais trouver sa place dans le foyer. Nicole s'empresse de nous donner des nouvelles de notre fils.
Il est craquant, câlin. Elle nous fait une confession à son propos.
Elle a été un peu mal à l'aise en le voyant.
Elle laisse entendre qu'il ressemble énormément à Junel. Elle nous demande donc de nous préparer à la rencontre.
Pour finir, elle va se dépêcher de faire développer toutes les photos prises. Elle nous promet de les envoyer au plus vite.
Toutefois, Il y a fort à parier que nous ne les aurons pas avant notre départ. Nous verrons bien.

Avant de conclure notre conversation nous ne pouvions que prendre des nouvelles de la crèche et de son environnement.

Tous les voyants sont au rouge. Les conditions sur place sont **extrêmement mauvaises.**

Les enfants sont entourés de gravats non déblayés depuis le séisme, la maison d'Éveline est en reconstruction.

Les conditions d'hygiène sont **quasi inexistantes**.
Des odeurs sont présentes et tenaces. Les enfants sont pratiquement tous atteints de problèmes de peau. Il est déconseillé de trop les toucher.
L'électricité n'est présente que pendant trois petites heures l'après-midi.
Il est impossible pour les parents sur place de sortir. L'insécurité est très forte.

Ces propos me renforcent dans l'idée qu'il faut mobiliser encore et encore l'opinion. La décision est prise, nous sommes décidés à faire le reportage pour TF1.
J'en informe Emmanuelle, la porte-parole de l'association. Je lui fais savoir que j'ai fait parvenir des courriers à FR3 et Nice Matin. Je souhaite m'investir publiquement. Aussi je suis preneur de son carnet d'adresses.

Début de semaine, les informations continuent d'affluer.
De nombreux parents de retour de Haïti nous donnent des nouvelles, partagent des photos, nous alertent sur les conditions de vie.

Port au Prince se prépare à l'arrivée d'un cyclone dans les prochains jours. Les autorités ont déclenché une alerte à la population.
Nos nerfs vont être mis encore une fois à rude épreuve.

<u>Mardi 8 juin 2010</u>

Nous sommes aux anges en ouvrant ce matin l'une de nos adresses mail. Nos compagnons de route Pierre et Nicole sont parvenus à nous adresser en fichier les photos de notre fils.

Marvin ressemble énormément à Junel sur certains clichés. Sa petite bouille ronde est à croquer. Il semble timide et perdu à la fois. Comment pourrait-il en être autrement. Cela ne fait que quelques jours qu'il se trouve à la crèche, loin de ses repères.

Nous échangeons longuement par téléphone avec l'un des journalistes travaillant pour TF1. Nous trouvons un terrain d'entente sur les images qui seront tournées.

Nous ne voulons en aucun cas, que les parents présents pendant notre séjour soient sur la défensive et/ou mécontents. J'ai laissé entrevoir des possibilités de diverses actions pendant la durée du séjour. Je sens Fabien très impliqué. Il connaît Haïti pour s'y être rendu à plusieurs reprises antérieurement et postérieurement au séisme.

La seule exigence que je fixe à mon correspondant sera d'obtenir l'autorisation de recevoir des journalistes par ma chère Éveline. Que cette dernière accepte également un reportage sur la crèche.

Il me fait part qu'une partie de son reportage prévu est annulée et qu'il a donc besoin de matière, y compris de différents témoignages, pour finaliser son travail.

Je m'empresse de lui parler de nos amis Mélanie et Aurélien.
Je l'informe qu'Aurélien est très impliqué dans l'associatif.
Je sens mon interlocuteur intéressé. Je me charge donc de mettre en relation les deux parties.
Pour finir, Je communique nos numéros de vol et horaire de départ afin que nous puissions tous partir sur le même vol.

Je me précipite sur mon téléphone afin d'informer Aurélien de ce scoop.

Il est conscient, lui aussi, que l'impact de cette émission peut aider fortement les dossiers en cours. Nous décidons de garder pour l'instant cette initiative médiatique secrète.

Jeudi 10 juin 2010

Aujourd'hui nous ne recevons des parents ni petits colis, ni dossiers à adresser aux enfants ou à Éveline.

Le facteur a toutefois une lettre à nous remettre.
Elle est de format peu commun et semble contenir un bristol.

Nous sommes intrigués et lorsque nous découvrons son contenu je reste sans voix.

Il s'agit d'une carte de visite, format 16.5*11.5, au nom de Jean-Jacques GOLDMAN.

Je ne peux y croire, il a pris le soin de répondre à mon courrier.
Je découvre avec excitation le texte suivant :

C'est une histoire bouleversante,
Ce sont des photos poignantes,
C'est une terrible épreuve.
D'abord recevez ma sympathie pour votre douleur.
Le texte de Angie est plein de sincérité, de violence et d'amour.
Je ne sais pas faire de chansons sur des sujets si durs (si vous vous souvenez « juste après », vous constaterez que la chanson parle uniquement de l'infirmière). Ce sont les images du reportage qui racontent l'histoire.

Veuillez m'excuser pour cette inaptitude, je ne sais pas faire de chanson « à message » ou sur un sujet dramatique. À mon sens je ne pense pas que l'horreur se chante.
Mais sachez que désormais le sourire et l'histoire de Junel sont en moi, je ne sais pas si cela m'inspirera une chanson, mais ce petit Junel existe désormais pour moi.
Bien cordialement – JJG

C'est sans aucun doute le plus beau compliment que Angie a reçu pour « mots pour maux ». On ne peut remettre en doute la sincérité des propos de ce grand monsieur.

Il a été « touché », cela nous émeut forcément.

<u>Vendredi 11 juin 2010 (J-3)</u>

Nous avons la confirmation des journalistes de leur prochain départ en notre compagnie.

Fabien m'informe qu'il a loué un véhicule pour la durée du séjour.

De notre côté, nous avons l'accord d'Éveline sur les bases que nous lui avons transmises.
Nous n'oublions pas ce triste jour d'anniversaire. Nous avons une pensée pour notre fils JUNEL et pour tous ses camarades de jeu.

Cinq mois ont passé mais pour la plupart des parents, malgré un avenir qui se dessine, semble-t-il, meilleur, il est important de commémorer ce jour.

Des bougies seront allumées à travers toute la France.

Samedi 12 juin 2010 (J-2)

J'ai de nouveau un long échange avec le journaliste.
Il souhaiterait que l'équipe de tournage puisse filmer la comparution qui doit se dérouler en présence des parents biologiques de Marvin.

Ce point n'avait jusqu'alors pas été évoqué.
Je dois en référer à la principale intéressée via Aurélien.

Éveline n'est pas favorable du tout à la demande que nous lui transmettons.
Elle nous précise que la comparution se fait au tribunal où les caméras sont probablement interdites.

Mais un autre point chagrine, par-dessus tout, Éveline.

Il est impensable de filmer l'enfant et les parents. Cela aurait pour conséquence de les mettre éventuellement en danger.
J'en prends bonne note, de toutes les manières il y a tant d'images et d'interview possibles une fois sur place.
Je préviens le journaliste de la réponse d'Éveline par retour de mail.

Lundi 14 juin 2010 (Jour J)

Le Day D a sonné. Derniers préparatifs, derniers échanges avec nos amis.

Les valises sont pleines à craquer. Les 25 kg par personne dont nous disposons sont remplis de vêtements, de médicaments, de produits d'hygiène, de cadeaux pour les enfants, de lettres et de dossiers pour Éveline.

Angie a réussi l'exploit d'optimiser le moindre espace disponible. Dans ces moments, je suis heureux d'avoir une femme.

Mesdames vous devez bien servir à cela ?
Je vous entends hurler assis derrière mon écran, allez-y, faites-vous plaisir. C'est cadeau.

Au final désolé de décevoir votre côté féministe, ce n'était qu'un brin d'humour. Croyez-moi cela fait un peu de bien après tant de pleurs.

L'info que nous redoutions un peu nous parvient en fin de matinée.

L'équipe de journaliste annule le reportage. On s'en doutait un peu mais certainement pas le jour du départ.
Ils avaient simplement l'intention d'obtenir des images sur des événements bien précis.

Nous pouvons nous interroger : la misère et le quotidien des enfants les intéressaient-ils vraiment ?

Nous sommes déçus et amers d'avoir gaspillé de l'énergie que nous aurions pu mobiliser autrement.

Nous mangeons sans appétit, ce qui est toujours le cas, lors d'un départ quelle que soit sa destination.

L'heure est venue de quitter notre cocon. Nous sommes conduits à l'aéroport par mon père.

Nous contrôlons une dernière fois l'ensemble de nos bagages.

Nous nous empressons de les enregistrer au comptoir d'Air France.

Aujourd'hui nous faisons uniquement escale à Paris où nous devons rejoindre nos amis. Ce soir nous dormirons dans un hôtel près d'ORLY.
Les conditions météorologiques sont exécrables. Il pleut à verse. Notre vol prévu à 16 h 05 ne cesse d'être retardé. Nous finissons par embarquer avec près d'une heure et demie de retard.
Nous remarquons sur ce vol la présence de Jacques Mailhot, l'humoriste officiant notamment dans l'émission « les grosses têtes ».
Par le plus grand hasard, il s'installe juste derrière le siège de mon épouse.

La discrétion n'est pas son fort cet après-midi-là. Il n'aura de cesse pendant le voyage d'assener des coups de pied dans le dossier de Angie. Il fit toutefois preuve d'un bon mot avant le décollage. Il informa son interlocuteur, au téléphone, du retard important qu'il aurait à l'arrivée suite aux conditions climatiques.

« AIR FRANCE est la seule compagnie que je connaisse qui ne fait voler ses avions que par beau temps ».

Cela ne s'invente pas.

Une fois arrivés à Paris, nous nous empressons de récupérer nos bagages et d'investir notre chambre.

Nous sommes les premiers à l'hôtel, nos amis ont probablement rencontré des perturbations aériennes.

Nous nous retrouvons dans la soirée autour d'un repas au restaurant de l'hôtel. Nous sommes heureux de nous revoir.

Nous sommes surexcités en pensant au périple du lendemain mais surtout la rencontre avec nos timouns.

Pendant le repas, Aurélien reçoit un appel.
Il s'agit d'un couple adoptant endeuillé comme nous.

Le visage expressif d'Aurélien se fige.

Quelle terrible nouvelle !

Ce couple n'arrive plus à faire face à la situation que nous subissons.
Ils s'interrogent sur les délais des procédures, sur les moyens financiers qu'il faudra encore mobiliser pour parvenir au but choisi.

Leur décision a été difficile mais arrêtée. Ils font part à Adrien de leur intention de stopper leur procédure.

Ils demandent juste une faveur à Aurélien.
« S'il te plaît ; embrasse de notre part notre fille en Haïti »
Aurélien accuse le coup puis parlemente.
Il nous prie de l'excuser, se lève et se met à l'écart afin de poursuivre la conversation.
L'ambiance est devenue pesante à table, nous ne parvenons plus à toucher à nos plats.

Après quelques minutes Aurélien finit par nous rejoindre

Il aura fini par convaincre – non sans mal - ce couple de continuer leur aventure sous peine de le regretter sans doute pour le reste de leur existence.

Mardi 15 juin 2010

Mon fils, nous venons vers toi, le sais-tu seulement ?

La nuit fut une nouvelle fois bien courte. Nous nous levons très tôt. Notre vol est prévu à 09 h 00. Point de petit-déjeuner à l'hôtel, nous nous contenterons d'un café et d'une viennoiserie une fois nos bagages et billets enregistrés au comptoir d'AIR CARAÏBES.

Nous savons d'ores et déjà que nous allons faire un voyage épuisant.

Après un voyage agréable d'environ 8 heures, nous atterrissons sur le petit aéroport de St Martin. Il a pour particularité de voir les avions frôler les touristes présents sur la plage de sable et de se poser sur une piste très courte.

Tous ceux qui ont eu la chance d'atterrir à cet endroit vous diront que c'est impressionnant. Le freinage de l'avion est « costaud »
Il nous faut à présent nous rendre en zone de transit et patienter environ deux heures avant de rejoindre notre destination finale Port- au-Prince.
Les filles ont soif, la couleur de la mer et la chaleur les incitent au farniente et à un cocktail. Autour d'un verre bien mérité nous passons le temps à bavarder. Aurélien pour sa part préfère regarder la télévision du bar.

J'apprends que la coupe du monde de football a débuté depuis quelques jours et notre amateur de ballon rond ne veut rater l'occasion de voir quelques bribes du match diffusé.

Il est temps d'embarquer pour notre point de chute final. Le vol est d'une durée de deux heures trente. La joie se transforme petit à petit en doute, en une forme de panique. Nous nous renfermons tous dans nos coquilles. Aurélien s'adonne à l'écriture. Mélanie et Angie bouquinent. Je tente de visionner un film disponible. Nous commençons tous à appréhender anxieusement notre arrivée. L'avion survole les eaux turquoise des Caraïbes, les paysages sont idylliques.

Nous survolons St Domingue, la végétation est toujours présente et luxuriante. D'un coup, Le paysage change, les terres deviennent arides, la déforestation est visible à travers les hublots. Nous sommes en phase d'atterrissage.

Haïti, pourquoi l'homme t'a-t-il autant défigurée ?

Le survol de Port-au-Prince nous laisse entrevoir les profonds stigmates du tremblement de terre. Des pans entiers d'habitations sont à terre. Des nuées de tentes envahissent les espaces libres de bétons.
L'avion se pose sans encombre. Il se parque à l'écart du terminal Toussaint Louverture. Nous découvrons d'énormes hangars construits à la hâte, sans doute par l'armée Américaine.
À la descente d'avion, nous voyons très vite d'immenses fissures dans les bâtiments historiques, sur des parties des pistes. Cela fait froid dans le dos.
Nous sommes convoyés vers l'un des grands bâtiments en tôle. Les contrôles des passeports sont existants mais sommaires. Nous voilà dans le hall ou nous sommes censés retrouver notre chère Éveline.
Je la cherche du regard et je l'aperçois, notre chère maman noire. Elle est souriante comme à son habitude. Elle est assise sur un siège pliable et fait la conversation avec les gens qui l'entourent.

Les quatre mousquetaires que nous sommes s'empressent de la prendre dans nos bras.
À partir de cet instant, il va falloir s'armer de patience. Il n'y a point de tapis roulant destinés à nos valises. Les porteurs ont été remis au goût du jour. Je vous laisse imaginer le temps que cela peut prendre.
La chaleur est étouffante dans les Caraïbes. Une averse d'une rare intensité s'invite sans prévenir. Cela va nécessairement ralentir le travail de nos amis porteurs.

Au fur et à mesure les bagages arrivent et sont déposés à même le sol. Dans une indiscipline organisée chacun tente tant bien que mal de récupérer ses effets personnels.

Nous parvenons à sortir de l'aéroport. Des bagagistes missionnés par Éveline s'occupent de nos six valises et six sacs à dos.

Des ravines se sont formées sur ce qu'il reste du parking en terre de l'aéroport. Nous sommes trempés de la tête aux pieds. La désolation fait jour à chaque parcelle, à chaque coin de rue.

Les bâtiments ne sont que souvenirs. Les tentes en nombres, limitrophes à l'aéroport, sont toujours présentes mais beaucoup plus serrées les unes aux autres. Comme par magie, par endroits, les immeubles sont restés en place alors que juste en face, ils ont été rayés de l'urbanisme de la ville. Heureusement que nous voyageons en 4*4. Les routes sont défoncées.

L'anarchie règne sur le bitume. Chacun est maître de son véhicule et se croit permis de faire des entorses au Code de la route. C'est insensé, des voitures roulent en contresens. Croyez-moi, nous serrons tous nos fesses.

Nous sortons enfin de la ville, nous prenons quelque peu de hauteur. Nous avons quelques points de repère.

Nous nous apprêtons à prendre le dernier virage pour rejoindre notre destination finale. J'ai en mémoire le portail rouge de l'entrée principale de la crèche et ces voix de nos enfants nous attendant derrière en chantant des chansons créoles. C'était il y a 5 mois, cela semble une éternité. J'ai une pensée si forte pour Junel. Je suis envahi par l'émotion.

Ce n'est pas le moment !

Les deux véhicules s'arrêtent une cinquantaine de mètres plus bas. Les chauffeurs klaxonnent pour marquer leur arrivée. Un grand portail s'ouvre en son milieu afin de nous accueillir.
Il fait déjà nuit, nous avons passé un temps infini à l'aéroport sans compter le retard d'avion. Je crois reconnaître l'arrière de la crèche.

Cet endroit où nos enfants jouaient, où les parents discutaient dans le jardin. J'aperçois la petite maison où logeait à l'époque la belle-mère d'Éveline. Nous sommes littéralement éreintés. Nous sommes conduits vers la petite maison où nous une collation nous a été préparée. Nous dormirons dans une grande tente militaire ou de la croix rouge (ma mémoire me fait défaut sur ce point) aménagée pour six personnes.

Nos enfants dorment déjà. Ils sont logés dans plusieurs baraques en bois construites et aménagées par des pompiers volontaires de plusieurs départements français.

Les nounous à nos petits soins, souhaitent que nos enfants nous soient amenés. Tous les quatre décidons qu'il serait mieux de les laisser dormir. Il sera temps demain matin de faire les présentations.
Une dizaine de minutes plus tard, deux ados nous rejoignent sur la terrasse avec à leur bras nos deux timouns.
Ils dorment à poings fermés. L'un d'eux nous tend précautionneusement notre fils Marvin.

Il est content de me présenter « tête piquante » surnom donné au petit. Sa chevelure est rasée laissant entrevoir son crâne.
Nous nous sentons mal à l'aise avec Angie.

Je rétorque gentiment à notre hôte « mais ce n'est pas tête piquante. Il est mort ».
Ce diminutif avait déjà été donné à Junel.

Mais pourquoi cette méprise ?

Nous nous décomposons. À la faible lueur des bougies nous découvrons le visage de Marvin. La ressemblance avec Junel est troublante, voire dérangeante. Nous nous mettons à pleurer toutes les larmes de nos corps. Marvin entrebâille ses yeux sans comprendre la situation.

Quant à nos amis, ils découvrent le visage d'ange de leur fils.

Ce soir, les ablutions sont au strict minimum. Nous avons à disposition une douche et un cabinet de toilette sans porte dans la petite maison.

Nous faisons le choix de ne pas dormir avec notre fils. Il sera certainement mieux dans la petite maison entourée de ses copains.

Nous rejoignons notre chambre « nuptiale » que nous partagerons avec nos amis. Le rêve, deux grands lits ont été aménagés de manière sommaire sous cette énorme tente. Il fait une chaleur de bête. Une moustiquaire entoure notre lit, posée sur des briques. Le sol n'offre aucun confort pour nos pieds, il est couvert de cailloux. Tiens ! je viens de voir passer un rat.

Il nous est quasi impossible de dormir. Le lit est étroit, nous sommes serrés comme dans une boîte de sardines. Nous sommes en sueur du fait de la chaleur humide des tropiques. Nous mettons à portée de main nos lampes frontales dans le cas d'un besoin présent cette nuit. La nature sera à notre disposition.

Mercredi 16 juin 2010

Le lendemain matin, nous nous retrouvons autour d'un petit-déjeuner toujours aussi copieux. Il est temps d'aller à la rencontre de Marvin. Pour ce faire nous remontons l'allée qui mène à la maison d'Éveline. Sur la droite se trouvent tous les petits baraquements pour les enfants qui semblent être beaucoup plus nombreux qu'avant le séisme.

Marvin est réveillé. Nous le prenons avec nous. Il n'est pas farouche mais extrêmement timide. Nous avons des petits cadeaux pour lui. Nous lui donnons une casquette spiderman et une paire de lunettes de soleil.

Il est encore tôt ce matin et bon nombre d'enfants sont autour d'un grand tonneau et se douchent avec un seau. D'autres s'échangent brosses à dents, serviettes pour se sécher. La plupart sont enrhumés, les bronches encombrées mais il n'y a aucune raison que l'hygiène soit négligée.

Nous poursuivons l'état des lieux de la crèche. Nous apercevons la maison d'Éveline où dormaient les nourrissons. Elle est encore debout mais renforcée de toutes parts par des étais. Les nounous et le personnel de la crèche sont à l'œuvre. Elles s'organisent pour les lessives, les repas et tout cela en plein air.

Sur la droite de la maison, c'est la désolation. Je découvre le bâtiment servant de dortoir pour nos enfants avant le séisme. Il ne reste qu'un tas de gravats. Une partie des décombres a déjà été retirée mais il y a tant à faire. Mon sang se glace dans mes veines.

Je sais qu'il y a encore des corps ensevelis. Cela ne peut en être autrement. Tout cela dépasse l'entendement.

Nous longeons la crèche en nous frayant un chemin afin de déboucher sur l'entrée principale. Je redécouvre avec tristesse le portail rouge fermé. Je me revois six mois en arrière serrant dans mes bras mon petit bout. Je lève les yeux vers la terrasse où nous prenions nos aises. Un mobile d'enfant est toujours accroché au plafond. Je n'ai pas les mots pour décrire l'atmosphère générale. Cette bâtisse n'est plus occupée par

Éveline car elle est devenue trop dangereuse mais l'âme des enfants occupe tous les espaces.

Ma chère Éveline occupe, avec une grande partie de sa famille, une petite maison quelques mètres plus loin. Ces quelques mètres qui auraient changé le cours des événements pour nos enfants si le destin l'avait décidé.

Nos dossiers sont rentrés à L'IBESR d'après Éveline. La comparution aura lieu demain matin pour nos amis et nous-même. Les parents biologiques de chaque enfant seront présents comme le veut la procédure.

Nous profitons de cette journée pour faire plus ample connaissance avec notre enfant. Nous restons à l'abri du soleil dans la petite maison au bout du jardin. Nos fils jouent paisiblement. Nous profitons pour faire du rangement dans une des pièces qui sert d'infirmerie et de réserve de médicaments. Le travail ne manque pas.
Yannick, l'enfant de Mélanie et Aurélien, est hyperactif, débrouillard. Il a un sourire à faire fondre un esquimau sur la banquise.

Marvin a un caractère diamétralement opposé. Les deux enfants ont un an d'écart. Marvin, plus âgé, a plus de facilité à s'exprimer que Yannick. Cela a pour effet de motiver ce dernier à faire de même. J'invente une petite chanson créole « machine monter, machine descendre – camion monter camion descendre ». La mélodie est facile et notre fils la chante avec plaisir.

Les repas du jour sont l'occasion pour les enfants de manger des aliments si différents de leur quotidien.

Le soir venu, nous décompresserons autour d'un bon verre de rosé frais accompagné d'un bout de saucisson et de biscuits apéritifs.

Jeudi 17 juin 2010

Je prends ma douche tôt pour bénéficier d'une certaine intimité du fait de l'absence de porte. Je ne veux pas provoquer un malaise à la vue de mon corps musclé. Une fois savonné, j'ouvre l'eau. Plus une goutte d'eau ne sort du pommeau de douche, plus aucune pression.

Je bloque l'accès aux toilettes à mon entourage. Cela fait bien rire ma femme et nos amis. Heureusement quelques minutes suffiront à me rendre présentable.
Nous sommes fins prêts pour nous rendre à la comparution. Avant de partir, nous confions notre fils à la nounou. Nous rejoignons Éveline dans ses appartements. Bien évidemment le départ prévu pour 10 h 00 précise est très largement compromis. J'avais oublié que notre hôtesse n'est pas une fanatique des montres.

Nous faisons la connaissance des parents biologiques de Marvin. Ils parlent Français mais après quelques politesses de part et d'autre, le silence s'installe. Éveline a enfin décidé d'annoncer notre départ. Le convoi est composé de 2 véhicules. L'un est mis à disposition pour les parents adoptants, l'autre pour les parents biologiques, Éveline et son mari. Monsieur JANJAN est en effet réquisitionné en tant que chauffeur.

Notre amie Mélanie ne se sépare jamais de son appareil photo. Elle mitraille sans cesse une maison, un arbre... un vrai reporter. Son appareil tel un viseur dépasse de la vitre de notre véhicule. Au détour d'un chemin boisé, nous sommes arrêtés par des casques bleus. Ils ont élu domicile dans cette partie de Port-au-Prince. L'un des militaires à la mine patibulaire s'approche du chauffeur, lui demande les papiers du véhicule puis il s'approche de mon amie, son appareil photo toujours à la main. Il l'interpelle « Vous n'avez rien d'autre à faire que de prendre des photos, trouvez-vous qu'il s'agit du bon endroit et du moment pour cela ». Il est passablement énervé. Il poursuit « j'espère que vous n'êtes pas en mode vidéo ». Mélanie s'empresse de démentir. Nous sommes fortement réprimandés.

Nous repartons soulagés. Mel, passé le moment de stress nous avoue avec son sourire espiègle qu'elle était bien en mode vidéo. Elle a donc, de ce fait, enregistré notre confrontation avec le militaire.

Je comprends ces hommes, ces militaires de la paix. Ils exercent leur métier dans des pays en instabilité politique, en guerre. Leur base, apprend-on de notre chauffeur, a été totalement détruite et Mél sans le savoir était en train de mitrailler les ruines de leur camp.

La comparution ne sera qu'une simple formalité. Nous n'avons pu nous rendre au tribunal, ce dernier n'étant plus opérationnel. L'administration a aménagé un simple bureau dans un quartier de Port-au-Prince. Chacun notre tour, accompagnés d'Éveline nous avons été amenés à signer un cahier d'écolier vierge d'écritures à l'exception de nos identités respectives. Moins de 10 minutes plus tard, nous voilà, tous, ressortis, le devoir accompli, si j'ose dire ainsi. Éveline souhaite que nous allions faire des courses pour la crèche.

Nous nous séparons des parents bios qui sont ramenés par l'un des véhicules à la crèche.

De notre côté, nous continuons à découvrir Port-au-Prince dévasté. Les images vues à la télévision ne sont rien par rapport à la réalité.

La misère déjà présente lors de notre premier séjour est démultipliée. La ville semble avoir été en guerre. Il règne une agitation sans nom dans ce paysage apocalyptique. Des vendeurs de rues sont présents à chaque feu rouge. Leurs marchandises se résument à quelques plateaux-repas, des ustensiles de cuisine.

Éveline ne peut s'empêcher de donner une petite pièce ou d'acquérir quelques objets qui semblent bien inutiles pour elle.

De chaque côté de la route, des magasins de matelas en vrac, de meubles... s'offrent au regard de chacun.
Nous nous rendons dans le quartier du port où se trouve le supermarché. Éveline interpelle un vendeur de pastèque. Elle offre à chacun de nous une tranche de ce fruit afin de nous rafraîchir. Un dilemme se pose à moi une fois mon morceau terminé. Je cherche une poubelle afin de jeter la peau du fruit.

J'en rigole encore. Tout autour de moi le sol regorge de gravats et de détritus et en petit Européen que je suis, gâté par la vie, je cherche désespérément une poubelle !

Nous voilà arrivés devant le grand magasin. Nous sommes accueillis par un garde muni d'un fusil d'assaut. Nous devons laisser nos sacs à dos dans des consignes prévues à cet effet. Nous sommes scrutés attentivement de la tête aux pieds avant de pouvoir accéder au magasin.

Je pensais avoir tout vu ce matin-là, il n'en sera rien.

Le supermarché s'apparente à un entrepôt. Muni de deux chariots version XXL comme ceux disponibles chez METRO — nous entamons nos achats. Je suis stupéfait. Il y a profusions de nourritures même les plus inattendues. En effet, il est possible d'acquérir du champagne et autres victuailles hors de prix.

Je comprends mieux le garde à l'entrée. Autant de nourritures réservées à « l'élite » de la ville alors que tant de pauvres hantent les rues. Une fois les chariots remplis de sacs de riz, de haricots rouges et nourriture de base nous nous dirigeons vers la caisse.
Monsieur JANJAN commence à marchander avec la caissière.

Il tente d'obtenir les meilleurs prix compte tenu des quantités achetées. La négociation entamée en créole Haïtien ressemble à une dispute. Les clients, derrière nous, attendent paisiblement leur tour.

Le marché est enfin conclu entre les deux parties. Monsieur JANJAN dispose de dollars US pour règlement. Afin de payer, il doit préalablement se rendre à un bureau de change près des caisses afin de les échanger contre des gourdes (monnaie locale). Cette expérience restera unique. Essayez de transposer cela dans nos chaînes de magasins en France.

En cette fin d'après-midi, Éveline souhaite s'entretenir avec nous et nos amis sur la procédure en cours. Les enfants sont en notre compagnie. Nous ne souhaitons pas qu'ils nous accompagnent.

Aussi je décide de rester seul avec les 2 petits qui s'entendent toujours à merveille. Ils ne trouvent rien de mieux que d'avoir envie en même temps d'aller aux toilettes. Je semble comprendre que le mien veut faire simplement la petite commission à l'inverse de son comparse. Je m'organise. Je mène les deux vers les toilettes. Je fais faire pipi à mon fils et demande à Yannick d'attendre son tour. Le petit monstre décide de disparaître une fois le dos tourné pour m'occuper de mon fils.

Où se cache le monstre ? Je l'appelle, le cherche. Notre petit Yannick est de retour avec un immense sourire qui illumine son visage.

Je tiens à le mener à son tour au petit coin. Il me fait comprendre qu'il ne veut plus. Et pour cause ce petit coquin n'a rien trouvé de mieux que de se soulager dans une des pièces de la maison.

Mais laquelle ?

Me voilà muni de ma lampe frontale à la recherche des excréments.

Les enfants s'amusent de cette situation. Ils se délecteront en me voyant nettoyer le sol à quatre pattes. Ils riront davantage lorsqu'il me faudra doucher Yannick tout crotté !

Enfin tout est sous contrôle, je m'installe en leur compagnie sur un transat.

Au retour de ma femme et de mes amis, Aurélien s'interroge en voyant son fils. « Il ne me semble pas que le petit fut habillé ainsi avant notre départ ? ». Non sans blague !
J'imagine l'espace de quelques secondes sa réaction, confrontée à la même situation.

Je suis taquin, je peux vous avouer qu'il est pris de hauts le cœur dès qu'il aperçoit la moindre couche souillée de son fils.

Nous nous sommes beaucoup moqués de lui – y compris sa femme - en le voyant tenir son fils à bout de bras tel un vulgaire paquet de lessive. Mélanie l'a interpellé sur ce sujet « mais comment feras-tu lorsque tu seras seul à la maison ? ». La réponse fut d'une limpidité : « j'appellerai ta mère ».

Vendredi 18 juin 2010

Aujourd'hui nous préparons deux événements.

Cet après-midi, nous avons prévu de faire une petite collation avec les enfants.

Nous avons réuni quelques paquets de gâteaux, des bonbons ainsi que des boissons gazeuses.
Il est prévu de faire la distribution des cadeaux des parents adoptants qu'Angie et Mélanie ont réceptionnés avant le départ. Cela doit être un moment de fête pour ces enfants. Mélanie est chargée de faire les photos.

Il y aura beaucoup de rire, des chants, de joie.

Le deuxième événement est plus solennel.
Nous l'avions préparé avec Angie et Mél. Nous tenions à organiser, pendant notre séjour, une petite cérémonie en l'hommage des enfants.

Nous attendons le début de soirée pour l'organiser.
C'est probablement l'un des moments les plus calmes de la journée.
Pourtant l'emplacement choisi est fréquenté par les enfants et ados à longueur de temps.

Un grand arbre domine la partie inférieure du jardin. Nous sortons une petite boîte contenant 56 bougies pour autant de vie brisée.
Un cœur sera formé avec 54 d'entre elles. 2 autres seront alignées juste devant. Ces petits cierges symboliseront Junel et l'enfant de nos amis.

Ces cœurs illuminés, lumières vacillantes de nos anges seront accompagnés d'une prière récitée par ma femme. Nous en avions besoin.

Aurélien restera en retrait, mal à l'aise avec cet hommage funèbre.

Nous comprenons. Il se chargera de "canaliser" les ados et enfants curieux, encore présents dans le jardin.

Nous discuterons de cette cérémonie avec Éveline.
Elle nous apprendra que la plupart des Haïtiens considèrent que notre rituel est perçu comme un appel aux défunts.
Ils ont tout simplement peur des esprits.

Je ne suis pas certain que cela en soit la raison.

Il y en a une autre bien plus taboue et cachée.

Aujourd'hui encore, en Haïti, le vaudou est très vivace principalement dans les couches les plus populaires de la société.
Ce culte fascine par ses rituels magiques, mais surtout parce que le vaudou est associé aux zombis.

Les sorciers « les bokors » prétendent pouvoir tirer de leur tombe les morts pour en faire des esclaves.

Bien qu'il soit associé à la magie noire par les Européens, le vaudou a pour principale fonction de protéger ses adeptes de toutes les formes de sorcellerie.
Nous en avions été, sans doute, indirectement témoin lors de notre premier séjour.
Plusieurs soirs d'affilée nous entendions des incantations provenant d'une maison – éclairée à la bougie – se trouvant face à la terrasse de la crèche.
Angie a tenté d'en discuter à plusieurs reprises avec Éveline, sans succès.

C'est semble-t-il le sujet sensible.
D'autant que de nombreux adeptes de ce culte vont régulièrement à l'Église sans se sentir le moins du monde en contradiction avec eux-mêmes.

Au final les zombis sont-ils mythes ou réalité ?

Il y a avant tout une explication scientifique.
Le zombi est une personne, plongée dans un état cataleptique et privé de son âme par administration d'une puissante drogue à base de tétrodotoxine.

La victime, qui passe pour morte, est ensuite enterrée ; au bout d'un certain temps (moins de 24 heures sous peine de mourir d'anoxie), le sorcier revient déterrer le corps de sa victime « à ressusciter » tout en récitant diverses formules magiques.

Extrait de sa tombe, on lui administre aussitôt, puis encore le lendemain, une pâte ou un liquide à base d'atropine ou de datura, antidote qui élimine les effets du poison et le fait sortir de sa léthargie.

Enfin on lui donne une drogue hypnotique qui rend la victime amnésique et la réduit en esclavage, cet état étant facilité par les lésions cérébrales hypoxiques dues à la consommation de l'oxygène dans le cercueil.

Samedi 19 juin 2010

Bon anniversaire mon amour.
Cela fait jour pour jour six ans que nous nous sommes mariés. J'ai toujours eu envie de te surprendre en t'invitant dans un lieu unique. Cette année je pense y être parvenu. Nous décidons d'immortaliser cet événement en nous faisant photographier par notre chère Mélanie. Nous avons mis en scène, je pense, la photo la plus décalée que nous pouvions faire. Nous nous enlaçons, je tiens un ballon gonflable à la main. En arrière-plan on devine les habitations voisines, les palmiers. Entre les deux, une ravine souillée de détritus où deux cochons sauvages sont en train de se délecter de quelques déchets ménagers. Cette photo aurait pu valoir le prix Albert Londres.

Ces trois jours auront filé à la vitesse de la lumière.

Nous embrassons nos enfants. Nous ne voulons en aucun cas qu'ils nous voient partir. Les nounous sont là pour les occuper.

En cette fin d'après-midi, je ne promettrai pas à mon fils de venir le chercher.
On apprend de ses erreurs du passé.
Je lui dirai simplement que papa et maman seront bientôt de retour. Ce n'est qu'un au revoir et non un adieu.

Pendant notre séjour, la terre ne s'est pas arrêtée de tourner sur nos petites misères.

C'est ainsi que j'apprends que la sommation interpellative à l'encontre du Ministre des Affaires Étrangères est arrivée à échéance.

L'association a reçu une lettre qui ne répond en rien aux demandes.

Le cabinet du ministre n'a même pas daigné proposer un rendez-vous.
Maître KOUBBI considère dès lors, qu'il n'y a plus lieu de considérer le Ministre KOUCHNER comme son interlocuteur dans le dossier.

Il constate l'incapacité manifeste du Ministre à obtenir un règlement rapide, efficace et respectant le droit des enfants concernés qui sont tous d'ores et déjà apparentés à des familles françaises.

Devant cette situation intolérable et proprement honteuse, des contacts ont été noués avec de plus hautes instances, ce qui ne dédouanera pas la mise en cause de la responsabilité du ministre des Affaires Étrangères.
L'avocat des familles, à défaut d'avancées significatives dit avoir reçu mandat de se rendre en Haïti en présence des parents qui le souhaitent et de journalistes.

<u>Lundi 21 juin 2010</u>

Les flashs d'actualités, les journaux télévisés sont en ébullition depuis hier soir. Le monde entier commente l'indéfendable. Ne soyez pas crédule, il ne s'agit nullement de nos enfants en danger de mort.

Un sujet bien plus grave monopolise l'attention des Français.

Il s'agit de la grève des joueurs de l'équipe de France de football en pleine coupe du monde en Afrique du Sud.
Quelques guignols osent défier l'autorité de leur sélectionneur et refusent de descendre de leur bus afin de s'entraîner.

Vivons-nous réellement sur la même planète ?

Le Quai d'Orsay, quant à lui, à travers un communiqué, demande à l'association et à leur avocat d'être prudent en Haïti. Le MAE pense que cette initiative au final sera contre-productive et que l'accélération des procédures dépend de négociations intergouvernementales franco- haïtiennes... La langue de bois et l'inertie se poursuivent donc au sommet de l'État français.

Mardi 22 juin 2010

Je fais le point sur les nombreux courriers que j'ai adressé avant le départ aux instances politiques de tous bords.
Nous ne sommes malheureusement pas en période électorale cela explique certainement pourquoi je n'obtiendrai qu'une seule proposition de RDV.
Il s'agit d'un élu de gauche du Conseil Général et ancien candidat à la mairie de Nice.
Nous décidons de nous rencontrer d'ici quelques jours.

Je relance J.J BOURDIN qui souhaitait, lors de mon interview, que je l'informe de la situation en Haïti dès mon retour.
Le silence est d'or. Je pensais pourtant ce journaliste sérieux et respectueux de ses engagements.
Ni la rédaction de France 3, ni le journal Nice-Matin ne prendra soin de me répondre.

Mercredi 23 juin 2010

Après avoir traité l'humain, il me faut à présent me pencher sur le côté financier.

Notre deuxième voyage en Haïti ne nous a toujours pas permis de rencontrer notre avocat. Nous sommes conscients qu'il faut de nouveau remettre "la main à la poche" pour la seconde procédure.

Cela paraît normal puisque des frais doivent être de nouveau engagés. Je tente de trouver une solution avec notre avocat afin de les amoindrir.

Même si nous avons des économies, ces dernières ne sont pas mobilisables du jour au lendemain. Faire face à ces imprévus est possible mais pas avant plusieurs mois.
De nombreux parents endeuillés sont excédés.

Pour ceux qui ont préféré passer par un O.A.A, la note est salée.

Les organisations réclament aux parents, de nouveau plus de, 6 500,00 euros. Inacceptables pour beaucoup.

Les parents en « individuels » doivent négocier avec la crèche et l'avocat.

Nous sommes tous conscients que les frais de fonctionnement de la crèche sont importants mais nous savons aussi que des associations caritatives soutiennent de manière importante Notre Dame de la Nativité.

Éveline reste toujours gênée et sur la défensive. Le manque de communication et les non-dits sont d'insidieux poisons.

La révolte gronde de nouveau et le mouvement s'amplifie à tel point que je reçois un appel téléphonique de Francesca, membre de l'association Enfants Familles Adoption 06.
Elle me déclare être informée des rumeurs portant sur l'enrichissement d'Éveline. Elle serait aujourd'hui plus préoccupée pour prendre de l'argent aux familles que de faire avancer les dossiers.

Par ces faits, elle ne serait plus en « odeur de sainteté » dans les différentes administrations haïtiennes.

Je ne peux et ne veux laisser passer de tels propos. Je continue et continuerai à soutenir la directrice de cette crèche.
Il suffit de se rendre sur place pour se rendre compte que tous les propos tenus sont infondés et orduriers.
J'en avise Aurélien qui se trouve être membre d'une des associations qui soutient la crèche.
Nous ne pouvons pas rester sans rien dire.

Je décide d'en informer immédiatement Éveline.
Elle doit dorénavant se méfier de certaines connaissances, maîtriser sa communication et surtout clarifier la situation avec l'avocat des familles et les OAA.

<u>Vendredi 25 juin 2010</u>

Le forum, lieu de convivialité, d'entraide, d'information n'est plus que calomnies, de défouloir où chacun rajoute du bois sur les braises rougeoyantes. Hier nous étions tous unis pour la même cause.
Aujourd'hui deux clans s'opposent alors que nos enfants ont besoin de nous.

Avec Angie nous ne cessons d'échanger avec Aurélien et Mélanie, nos amis de route.

Notre décision est prise. Nous décidons de quitter le forum mais sans avoir au préalable posté un dernier message pour nous en expliquer.

Vendredi 25 juin 2010 à 09 h 18

ALEA JACTA EST - NOUS VOUS DISONS ADIEU

Chers parents du forum. Nous pensions avec Angie que nous avions tous un seul point de convergence commun.
Avoir nos enfants parmi nous le plus rapidement possible en faisant confiance à Éveline.

Celle qui les protège, les nourrit, les soigne, les aime comme ses propres enfants.
Celle qui a aimé et pleuré notre fils et les autres timouns trop tôt disparus

MALHEUREUSEMENT

Aujourd'hui se propagent des rumeurs. La presse à scandale est là. Celle qui fait vendre jusque sur le forum.
La meute de loup est là, prête à déchiqueter celle qu'ils ont lovée hier.
À vous les animaux assoiffés de sang, vous trouverez ci-dessous des mots ayant un sens.

Leur définition n'est pas mienne mais celle du dictionnaire petit Larousse illustré.

BASSESSE : manque d'élévation morale, action vile déshonorante.

CALOMNIE : fausse accusation qui blesse la réputation, l'honneur

<u>DIFFAMER</u> : porter atteinte à la réputation d'une personne par des paroles, des écrits non fondés, mensongers.

<u>ÉGOCENTRISME</u> : tendance à centrer tout sur soi-même, à juger tout par rapport à soi ou à son propre intérêt.
<u>ENRICHISSEMENT</u> : action de devenir riche (intellectuellement)

<u>HURLER AVEC LES LOUPS</u> : se joindre aux autres pour critiquer, pour attaquer.

<u>IGNOMINIE</u> : État de quelqu'un qui a perdu tout honneur pour avoir commis une action infamante

<u>IGNORANCE</u> : défaut général de connaissance ; manque d'instruction

<u>COLUCHE</u> : grand humoriste français "QUAND ON N'A RIEN A DIRE ON FERME SA GUEULE..."

Pour ceux que cela dérange, je rappelle à ces derniers qu'il n'y a que la vérité qui blesse.

Pour ceux qui liront ce message jusqu'au bout veuillez trouver ci-dessous quelques mots du dictionnaire, inconnus de nos prédateurs :

<u>ALTRUISME</u> : disposition de caractère qui pousse à s'intéresser aux autres, à se montrer généreux et désintéressé

<u>AMOUR</u> : mouvement de dévotion, de dévouement qui porte vers une autre personne

<u>BONTÉ</u> : caractère d'une personne bonne ; bienveillante

<u>DÉVOUEMENT</u> : action de se dévouer (se consacrer entièrement par abnégation d'une tâche pénible, difficile)

<u>GÉNÉREUSE</u> : qui fait preuve d'altruisme, de noblesse de sentiment, qui manifeste une propension à donner largement

<u>GRANDEUR</u> : qualité de quelqu'un qui se distingue par son influence, son rang, sa valeur, son importance

<u>HONNÊTE</u> : qui est conforme ou qui se conforme aux règles de la morale, de la probité
<u>HONNÊTE FEMME</u> : d'un esprit cultivé qui représentait l'idéal de l'époque classique

<u>MÈRE</u> : femme qui a mis au monde ou qui a adopté un ou plusieurs enfants

<u>SANS PARTAGE</u> : sans restriction, sans réserve, entière, totale

Ces mots sont pour notre Maman noire ÉVELINE. Nous avons confiance en elle. Pour ceux qui ne l'ont plus, pourquoi continuer ? Pourquoi continuer à l'enrichir ?

<u>J.J.GOLDMAN</u> : chanteur, compositeur, interprète : "A CEUX QUI RESTERONT FIDÈLES QUAND IL SERA MOINS FACILE DE L'ÊTRE "

Voilà, Angie et moi quittons le forum comme d'autres l'ont déjà fait.
Vous ne lirez plus mes coups de gueule, n'entendrez plus mes interventions dans les médias.

Nous nous retirons avec SAGESSE.

Pour les merveilleuses connaissances que nous avons faites et qui ne se sentent nullement visées par ce long message, mon mail et mon téléphone vous restent ouverts.
ADIEU - Patrick et ANGIE

Comme je le pressentais, ce message fait grand bruit.

Il fait office de contre-feu et c'était bien là mon intention. Toutes nos connaissances s'empressent de nous écrire en privé. Le lien n'est pas coupé.

Dans le cas où les modérateurs du forum me retireraient l'accès aux informations, Angie continuera d'être présente non pour intervenir mais pour garder un œil attentif sur les débats.

Le week-end n'effacera ni ne pansera les plaies.

Lundi 28 juin 2010

Le livre en hommage aux enfants est enfin disponible. J'en commande quatre exemplaires.

Éveline est abattue. Nous lui avons adressé un message de soutien. Nous l'avons appelée longuement, elle a un instant pensé à tout arrêter. Nous allons nous battre à ses côtés et nous ne sommes pas les seuls.

Nous avons également échangé quelques mots sur notre fils.

Il était souffrant ce matin. Il a été conduit chez le pédiatre pour plus de sécurité. Il n'y a pas lieu de s'inquiéter. Éveline veille. À la fin de notre discussion notre maman putative sembla « apaisée ».

Mercredi 30 juin 2010

Le dossier de Mélanie et Aurélien est rentré aujourd'hui à l'IBESR. Le nôtre devrait normalement suivre demain ou après-demain.

Jeudi 01er juillet 2 010

Il y a quelques jours j'ai sollicité un entretien avec mon Directeur Général Adjoint afin d'évoquer mon avenir professionnel. Il a eu l'extrême courtoisie de me fixer un entretien ce matin malgré son emploi du temps. Je suis fébrile en entrant dans son bureau.

Nous nous asseyons autour de la table de réunion. Il me connaît bien depuis plusieurs années. Je souhaiterais dissiper quelques doutes sur un point qu'il ne m'appartient pas ici de soulever.

Monsieur GOLY, m'arrête très vite. Il ne pense pas que cela soit ma priorité profonde, il connaît mon désarroi, celui de mon épouse. Je dois monopoliser toute mon énergie pour ramener mon fils en France, nous évoquerons certain sujet plus tard. Il tente de m'insuffler de la confiance, de la force. Il me parlera voile, la nécessité parfois de tirer des bords.
Nous évoquerons les rumeurs perfides qui peuvent circuler dans l'entreprise. Il en est lui-même témoin. Il me fera quelques confidences qu'aujourd'hui encore je garde secrètement.

Nous nous séparons et j'ai la ferme conviction ce jour-là que ce monsieur est encore plus admirable que je ne l'avais imaginé.

Les propos de mon haut responsable prendront sans le savoir un poids supplémentaire en rentrant chez moi.

En effet, le sort s'acharne sur les parents en cours d'adoption. Je viens de prendre connaissance d'un message atterrant.
Devant le désordre que provoquent les familles en gérant elles-mêmes leur comparution.

Sans compter sur les interventions des couples en procédure dite « individuelle ».Ils n'ont rien trouvé de mieux que

d'interpeller de manière incessante et irresponsable la Doyenne du tribunal de Port-au-Prince.
Ils sont outrés de devoir comparaître, à nouveau sur place, en Haïti.

Par l'inconscience de ces imbéciles, la Doyenne exigerait donc de rencontrer tous les adoptants !

Les bras m'en tombent. Les gens sont vraiment trop bêtes.

Des inconscients qui vont, une fois de plus, poser des problèmes aux autres. Il ne me serait vraiment jamais venu à l'idée d'intervenir auprès de la doyenne, et nombre d'entre nous sont du même avis.

Cette étape était depuis longtemps obligatoire dans toutes les régions de Haïti à l'exception de Port-au-Prince, cela aurait évité nombre de problèmes passés, présents et à venir. Si l'information se confirme, cela va nous contraindre à repartir en Haïti alors que nous venions à peine d'en revenir.

Cela serait le troisième voyage. Mais comme on le dit, la connerie de certains n'a pas de prix.

Mon compte en banque est sur la réserve en ce début d'été.
 Il y a à craindre une sévère sécheresse cette année.
Je vais devoir tenter de maîtriser les départs de feux.
Week-end du 3 au 4 juillet 2010

Merci Aurélien, grâce à toi, le club des Enfants d'Éveline est né.
Nous sommes conviés à nous rendre tout ce week-end dans les Bouches-du-Rhône entre Aix et Marseille.

Aurélien ce samedi a organisé une énorme manifestation. Nous sommes accueillis chez Natalia et Enzo, nos hôtes adoptants, dans une superbe maison avec piscine, jardin et terrain de boules. Nous sommes environ une vingtaine de familles à avoir répondu présents à cette première. Nous retrouvons avec joie une poignée de parents dont les enfants sont enfin de retour en France dont Nicole et Pierre. Nous sommes en joie de voir leur fils Régi s'épanouir dans sa nouvelle famille. Nous évoquons tous nos procédures mais nous sommes là avant tout pour la détente.

Sous un soleil magnifique nous dégusterons un apéritif en terrasse suivi d'une paella géante faite sur place.
Nous abuserons de fruits, de vin de pays.
La piscine sera très appréciée.
Nous ferons des parties de pétanque avec toute la mauvaise foi des gens du sud.
Nous commanderons des pizzas pour la soirée. C'est une immense bouffée d'oxygène que nous inhalons. Nous logerons dans un hôtel près du nouveau port de commerce. Aurélien a toujours de bons plans.
Le dimanche matin sera le clou du spectacle. Aurélien a organisé une visite sur l'un des plus gros paquebots de croisières au Monde en escale au port. Nous aurons le privilège de déjeuner à bord.

Ce week-end s'achèvera en plus petit comité chez Aurélien et Mélanie autour d'un barbecue. À la fin de ce week-end nous nous promettons qu'il nous faudra pérenniser cette rencontre l'année prochaine. Cette fois-ci, cela sera avec tous nos enfants et si possible avec Éveline.

Nous sentons poindre les vacances estivales. Les administrations quelles qu'elles soient commencent à tourner au ralenti, nous gardons espoir que cela ne retardera pas les procédures.
Nous relançons Éveline sur l'entrée de notre dossier à l'IBESR. Nous ne comprenons pas pourquoi cela traîne surtout que celui de nos amis est en cours de traitement. Aucune

information ne nous est donnée. Il en est de même pour la deuxième comparution à faire devant la doyenne. Pour le moment, le flou persiste sur ce point.

Une décision dans un sens ou dans l'autre n'aurait pas encore été tranchée.

Mardi 13 juillet 2010

Notre dossier n'avance pas.

Éveline s'est trompée de quelques jours, il n'est toujours pas rentré à l'IBESR. Nous arrivons enfin à en connaître la raison.

Lorsque nous sommes allés comparaître au tribunal en présence des parents biologiques de Marvin, son père n'a pas signé le document administratif faute de savoir écrire. Comme ce jour-là, ce n'est pas le juge qui a recueilli le consentement, il est donc considéré non conforme. Éveline doit présenter le papa bio devant un juge pour qu'il confirme son acte d'abandon. Malgré plusieurs semaines passées, cela n'a toujours pas été fait. L'été va être interminable à ce rythme.

Lundi 19 juillet 2010

Le Service des Adoptions Internationales annonce que la mise en place de la seconde comparution est actée. Un message a été envoyé à l'ambassade uniquement pour en connaître les modalités pratiques.

La Doyenne demande donc à voir les parents suite à une sensibilisation qu'elle a reçue de l'UNICEF/La Haye sur le côté dit "peu rigoureux" des comparutions des parents devant le juge de paix...
Sa demande est légitimée par une interprétation de la loi haïtienne, qui demande que le jugement soit prononcé en

audience publique et elle semble tenir à cette deuxième comparution, jugée plus sérieuse que la première.

Une nouvelle fois, les règles du « jeu » sont modifiées au gré du bon vouloir des uns et des autres. Si cela continue, peut-être nous sera-t-il demandé de résider plusieurs mois en Haïti comme cela se passe pour l'adoption dans d'autres pays.

Mardi 20 juillet 2010

Un communiqué de SOS Haïti fait état de la situation de manière globale. Toutes les parties continuent à négocier sur les nombreux points en suspens. Le pays est dans un état désastreux à tel point que les ONG présentes et les Haïtiens ont le sentiment que rien n'a été fait.

L'association confirme la seconde comparution. Maître KOUBBI, actuellement en Haïti, demande de trouver une solution la moins pénalisante pour les parents.

Même si nous devons nous féliciter des « contacts » pris et de certaines démarches, nous sommes légitimement en droit de nous interroger. Comment se fait-il que plus de 6 mois après, deux enfants amputés d'un ou plusieurs membres ne soient toujours pas rapatriés ?

Nous continuons d'avaler des couleuvres sur les procédures accélérées, sur de nouvelles contraintes par la faute de certains. Tout cela aurait pu être réglé en France – s'il y avait eu la volonté – lors des « discussions » bilatérales avec le gouvernement Haïtien.

Sur ce point l'association le mentionne à demi-mot. Je suis le premier à reconnaître que Haïti est un État souverain mais la France a failli pour ces enfants. Elle a préféré traiter les dossiers de manière individuelle au lieu de trouver une solution globale.

Ce mois de juillet se termine, l'inertie semble être de mise.

Anne ma sœur Anne, ne vois-tu rien venir ?

Samedi 7 août 2010

Avec 15 jours de retard nous apprenons qu'Éveline a été agressée dans le centre-ville de Port-au-Prince. Quelques effets personnels lui ont été dérobés mais fort heureusement notre chère Éveline n'a aucune séquelle physique. Elle tient à nous rassurer par mail et nous informe que notre dossier est enfin à l'IBESR depuis le 2 août.

Vendredi 20 août 2010

L'association SOS Haïti souhaite répertorier le nombre exact d'enfants décédés, le nombre de familles réapparentées, les difficultés rencontrées et l'état d'avancement de chaque dossier.

Mardi 31 août 2010

Sur les deux derniers mois écoulés, 5 dossiers uniquement ont été signés par l'IBESR.
Bien sûr les vacances n'ont pas joué en notre faveur mais il y a semble-t-il une autre explication. Sous la pression française tous les dossiers sont une nouvelle fois contrôlés.

L'État français veut s'assurer avec certitude qu'ils contiennent tous un apparentement pré-séisme ou post-séisme (uniquement pour les familles endeuillées).
À ce jour il est dénombré 62 dossiers en cours uniquement pour notre crèche.

Depuis plusieurs jours nous sommes en contact avec Aurélien afin de programmer un départ pour la seconde comparution. Nous avons sciemment occulté juillet et août, périodes estivales où les billets d'avion sont des plus onéreux pour les Antilles.

Une autre décision a été prise avec Angie. Elle partira accompagnée de nos amis Aurélien et Mélanie.

En théorie les deux parents doivent se présenter devant la Doyenne. Cette dame a toutefois accepté qu'un seul des parents comparaisse à condition que le second ait déjà comparu la première fois.

Mercredi 1er septembre 2010

Nous disposons d'un rapport détaillé d'une mission organisée par une association caritative au profit de la crèche.
Plusieurs points sont rassurants.

Les enfants mangent et boivent à leur faim. Ils sont lavés et changés 3 fois par jour.

Une infirmière est présente tous les après-midis. Elle dispose d'un stock de médicaments nécessaire aux premiers soins.

Une pédiatre a été imposée par le ministère mais à la charge de la crèche.
Le déblaiement des gravats se poursuit ainsi que la réparation des bâtiments endommagés.

Lundi 6 septembre 2010

Le voyage en Haïti vient d'être acté. Angie, et ses compagnons partiront du 29 septembre au 7 octobre. Éveline vient d'en être informée.

Pendant ce temps-là, certains parents sont déjà retournés en Haïti pour comparaître devant la Doyenne. Elle n'est pas agréable avec ses interlocuteurs. Elle pose des questions extrêmement dures. La solidarité des adoptants fait que nous avons au fil de l'eau la liste des questions posées lors de ces entretiens afin que nous puissions avoir du répondant.

Monsieur l'Ambassadeur a accordé une longue interview mise en ligne sur le site France Diplomatie.

Le cas des parents en cours d'adoption est évoqué bien entendu. Sur ce point, il déclare : « Un autre drame se déroule en Haïti. De nombreuses familles en cours d'adoption sont complètement déboussolées par ce qui s'est passé. Alors qu'elles étaient déjà dans un effort en direction de l'adoption depuis plusieurs mois voire plusieurs années, elles ont appris d'un seul coup que l'enfant qu'on leur avait proposé était peut-être sous les gravats. C'est quelque chose qui a beaucoup mobilisé mon équipe et moi-même et qui continue de nous mobiliser. »

Un nouvel exercice de communication bien maîtrisé, bien huilé.
Je ne crois plus depuis un moment à une procédure d'accélération des dossiers. Cela fait plus de sept mois que le drame Haïtien a eu lieu, la lenteur prévaut. Au mieux il faut s'attendre à une avancée normale de nos dossiers. J'arrive à obtenir l'adresse mail de monsieur l'Ambassadeur.

Une nouvelle missive est envoyée pour expliquer notre situation, pour demander des explications, de l'aide. Je n'attends rien de ce côté-là mais je souhaite montrer à ce haut représentant de l'État ma détermination et mon combat à faire rentrer mon fils en France.

Mardi 7 septembre 2010

Une journaliste pour M6 souhaite faire un reportage sur l'adoption. Un contact est pris. Elle m'explique sommairement le fil conducteur de son film.
Malheureusement il ne correspond en rien à nos attentes ni à celles des parents dans notre situation.

La journaliste m'évoque que nos revendications sont jugées « sujet sensible » et que cela ne correspond pas à la ligne éditoriale de la rédaction.
Il est simplement recherché des familles sur le point de quitter Haïti avec leurs enfants. M6 préfère donc le « merveilleux voyage de OUI OUI dans un pays magique » à une épopée version « Apocalypse now ».

Le flot incessant de messages des adoptants pousse une nouvelle fois le Ministère des Affaires Étrangères à réagir. Selon leur service « il reste 380 dossiers à traiter en Haïti dont 80 % uniquement pour Port-au-Prince.

Les tribunaux sont engorgés. En dépit des nombreuses difficultés que connaît le pays, le rythme des procédures reste relativement élevé. »

... « Le S.A.I. dément communiquer une liste de dossiers aux autorités Haïtiennes » ... « il n'est pas prévu d'accélérer les procédures d'adoption » ...

On nous prend vraiment pour des jambons.
Il y a une information pourtant à retenir. Elle émane du Secrétaire Général de la conférence de La Haye.

Il est fait état de plus de 250 000 morts et plus de 300 000 blessés en Haïti après le terrible tremblement de terre. Le pays dénombre moins de 12 millions d'habitants.

Jeudi 9 septembre 2010

Nous avons la douleur d'apprendre le décès d'une petite fille courant mois d'août. Il s'agit d'un cinquième enfant qui meurt en phase d'adoption depuis le séisme.
Le décompte macabre se poursuit.

Lundi 13 septembre 2010

Contrairement à ce qu'annonce le S.A.I., le collectif a la preuve qu'une liste a bien été adressée par l'Ambassade française à la responsable de l'IBESR. Seulement cette liste ne mentionne que les attributions d'enfants avant le tremblement de terre.

Aucun dossier n'est plus signé sans une liste complète et valide.

<u>Mardi 14 septembre 2010</u>

Un consultant juridique de l'IBESR joint par un parent confirme l'existence d'une liste établie par l'État français.

Il y a de nouveau le feu dans les chaumières. Nous sommes de nouveau tous à cran, remontés face à tant de mensonges proférés depuis des mois.

Le plus important à cet instant est de savoir si nous sommes bien inscrits sur cette fameuse liste qui n'existe pas pour les autorités françaises. Nous savons pourtant bien être répertoriés sur une liste auprès du S.A.I. et faire partie de « la liste des 500 ».

Qu'à cela ne tienne, il faut en avoir le cœur net. Après avoir obtenu le courriel du Consul, je lui fais part de mon inquiétude sur la poursuite de notre dossier d'adoption. Suis-je bien « autorisé » par la France à adopter en Haïti ?
Ce cauchemar n'en finit pas. L'Ambassade, le consulat en Haïti, le S.A.I. sont inondés de messages. Les premiers retours font état d'un déplacement de l'Ambassadeur en personne à l'IBESR. Nos responsables ont clairement été pris à défaut dans leur communication digne du temps de l'union Soviétique.

Monsieur le Consul nous fait l'honneur de répondre à mon mail, le jour même. Il est 19 h 34 en France lorsque ce monsieur nous informe que mon épouse et moi-même sommes bien sur la liste adressée à l'IBESR et nous certifie que nous sommes bien autorisés à poursuivre notre parcours d'adoption.

Je partage l'information et le mail du Consul à toutes mes connaissances afin qu'ils puissent faire la même démarche que la nôtre. Au final, elle existe ou elle n'existe pas cette liste ? Le beau jambon que je suis a appris à dénicher les truffes. Je crois en avoir trouvé des bien belles !
Peut-on croire qu'il s'agisse de la dernière embûche ? Après 8 mois, il faut y croire.

Mercredi 15 septembre 2010

Nous avons le grand bonheur d'apprendre que Natalia et Enzo – nos hôtes du week-end du club des enfants d'Éveline- ont le feu vert de l'État Haïtien pour partir chercher leur enfant et rentrer avec lui en France.
Nous leur souhaitons un beau voyage chargé d'émotions.

Samedi 18 septembre 2010

Nous sommes interrogés par une famille que nous connaissons bien. Fanny nous demande si nous sommes bien inscrits sur la liste des dispenses présidentielles indispensables pour les parents ayant un enfant biologique. Le collectif est en première ligne sur cette démarche et souhaite remettre aux autorités compétentes le document définitif dans les meilleurs délais.

Nous sommes repartis pour un tour d'angoisse. Avec Angie, nous sommes étonnés de la demande.
En effet depuis la réception de notre dossier en janvier 2009, Éveline ne peut ignorer que ma chère et tendre a une fille majeure. Notre avocat ne nous a jamais par ailleurs fait de remarque sur ce fait.

J'interroge plusieurs connaissances. Tous confirment qu'il nous faut une dispense.

Dimanche 19 septembre 2010

Nous réussirons à avoir par téléphone Éveline. De son côté, tout est clair, elle a entrepris dès le départ de notre dossier toutes les démarches nécessaires pour obtenir en notre nom la fameuse dispense. Nous la remercions chaleureusement.
Nous demandons toutefois à faire partie de la liste auprès du collectif afin que la demande soit traitée en globale et de manière « rapide ».

Lundi 20 septembre 2010

Par souci de transparence j'informe Éveline de notre inscription sur la liste. Nous savons que sans la dispense notre dossier ne sortira jamais de l'IBESR. Cela était possible avant le tremblement de terre mais la donne a changé.

Jeudi 23 septembre 2010

Aurélien me téléphone, je le sens contrarié. Il vient d'avoir Éveline en ligne. Au détour de la conversation elle a évoqué notre problème de dispense. Elle semble ennuyée que nous nous soyons déclarés sur une liste demandée par la France.

Aurélien m'incite clairement à faire volte-face sur cette démarche. Il m'exhorte avec force à faire confiance à Éveline. Elle a le dossier bien en main. Toute autre tentative de ma part pourrait s'avérer contre-productive. Je dois avouer que je suis perdu dans ma réflexion. Nous en discutons avec Angie. La décision est prise. Nous avons dès le départ confié notre destin entre les mains d'Éveline, nous continuerons ainsi.
Aurélien et Éveline sont soulagés et heureux de notre décision.

J'en informe sur-le-champ le collectif. La liste est déjà partie. Nous sommes gentiment priés de donner la raison de notre volte-face. Nous l'exposons clairement. Il s'agit d'une demande appuyée de notre conseil.

Mon interlocutrice n'est pas très ravie. Elle prend note et enverra dès demain un errata au récipiendaire de la liste.

Une fois encore, nous croisons les doigts et espérons avoir pris la bonne décision.

Angie s'active pour préparer son départ prévu dans cinq jours. Comme pour le précédent voyage, elle a reçu un tas de petits paquets et courriers à remettre aux enfants de la part de leurs parents respectifs.

Je suis triste de ne point faire partie du voyage, de ne pas pouvoir embrasser mon fils.

Il faut savoir faire des choix, nous ne cessons d'en faire depuis toutes ces années.

Je suis inquiet des conditions sur place, je me rassure de la présence de nos amis, sans compter sur l'accueil que réservera Éveline à nos mousquetaires.

Mercredi 29 septembre 2010

Je laisse mon épouse à l'aéroport. J'ai de plus en plus de regret de rester à Nice. Nous avons prévu que je l'appelle chaque jour sur le portable d'Éveline. Cela me rassurera mais surtout me permettra de parler à Marvin et de lui faire plein de gros bisous.

Jeudi 30 septembre 2010

Fin de soirée, je n'ai toujours aucune nouvelle de Angie ni de ses 2 compères. J'essaie de joindre Éveline sur sa boîte mail sans succès.

Vendredi 1er octobre 2010

La fine équipe se porte bien. J'ai pu m'entretenir avec ma femme. Hier la journée a été difficile. Éveline a souhaité lors de cette première journée faire comparaître Angie.

Avant de pouvoir rencontrer la Doyenne, elle a dû s'armer de patience pendant plusieurs heures. L'entretien a eu lieu en présence d'Éveline. Il a été évoqué le parcours d'adoption, la mort de Junel. Angie prise d'émotion a eu les larmes aux yeux. Éveline l'a réconfortée.
La doyenne n'est pas la personne inhumaine que certains ont voulu faire croire.

Angie l'a décrite comme souriante, chaleureuse mais sans complaisance. Elle a un travail à effectuer et elle s'y tient.

Cette difficile épreuve est maintenant derrière nous.
Notre fils va bien. Il est heureux d'avoir revu sa maman. Je discute un peu avec lui et l'embrasse fortement.

Samedi 2 octobre 2010

De notre correspondante Angie BELLI en direct de la crèche.

« Good Morning Haïti ».

Le soleil est au rendez-vous, les enfants vont bien. Tout le monde a le moral.

Le personnel de L'IBESR travaille d'arrache-pied pour tous les parents. Ils sont néanmoins extrêmement furieux contre la France qui n'a rien entrepris pour accélérer les démarches. Soyez tranquille, notre Éveline nationale œuvre pour nous tous.

Dimanche 3 octobre 2010

De notre sémillante reportrice sur place :
Le personnel de l'Ambassade française fait actuellement le tour de toutes les crèches afin de photographier tous les enfants en cours d'adoption susceptibles de rejoindre la France avant la fin de l'année.

Éveline et les membres des administrations sont assez optimistes et pensent que nos dossiers pourraient franchir rapidement toutes les étapes et se diriger à grand pas vers l'Ambassade.
Si nous devions être pessimistes, les enfants seraient parmi nous au plus tard en janvier.

Les timouns vont bien et Éveline tient toujours efficacement le rôle de gardienne du temple.

Il s'agit du dernier jour pour Aurélien et Mélanie qui regagnent la France demain et qui vont devoir laisser leur petit à Angie.

Elle a la chance de rester 3 jours de plus.

Lundi 4 octobre 2010

De la somptueuse et irrésistible journaliste de guerre :
Des nouveaux baraquements sont en cours de pose avec climatisation et WC. La maison d'Éveline est quasi réparée.
Les futurs adoptants pourront y loger.

Notre fils mesure 90 centimètres et pèse 12 kg.

Mardi 5 octobre 2010

Son Éminence, Son Altesse Royale nous fait grâce de sa dernière intervention en direct de Notre Dame de la Nativité. Tous les timouns ont l'air en bonne santé. Aucun enfant malade à déclarer, les parents il n'y a pas lieu de vous inquiéter. Ils sont vifs, crient, hurlent, sont envahissants, en bref ce sont des enfants.

Notre fils suit le mouvement. Une pensée pour mes compagnons de route qui ont dû rentrer en France le cœur lourd d'avoir laissé de nouveau leur fils.

Je vous souhaite une bonne soirée et courage pour ceux qui arrivent dans les prochains jours.

Mercredi 6 octobre 2010

J'ai brièvement Angie au téléphone. Ses bagages sont bouclés dans quelques minutes elle laissera à son tour notre fils pour rejoindre la France. Éveline et son chauffeur se chargeront de l'accompagner à l'aéroport.

J'imagine le déchirement de mon épouse à ce moment-là. J'ai déjà connu cela et je ne le souhaite à personne.

Dernière soirée à passer seul devant la télévision munie d'un bon plateau-repas. Angie à cette heure est dans l'avion. Elle me manque terriblement. Le téléphone sonne. La communication est très mauvaise. Angie est encore à l'aéroport. Elle s'est trompée sur son jour de départ. Elle est actuellement toute seule et me demande d'appeler Éveline pour qu'elle vienne la récupérer. Elle est angoissée. Je lui donne pour consigne de ne pas sortir de l'aéroport.

Encore un rebondissement digne des meilleurs films à suspense.

Je tente d'avoir Éveline et bien sûr, impossible de l'avoir. Au bout d'une bonne demi-heure, elle décroche. Là encore la communication est exécrable. J'ai juste le temps d'expliquer la situation avant que la conversation ne se coupe. Éveline a-t-elle bien compris mes propos ?

Je ne cesse de tomber sur sa messagerie vocale. Heureusement je dispose d'un numéro de portable d'une des mamans présente à la crèche. Elle s'occupe de prévenir le mari d'Éveline, Monsieur JANJAN. Quelques instants plus tard je reçois un mail de la maman m'informant qu'Éveline se trouve à l'Ambassade et qu'elle se rendra à l'aéroport dès la fin de son rendez-vous.

Il est près de 23 heures en France lorsqu'enfin j'ai des nouvelles de Angie. Elle vient de rentrer à la crèche en présence d'Éveline.

Cette dernière avait bien saisi ma demande. Oui mais voilà ces deux dames avaient décidé d'aller faire des courses. Pendant ce temps-là je me suis fait un sang d'encre. Croyez-moi, toute la crèche a suivi avec un grand amusement la situation. Tout est bien qui finit bien. Demain il faut prier qu'il n'y ait pas un autre imprévu. Cerise sur le gâteau, Angie aura droit à une pique d'un des ados de la crèche : « Alors déjà fini le grand voyage ? »

__Jeudi 7 octobre 2010__

Après le faux départ hier, aujourd'hui Angie est dans les starting-blocks. J'ai pris soin de vérifier son vol. Il n'y aura pas de déconvenue possible.

Tout ne va pas se passer pourtant comme prévu.

Angie me téléphone à nouveau. Elle m'informe qu'il n'y a pas d'avion Air France prévu ce jour. C'est un gag, j'ai la copie du billet sous les yeux qui mentionne bien un vol de cette compagnie. Il s'agit d'une annulation sans aucune communication aux passagers.

Angie est très énervée mais cette fois-ci elle n'est pas seule dans cette galère. Le personnel de l'aéroport lui propose une alternative. Il lui est proposé un départ par une autre compagnie aérienne avec une escale à Miami. Toutefois en l'absence d'un passeport biométrique, il faudra obtenir un document spécial nommé ESTA. Ce laissez-passer

électronique permet de pénétrer sur le sol Américain. Il doit normalement être demandé au maximum 48 heures avant le départ. Comme de bien entendu il y a des frais d'émission. Une fois réglés les frais d'établissement du précieux sésame, Angie et ses compagnons de voyage sont autorisés à embarquer. Pour le désagrément rencontré la charmante hôtesse se propose de surclasser mon épouse. Elle lui propose un billet en première classe. Enfin tout s'arrange ou presque.
Angie n'est toutefois pas sûre d'avoir sa correspondance finale le lendemain.
Aurélien suit à distance l'affaire puisque c'est son agence qui a édité le billet de mon épouse.
Il me rassure pour la correspondance. Dans tous les cas Air France va devoir assumer la situation de A à Z.

<u>Vendredi 8 octobre 2010</u>

Il est 09 h 00, Angie vient de m'appeler de Paris. Sa correspondance prévue au départ d'Orly a été déplacée vers Charles de Gaulle. Le décollage est prévu pour 10 h 25 avec arrivée prévue à Nice à 11 h 55.
Il n'y a aucune excuse de la compagnie aérienne pour tous les désagréments.

Nous réglerons ce problème ultérieurement.

J'accueille ma femme à 12 h 20 elle est épuisée, énervée mais tellement heureuse de me retrouver. Pour fêter cela, je lui offre le repas chez Flunch. Eh oui nous ne nous refusons rien. Durant nos agapes j'en apprendrai de bien bonnes sur le retour de Angie.

Elle m'explique que dans l'avion, au départ de Haïti, une femme a fait de l'hyper-ventilation. Il se trouve qu'un médecin se trouvait à bord et assis à côté de ma femme. Il a tenté désespérément de calmer la passagère sans succès. Il faudra alors pour l'équipage faire débarquer cette dame. Quant à l'équipe au sol, elle se chargera de récupérer ses bagages en soute.

Arrivée à Miami, Angie a dû faire face à un douanier suspicieux lors du contrôle du passeport. En effet celui de mon épouse comportait de nombreux tampons et visas Marocains. Il aura fallu de la diplomatie pour passer sous les fourches caudines de l'employé.

Le plus drôle si j'ose dire se produira sur le taxiway de l'aéroport.

Le tracteur en charge de tirer l'avion de son lieu de stationnement subit une crevaison. Il faudra attendre un long moment qu'un second tracteur vienne déplacer le premier et se substitue au premier pour les manœuvres de départ de l'avion.
Ce même jour, grâce à notre homme politique élu dans notre circonscription nous apprenons que nous avons décroché une interview avec un journaliste de France Bleu Azur. Le sujet portera sur le sort des parents en cours d'adoption en Haïti. L'enregistrement est prévu lundi prochain. Malgré la fatigue due à son voyage, Angie est partante pour cet exercice qu'elle n'affectionne pas du tout.

Samedi 9 octobre 2010

Éveline nous donne enfin le fin mot de l'histoire sur la dispense présidentielle indispensable à notre dossier.
Ce document est propre à chaque enfant. Elle a néanmoins réussi à utiliser l'ancienne dispense issue du premier dossier. Les employés de l'IBESR ne s'en sont pas aperçus, c'est pour cela que notre bonne fée nous a demandé de nous retirer de la liste à transmettre aux autorités. À tout moment l'un des membres de l'administration peut encore nous faire obstacle mais par chance Éveline a quelques connaissances qui pourront le cas échéant nous venir en aide.

Dimanche 10 octobre 2010

Une nouvelle bruisse parmi les adoptants. Éveline serait invitée en France par une famille pour le baptême de leur fille ancienne résidente de la crèche Notre Dame de la Nativité. Il est prévu qu'elle s'absente pour une huitaine de jours de Haïti courant novembre. L'inquiétude grandit, seule Éveline suit l'ensemble des dossiers. Ce voyage aura pour conséquence de stopper net la dynamique de ces dernières semaines. De notre côté nous souhaitons que ce nouvel épisode ne vienne pas une nouvelle fois mettre à mal l'accalmie toute relative parmi les adoptants.

Lundi 11 octobre 2010

Aujourd'hui nous fêtons tristement les 9 mois de la tragédie haïtienne. Nous nous rendons dans les locaux de France Bleu Azur où nous sommes accueillis très chaleureusement par le journaliste qui doit recueillir notre témoignage. Il nous fait découvrir la station de radio, nous débriefons de notre parcours. Puis vient le moment de l'enregistrement. Nous entrons dans le studio équipé de micros. L'interview d'environ six à sept minutes sera diffusée demain matin avant 08 h 00 et rediffusée plusieurs fois dans la journée. Par souci de spontanéité, l'interview se fera en condition du direct. Aucun montage ne sera fait ultérieurement. Angie se sent mal à l'aise. Pour ma part, je suis excité, ravi, j'affectionne cet exercice où il y a cette mise en danger.

L'interview est terminée. Nous prévoyons avec le journaliste de le tenir informé de notre parcours.

Mardi 12 octobre 2010

08 heures moins 20 ce matin nous écoutons notre passage radio qui est très consensuel par rapport à celui que j'ai donné sur RMC.

Le journaliste loue notre persévérance, notre combativité.
Nous racontons une fois de plus notre histoire. Angie qui vient de rentrer de Haïti fait un point sur la situation sur place. Elle rappelle que neuf mois après le tremblement de terre, seul 5 % des décombres ont été déblayés dans le pays. Elle s'interroge sur ce qui a été réellement entrepris malgré l'afflux des dons. Le journaliste nous interpelle « après tout ce que vous vivez, conseilleriez-vous l'adoption à ceux qui en sont tentés ? ». Nous répondons par l'affirmative. Être parent ne s'explique pas, cela se ressent. Au plus profond de nous, si le désir est présent, tout doit être entrepris pour y parvenir. Il faut se battre. Toujours croire que le meilleur est devant nous. Il faut s'entourer des personnes ayant connu par le passé les affres de l'adoption.
Nous finissons avec une note d'espoir. Marvin pourrait être parmi nous pour les fêtes de fin d'année. Le journaliste lui souhaite par avance « la bienvenue ».

Vendredi 15 octobre 2010

Aurélien est toujours très attentif sur l'avancée de certains dossiers dont le nôtre. Les liens que nous avons tissés depuis de nombreux mois facilitent l'entraide. D'après Éveline, si tout va bien, nos dossiers dès la semaine prochaine devraient subir une avancée. Le parcours est le suivant : enregistrement du certificat d'adoption – règlement des droits et impôts – dépôt d'acte d'adoption et légalisation – Archives nationales... puis consulat français – établissement des passeports et documents de sortie de l'IBESR.

L'animosité, la jalousie est telle sur les différents réseaux que nous sommes contraints de garder ces informations confidentielles.

Éveline encore une fois nous rassure. Elle nous confirme qu'elle se rendra bien en France comme nous le supposions.

Elle a déjà pris ses dispositions pour que tous les dossiers soient suivis par l'un de ses proches au fait des procédures.

De toutes les crèches de Port-au-Prince, les dossiers suivis par Éveline sont ceux qui avancent le plus rapidement malgré sa charge de travail impressionnante et le bal incessant des parents pour les comparutions.

Lundi 18 octobre 2010

Nous avons l'immense plaisir d'apprendre que depuis quelques heures notre fils porte officiellement notre nom de famille.

L'information est une nouvelle fois confidentielle mais certifiée par la principale intéressée. Les larmes de joies accueillent cette grande nouvelle. Ayons le bonheur discret, taisons-nous.

Mercredi 20 octobre 2010

Ici Londres, les Français parlent aux Français. Les longs sanglots des violons s'éloignent... Nos messages continuent de s'échanger sous le manteau. Éveline vient de téléphoner en personne à Aurélien.

Les dossiers continuent d'avancer à un bon rythme. Si ce dernier est maintenu il est envisageable de nous rendre de nouveau en Haïti entre le 04 et 10 décembre.
Adrien nous apprend que notre dossier a eu beaucoup de chance concernant la dispense présidentielle.

En effet tous les autres sont bloqués.
Angie et moi n'en croyons pas nos yeux, nous touchons au but. Continuons de croiser les doigts. Le destin ne peut pas s'acharner sur nous une deuxième fois.

Jeudi 21 octobre 2010

Par superstition, ou idiotie pour certains, nous n'avons jamais voulu commander la chambre de notre fils avant d'avoir la certitude de notre voyage final en Haïti. Notre optimisme nous fait sauter le pas ce matin. Nous aurons ainsi un peu de temps pour aménager le futur cocon de notre petit ange.

Vendredi 22 octobre 2010

Je fais l'acquisition d'un bon de réduction d'essence sur un site internet bien connu. En me rendant à la station-service, cette opération marketing est filmée par une équipe de France 3 Côte d'Azur. Il m'est demandé l'autorisation d'être filmé et de dire quelques mots face caméra... « je ne sais pas, je suis un garçon timide... ».
En quelques secondes j'ai mon objectif en point de mire.

Hors caméra je m'empresse d'évoquer Haïti, l'adoption, notre parcours. Je quémande un contact décisionnaire pour un tournage sur ce sujet. L'après-midi même un journaliste m'informe que la rédaction du journal souhaite fixer un rendez-vous à notre domicile mardi prochain.
La persévérance encore une fois a payé. Il y en a une qui est radieuse à l'idée de recevoir une caméra et une équipe de télévision à la maison.
La roue tourne, nous avons fini de manger notre pain noir. J'en suis de plus en plus convaincu.
Une autre bonne nouvelle nous attend. N'en jetez plus, cela en devient presque banal.
Aurélien et Mélanie accueilleront Éveline et son mari pour deux jours en novembre. Une soirée « mini-club des enfants d'Éveline » sera organisée près d'Aix en Provence. La date retenue sera communiquée ultérieurement.

Le week-end s'annonce sous les meilleurs auspices.

Samedi 23 octobre 2010

La joie sera ternie en début d'après-midi. Nous lisons avec effroi un mail reçu quelques minutes plus tôt.

L'Ambassade de France en Haïti adresse un message d'alerte à ses ressortissants. Une épidémie de choléra vient de se déclarer dans certaines régions du pays.

Ce type d'infection intestinale aiguë se transmet par voie directe fécale orale ou par l'ingestion d'eau et d'aliments contaminés. Dans sa forme la plus grave, elle se traduit par l'apparition soudaine d'une diarrhée liquide et abondante qui peut entraîner une déshydratation sévère et une insuffisance rénale mortelle.

Son traitement passe par une réhydratation du patient et un traitement antibiotique surtout administré afin de limiter la propagation des germes. Les autorités Haïtiennes déplorent 1 035 cas de contamination confirmés et la mort de 118 personnes.

Dans ce contexte, nos compatriotes de passage ou résidents en Haïti sont invités à :

1/ Éviter de se rendre dans les zones touchées

2/ Respecter strictement des règles d'hygiène simples

3/ Consulter immédiatement un médecin

4/ Porter une attention toute particulière aux enfants.

Le sort s'acharne sur ce pays, sur sa population. Combien de morts faudra-t-il encore dénombrer avant le retour de nos enfants ?
Plusieurs familles inquiètes, échangent sur la faisabilité de faire vacciner les petits.

Fanny, le toubib qui est déjà parti quatre fois en Haïti douche quelque peu nos interrogations. Le vaccin ne dispose pas d'autorisation pour les enfants de moins de deux ans. La logistique est un facteur important à prendre en compte. Comment acheminer tous les vaccins qui devront être conservés à une température entre 2 et 8 degrés et ce de manière constante.

Fanny s'engage à se renseigner dès lundi auprès de ses collègues de médecine tropicale. Elle se charge immédiatement d'écrire à monsieur l'Ambassadeur en tant que médecin et adoptante pour envisager une aide des autorités consulaires.

Nous avons Aurélien au téléphone. Il est de plus en plus impliqué dans l'association principale qui vient en aide sous toutes ses formes à la crèche.

 La décision est arrêtée. Vu l'urgence de la situation il est prévu d'administrer à tous les enfants et personnels de la crèche un vaccin contre le choléra.
Les modalités d'organisation ne sont pas encore arrêtées et cela est bien normal mais il y aura une solution.
La plupart des parents sont désespérés et en appellent à l'Ambassade, aux élus de leur région, au Premier ministre et au Président de la République en personne.

Seul le ministre des Affaires étrangères est ignoré dans son ensemble. La donne a changé pour beaucoup d'entre nous. Nos enfants disposent d'un jugement dans lequel est reconnu le lien de filiation avec les parents adoptants. Le gouvernement français ne peut plus le nier et cela change forcément le rapport de force.

Le Consulat, toutefois se veut une nouvelle fois confiant face à l'épidémie. Le Consul répond au mail adressé par Fanny :

« Madame, aucun des enfants haïtiens en cours d'adoption par des ressortissants français ne réside dans la zone actuellement infectée.

À titre de précaution une équipe de cette ambassade composée d'un médecin effectue depuis samedi dans diverses crèches des visites.

Ces visites doivent s'intensifier et la crèche où se trouve votre enfant fera également l'objet d'une visite. Bien à vous. »

Chacun tente de contribuer face à cette nouvelle catastrophe annoncée. Les parents font de nouveau bloc. Nous n'avons plus confiance, depuis longtemps, en la communication des autorités.

Dimanche JC propose de se rendre disponible pour partir en Haïti.

Nous savons pouvoir compter également sur les nombreux parents qui doivent encore se rendre en Haïti pour les comparutions. Ils sont disponibles pour acheminer médicaments et autres produits d'hygiène.

Lundi 25 octobre 2010

Les autorités dominicaines ont décidé la fermeture temporaire de leur frontière avec Haïti afin de prévenir la propagation du choléra à compter de ce matin.

Mardi 26 octobre 2010

Nous avons reçu ce matin à la maison l'équipe de télévision de FR3 pour évoquer notre histoire personnelle et plus généralement le cas de nos enfants.

Nous avons mis l'accent sur l'état d'urgence à mettre en place pour sauver les 350 enfants suite à l'épidémie de choléra qui sévit actuellement.

Nous avons "supplié" l'État français et le Président de prendre le dossier à bras-le-corps. J'ai en mémoire un épisode ancien concernant l'un des fils du Président. Ce dernier se serait retrouvé en danger suite à une catastrophe naturelle survenue dans un pays lointain. Je me sers de cet épisode pour déclarer

« Monsieur le Président que feriez-vous à notre place si vous saviez votre fils en danger à l'autre bout du monde ? ».

La communication est primordiale pour ancrer un message auprès de l'opinion. Quant aux sentiments de Monsieur Sarkozy...

Nous demandons de remettre en place un rapatriement tel que celui mis en place par la France post-séisme.
Nous avons tenté de médiatiser au maximum le cas de tous nos enfants.
Le reportage devrait passer le soir sur FR3 local mais compte tenu de l'actualité (épidémie) FRANCE 3 nationale pourrait diffuser le reportage.
Notre collègue médecin fait le point sur les produits pharmaceutiques dont a besoin Éveline à la crèche. Le médecin de l'Ambassade a fait une visite ce matin. Enfin Éveline est en train de mettre en œuvre les précautions requises.

Nous sommes devant la télévision afin de voir le reportage de ce matin.
On y découvre les rues de Port-au-Prince dévastées, ses immeubles effondrés, ses cadavres jonchés sur les gravats puis est évoqué en moins d'une minute notre histoire et le sort de tous les enfants en cours d'adoption.

À la fin de la diffusion, Angie est folle de rage. Nous avons accepté une équipe de trois personnes dans notre salon pendant plus d'une heure et demie, piétinant nos tapis, nous demandant de déplacer les plantes, les objets tout cela pour une minute de propos coupés et aseptisés au montage... La demande de rapatriement a été mise aux oubliettes.

Seule restera ma « supplication » à notre bon Président...
À croire vraiment que la presse dans son ensemble est muselée et Dieu sait que mes propos sont mesurés à l'égard de l'administration d'État.
Les médias avides d'images, de sensationnel, de misérabilisme mettent de nouveau un coup de projecteur sur ce pauvre pays. L'épidémie du choléra a déjà fait en quelques jours 284 morts. En réalité tout le monde s'en fout de Haïti cette ancienne colonie française devenue le premier état noir des temps modernes en 1 804.
Il y a tant de misère sous nos portes pour les uns, aucun contrats commerciaux juteux pour les autres. Tais-toi Haïti !

TAIS-TOI HAÏTI

Je n'ai jamais marché dans tes rues
mais en passant par là j'ai vu un homme qui s'est perdu
Vêtu d'une tunique et tout grimé de blanc
il allait d'un pas rapide dans ce pays nonchaland
raide, silencieux, digne peut-être dans le vacarme ambiant
Tais-toi Haïti, tu m'empêches de dormir
Tais-toi Haïti tu me donnes envie de fuir

Tu n'es pas le phœnix, tu ne te réveilles pas de tes cendres
Tu n'es pas l'oiseau bleu, on ne peut pas se méprendre
Il n'y pas d'or dans ton ventre, tu ne peux rien vendre

Il n'y pas de pétrole dans tes veines, tu ne peux prétendre entrer dans le royaume prétentieux
« des grands de ce monde »

Tais-toi Haïti, tu m'empêches de dormir
Tais-toi Haïti tu me donnes envie de fuir

Pourtant, je n'ai pas entendu de vindicatives clameurs
Pour l'heure je n'ai rien d'autre que des visions à faire peur.
Tu commences à peine à réclamer pour tes enfants qui pleurent.
L'argent qui a coulé on en cherche la couleur
On fait semblant de regarder, on fait semblant de t'écouter
Tais-toi Haïti
Laisse-nous dormir pays bruyant

Tais-toi Haïti laisse-nous t'oublier pays « sans blancs »

Angie BELLI

Cet homme blanc décrit par Angie, existe.

Elle n'a pas songé à lui en écrivant ce texte et pourtant.

Il n'est certes pas le seul mais il est la représentation que nous nous faisons de l'altruisme. Bien entendu il ne s'agit nullement d'un homme politique, que viendrait-il faire dans ce bourbier ?

Il s'agit de Sean Penn, l'acteur de cinéma mondialement connu.
Je tiens à lui rendre hommage pour son investissement depuis le tremblement de terre.

Sans crier gare, il est arrivé en Haïti six jours après le séisme du 12 janvier, avec une équipe de médecins et de spécialistes de l'aide humanitaire qu'il a lui-même mise sur pied. En un temps record, il a convaincu une riche philanthrope de l'aider financièrement. Lui aussi a mis de l'argent dans l'aventure, avant de fonder son ONG et de dépêcher sur l'île un avion-cargo bourré de médicaments. Aujourd'hui, Sean Penn a gagné le respect de tout le monde. Il a en charge un camp de 55 000 personnes qui était, en un autre temps, le club de golf de Pétionville, dans la banlieue sud-est de Port-au-Prince. Il collabore avec de nombreuses ONG. Il a cinquante personnes avec lui dont de nombreux volontaires, et deux cents autres à travers le pays. Il confiera dans une de ces interviews *« Ici, si tu travailles tout seul tu n'arrives à rien. Tu peux toujours dire "moi je" mais tu as l'air d'un con. C'est le "nous" qui importe. »*

Merci Monsieur, vous avez décroché votre plus beau rôle et ce n'est pourtant pas du cinéma. Laissez d'autres le faire à votre place ils sont pléthores malheureusement jusqu'aux plus hautes cimes de notre république.

Jeudi 28 octobre 2010

Les nouvelles de la crèche sont rassurantes.

Ce même jour se tient une réunion entre le collectif SOS HAITI et Monsieur l'Ambassadeur. Le point principal de l'entrevue porte sur l'épidémie en cours. Une position claire des autorités est apportée :

« Suite aux recommandations de l'Organisation Mondiale de la Santé, il n'est prévu aucune évacuation pour des personnes (ressortissants français ou enfants adoptés) potentiellement porteuses ou porteuses avérées de la maladie. La France se prépare en s'assurant que tous puissent être soignés sur place. Aucune évacuation n'est donc prévue ».

Désolé, je n'ai pas besoin des lumières de l'OMS pour en arriver aux mêmes conclusions. Encore une fois nous parlons d'anticipation, de prévention et non pas d'une gestion de crise afin d'éradiquer un virus sur une population infectée.

Les autres points portent sur les dossiers en cours, chacun campe sur ses positions. En espérait-on autrement ?

Les « diseux » ont étalé encore une fois tout leur savoir.

Pendant ce temps les « faiseux » agissent. L'association principale de la crèche NDN annonce financer la vaccination contre le choléra de tous les enfants, ados, personnel de la crèche, les ouvriers ainsi qu'Éveline et son mari.

Cette campagne va être gérée sur place par deux parents adoptants et l'infirmière de la crèche à partir du 6 novembre. Cette vaccination durera trois semaines car les nourrissons et très jeunes enfants devront recevoir trois doses orales à une semaine d'intervalle.

Lundi 01er novembre 2010

En cette journée de fête des morts, j'adresse comme beaucoup de parents une longue lettre au Président de la République.

Cette action commune a pour but de maintenir un semblant de pression sur l'État français.

Mercredi 3 novembre 2010

N'en jetez plus, la coupe est pleine. Comme si le choléra ne suffisait pas, l'Ambassade de France en Haïti informe ses ressortissants de l'arrivée prochaine d'un ouragan.

L'État Haïtien passe son niveau de vigilance orange à « rouge ».
Les prochains jours seront sous haute surveillance.
Pour ne pas être en reste avec cette nouvelle inquiétante, il y en a une autre, que nous n'avions pas vue comme problématique.

Le gouvernement Haïtien publie le calendrier des élections à venir :

- 28 novembre : premier tour des élections présidentielles et législatives
- 7 décembre : résultats préliminaires
- 8 au 10 décembre : période de contestation des résultats.
- 11 au 15 décembre : traitement des contestations

20 décembre : résultats finaux du premier tour

Mais en quoi cela nous concerne-t-il ? Éveline éclaire notre lanterne.

La période des élections sera un peu mouvementée et cela sera un peu dangereux pour les parents et pour tous les citoyens Haïtiens.

Aussi il est décommandé aux parents de venir pendant la période du 28 novembre au 7 décembre sauf pour ceux ayant déjà pris leurs dispositions.

Éveline pour finir nous informe qu'elle ne sortira pas de la crèche pendant la période citée.

<u>Vendredi 5 novembre 2010</u>

Éveline et le personnel de la crèche se préparent à l'arrivée du cyclone dans la journée. Pour le moment Port-au-Prince est frappée par de violentes pluies. Tous les enfants ont été mis à l'abri. La situation est sous contrôle.

Au centre-ville, les autorités ont prévu d'évacuer des dizaines de milliers de personnes réfugiées sous des tentes. Mais où va-t-on pouvoir les transférer ?

Un bel effet d'annonce qui ne pourra pas être suivi de faits. Pendant ce temps, en France, dans l'hémicycle de l'Assemblée Nationale, de nombreux élus sous la pression des parents interpellent le gouvernement sur le sort de nos enfants en Haïti. Plusieurs questions sont inscrites et mises à l'ordre de jour.

Nous nous sentons épaulés, de plus en plus soutenus par la base des élus de la république. Continuons nos actions de communication.

<u>Samedi 6 novembre 2010</u>

L'ouragan quitte l'île en faisant de nombreux dégâts matériels, causant la mort d'une dizaine de personnes. Tout le monde va bien à la crèche. En France c'est le grand départ pour nos deux parents adoptants volontaires pour la campagne de vaccination. Il y a lieu de remercier la compagnie aérienne et l'équipage de participer au transport des vaccins dans les conditions optimales.

<u>Lundi 8 novembre 2010</u>

Pendant qu'Éveline est en France pour quelques jours, nos volontaires apprentis infirmiers ont œuvré toute la journée. Avec l'assistance d'un pédiatre et d'une infirmière ils ont vacciné tout le monde de 09 h 00 à 13 h 00. Chaque enfant, une fois vacciné, s'est vu poser un bracelet pour un suivi et contrôle optimal. L'opération s'est bien déroulée malgré quelques cris pour ramener de l'ordre parmi les enfants. Les doses de vaccins sont maintenues au frigidaire grâce au groupe électrogène.

Les « faiseux » peuvent être fiers de leur abnégation.

À l'opposé, les « diseux » continuent de nous inquiéter.
Il se murmure de manière récurrente que le Ministère des Affaires étrangères exigerait une attestation de vaccination contre le choléra à tous les enfants autorisés à rejoindre la France. L'association en charge de l'opération en concertation avec nos volontaires anticipe immédiatement.

Les "faiseux" décident de ce pas d'établir une attestation pour chaque enfant de la crèche. Le médecin présent actuellement à la crèche se chargera quant à lui de signer et tamponner les documents.

Mardi 9 novembre 2010

Ce soir nous partons à Aix pour retrouver Aurélien et Mélanie, d'autres parents de la crèche mais surtout Éveline accompagnée de son mari.

Notre humeur au réveil est vite contrariée par quelques échanges que nous avons sur nos dossiers avec Aurélien. Ils ont pris du retard.

Reconnaissons-le, mais c'est ainsi, les dix jours d'absence d'Éveline additionnés aux trois jours perdus par la faute du cyclone, les élections en cours et pour finir l'absence important du personnel de certaines administrations font qu'il est peu probable de pouvoir partir avant les fêtes. Nos enfants passeront probablement Noël et la fin d'année en Haïti.

Aurélien avait, sans nous en avertir, préréservé des vols pour la période du 13 au 20 décembre. Il faut se résoudre à attendre et mettre gentiment la pression au collaborateur d'Éveline en son absence.

Nous passons une agréable soirée dans un restaurant autour de quelques enfants ayant eu la chance de rentrer de Haïti. Éveline est égale à elle-même. Sa joie et son optimiste illuminent cette rencontre. Elle nous gratifiera d'un long récital des chansons de Charles Aznavour.

Dimanche 14 novembre 2010

Un remaniement ministériel était depuis plusieurs jours à l'étude par le Président de la République et son Premier ministre.

Le porte-parole de l'Élysée nous annonce que Madame Michèle Alliot Marie devient la nouvelle ministre des Affaires Étrangères en lieu et place de Bernard Kouchner.

Pour toutes les familles adoptantes c'est un soulagement, une lueur d'espoir tant l'inaction et les prises de position défavorables de l'ancien ministre nous étaient une souffrance.

Nous sommes si nombreux à attendre les premières prises de paroles de la nouvelle Ministre sur nos enfants.

Une semaine de plus sans grande avancée même si nous continuons de nous mobiliser.

Les médias télés et radios continuent de relayer les informations sur l'évolution du choléra et sur les prochaines élections présidentielles à venir.

Lundi 22 novembre 2010

Aujourd'hui, notre ami Aurélien, fait une intervention chez Jean-Jacques Bourdin sur l'antenne de RMC. Son intervention est claire. Elle met avant tout l'accent sur les non-respects de l'engagement français pour le rapatriement de nos enfants. Il fait le point sur les actions de l'association auprès de la crèche et donne des nouvelles rassurantes de nos enfants. Monsieur Bourdin rappelle au passage que son émission est apolitique mais souligne que les promesses des politiques et de Madame Morano n'ont pas été suivies des faits.

Je discute avec mon ami sur son interview. Il a pu s'entretenir avec les assistants de l'émission. À cette occasion, il a appris des informations me concernant. Il se trouve qu'après mon passage « polémique » sur les ondes au mois de juin, une des ministres en cause a fait pression pour connaître mon identité car fort mécontente de mes propos. Bien entendu, la demande n'a pas trouvé d'écho favorable auprès des responsables de l'émission. Je comprends ainsi pourquoi malgré les promesses du célèbre animateur, je n'ai pu refaire une intervention quelques semaines plus tard.
Mes propos étaient certes dérangeants mais justes.

Ce jour même, nous décidons d'alerter par courrier Madame Alliot Marie sur la situation de nos enfants. Nous lui rappelons que nous détenons un jugement de l'État Haïtien nous donnant de droit l'autorité parentale.
Enfin un peu de compassion serait la bienvenue à quelques semaines de Noël.

Mercredi 24 novembre 2010

Une rumeur enflait depuis hier après-midi auprès de personnes bien informées dont nous faisions partie.

Mercredi 24 novembre 2010 à 04 h 41
(AFP) – Il y a 54 minutes

Haïti : - Paris va négocier avec les autorités de Haïti un accord bilatéral pour permettre, dans le respect de la législation haïtienne, d'acheminer en France d'ici la fin de l'année les derniers 320 enfants haïtiens en cours d'adoption, a déclaré mardi l'ambassadeur de France en Haïti, Didier Le Bret.

"La ministre des Affaires étrangères (Michèle Alliot-Marie) m'a demandé, dès mon retour à Port-au-Prince, d'entamer des discussions avec les plus hautes autorités du pays pour pouvoir négocier un accord bilatéral...

"On espère que cette approche plus politique des dossiers va nous permettre de rapatrier d'ici la fin de l'année si possible les derniers enfants qui étaient en cours de jugement avant le (séisme du) 12 janvier" et qui sont au nombre de 320, a-t-il dit.

Cette volonté d'accélérer le calendrier s'explique en partie par l'épidémie de choléra qui sévit en Haïti où le séisme a fait plus de 250 000 morts...

« On va essayer de substituer, dans le respect de la législation du pays, un régime qui est extrêmement difficile pour les familles puisqu'il y a 11 étapes à franchir pour achever le processus d'adoption qui peut durer entre un et trois ans, a-t-il dit ».

...

Des mesures renforcées ont déjà été arrêtées pour "accélérer les possibilités de départ" pour la France d'environ 70 enfants haïtiens "dont le dossier d'adoption est finalisé" par un jugement, a annoncé mardi le ministère des Affaires étrangères.

Ces enfants sont dépourvus de passeport et "une démarche est effectuée auprès des autorités haïtiennes en vue de mettre en place une procédure exceptionnelle permettant le départ accéléré des enfants et de garantir leur statut juridique en France", a précisé lors d'un point presse le porte-parole Bernard Valero.

Les nouvelles mesures, incluant aussi une meilleure "protection sanitaire et médicale de tous les enfants" en cours d'adoption, ont été décidées en raison de "l'urgence générée par l'épidémie de choléra", a-t-il ajouté.

Parmi les nouvelles mesures, figure aussi l'envoi en Haïti d'une "importante équipe médicale en mesure de réagir immédiatement" dans les crèches, a ajouté le porte-parole.

Enfin "la France va contribuer à hauteur de 85 000 euros pour le fonctionnement d'un centre d'observation et de consultation" et de 80 000 euros de matériels et consommables d'hygiène pour prévenir l'épidémie dans la zone de Port-au-Prince, en liaison avec les autorités haïtiennes."

Quelques jours seulement après sa prise de fonction, la Ministre semble prendre à bras-le-corps nos préoccupations.

Il faut néanmoins rester solidaires et mobilisés, le passé nous a démontré que les promesses sont restées vaines.

TF1 souhaite ce jeudi 20 heures faire un reportage simple sur les enfants et la crèche pour alerter de la situation. Compte tenu du choléra et des élections, il y a urgence à ramener les enfants.

Je pense que cela peut mettre pression et nous aider.

Adrien nous demande notre accord pour que notre fils soit filmé. Éveline veillera aux images tournées.

La tâche la plus importante à accomplir est de rentrer en contact avec le Service des Adoptions Internationales afin de s'assurer que nous sommes bien enregistrés sur la liste des enfants disposant d'un jugement.

Nous avons confirmation très vite de la part du S.A.I. Une liste de l'Ambassade haïtienne a bien été communiquée.

Toutefois, il faudrait que nous puissions adresser la photocopie du jugement pour compléter notre dossier français.

Jeudi 25 novembre 2010
Afin de s'assurer de la bonne santé des enfants en cours d'adoption, l'État français et haïtiens souhaitent les mettre sous surveillance médicale. Passé ce délai, ils seraient réorientés dans leur crèche respective.

Nous avons quelques interrogations sur cette procédure. Même si elle est totalement louable, il y peut y avoir un risque de contamination post-mise sous « quarantaine ».

Pour notre crèche, nous avons l'esprit tranquille suite à la vaccination effective à ce jour.

L'optimisme est de retour

Hier soir, le ministre d'État, ministre des Affaires étrangères et européennes, s'est entretenu au téléphone avec le président Préval pour le remercier de son engagement personnel et pour lui marquer son attachement à l'accélération des procédures nécessaires à la clôture rapide des dossiers et à l'arrivée des enfants dans les familles adoptantes.

Samedi 27 novembre 2010

Nous sommes plusieurs familles à être convaincues qu'il faut provoquer la chance. Il y a lieu d'anticiper les événements et de ne plus les subir.

Aurélien décide, avec notre accord, d'écrire à Monsieur l'Ambassadeur en Haïti. Tel un joueur de poker, il bluffe.

Il communique notre date d'arrivée en Haïti afin d'obtenir un visa de sortie pour nos enfants respectifs. Les dates retenues sont du 08 au 15 décembre avec des billets non modifiables.

Monsieur l'Ambassadeur est-il lui aussi un adepte du poker ?

De notre côté, nous installons la chambre de notre fils. Après quelques heures de travail, elle est enfin prête à accueillir notre petit prince.
L'émotion est palpable, un petit bout va égayer notre vie d'ici peu.
Lundi 29 novembre 2010

Nous cogitons toujours sur les dates à retenir pour notre départ. La période du 08 au 15 décembre tient toujours la corde.
Nous ne devons, nous ne pouvons-nous tromper compte tenu du coût des billets

Nouveau rebondissement dans la journée.

Suite au rendez-vous du Collectif avec le MAE, il est à retenir :

"Pour les enfants avec jugement, le retour se fera très rapidement sans attendre les légalisations des documents actuellement obligatoires.

Les dates et modalités pratiques nous seront confirmées lundi, mais l'orientation est à une reprise de la procédure négociée en mars : édition de passeports urgents sur présentation d'une liste validée d'enfants avec jugement."

Or, à ce jour, le S.A.I. communique en disant que les procédures actuelles perdurent, qu'il faut continuer les légalisations et qu'il semble prématuré d'envisager un voyage des parents vers le 8 décembre-retour le 15 décembre avec les premiers enfants.

Pour les autres enfants, aucune sortie ne se fera sans avoir obtenu un jugement, donc les comparutions à cette date n'ont que très peu de chance de revenir avec leurs enfants.

Pour expliquer ce revirement, il est mis en avant les élections haïtienne en cours.

En effet, suite au premier tour, les autorités françaises sont restées sans interlocuteur pendant plusieurs jours.

Le parti du président Préval au deuxième tour.
10 des 12 candidats demanderaient l'invalidation du scrutin.
Les deux prétendants sérieux ont des positions opposées. Pour l'un Préval ne peut rester en poste après le 7 décembre et doit quitter son poste et le pays.
Pour la candidate, elle accepterait que Préval reste en place jusqu'au 16 janvier date du 2ème tour.

La France a proposé à Préval de le "protéger" et de le laisser en place jusqu'au 16 janvier à condition qu'il reconnaisse sa défaite et qu'il signe l'accord tant attendu par les parents français.

Il semblerait que Préval fasse monter les enchères et négocierait le moindre bout de gras.
Dans le cas où aucun accord n'aboutirait avant le 6 décembre minuit, il y aurait une vacance du pouvoir Haïtien. Préval ne pourra plus rien signer à compter du 7 décembre.

Au regard de ces dernières informations, on s'interroge grandement sur le maintien de nos dates de départs évoquées encore ce matin.

Mercredi 01er décembre 2010

Nous sommes convaincus qu'un départ au 8 décembre est prématuré. Toutefois, je pense que nous pouvons prendre le risque de partir compte tenu de l'avancée de nos dossiers.

Selon Éveline, ils sont dans la dernière étape du process haïtiens. Dans une semaine si tout se déroule normalement, ils devraient être déposés au Consulat français.

Il faut donc prévoir un départ le 14 ou 15 décembre.
À notre arrivée, nous pourrons faire le « forcing » s'il y a lieu.
Nous pouvons espérer que d'ici là, l'accord soir franco-haïtien sera signé et effectif.

La soirée et la nuit vont être longues. Que devons-nous faire ?

Jeudi 2 décembre 2010

Aurélien,

Nous pensons qu'aujourd'hui nous sommes dans une situation où nous ne devons plus cogiter.

À mon sens, je ne vois pourquoi le Président Haïtien René PREVAL ne reconnaîtrait pas sa défaite.

Qu'aurait-il à y gagner ?

Il a plus à "espérer" en acceptant l'échec de son parti et ainsi rester en place jusqu'au 16 janvier avec l'appui de l'État français.
Je pense également que les diplomates doivent lui mettre la pression.

Après comme tu l'écris nous restons dans un cadre légal et je pense que nous pourrons influencer l'ambassade sur place (nos dossiers y seront à notre arrivée quelle que soit l'option prise aujourd'hui).

Si l'accord est signé, nous serons tranquilles !

Donc notre réflexion est arrivée à son terme.
Je pense que l'on doit partir.

Toute la journée nous n'aurons de cesse de nous appeler, de nous convaincre mutuellement sur des dates de départ.

Les prix des billets d'avion sont en train de s'envoler.

Personne d'entre nous ne sera tenu pour responsable si l'option retenue se révèle mauvaise.

Aurélien bloque définitivement nos billets pour un départ le 14 et un retour le 21 décembre.

Nous apprenons à cette occasion qu'un couple se joindra à nous pendant tout notre séjour. Nous sommes désormais trois familles unies pour le meilleur et pour le pire.

<u>Vendredi 3 décembre 2010</u>

Un mail est adressé par les 3 familles sur le départ au Consul avec copie au S.A.I.

Monsieur le Consul,

Suite à l'annonce de notre Ministre des affaires étrangères, sur les procédures d'adoption en Haïti avec priorité aux retours des enfants dont des jugements ont été prononcés,

Nous avons réservé nos billets pour partir du 14 au 21 décembre.
Cette motivation a été prise par le fait que :

- Nos dossiers sont aux portes de l'Ambassade de France.

- Les places d'avions ne sont pas extensibles et chères pour cette période (ce matin pour un départ le 14 décembre :

2 700 € par adultes et plus de 1 400 € pour les enfants).

Nous espérons que ce voyage ne sera pas un échec, mais bien au contraire une réussite pour nos familles respectives mais aussi pour vos services et notre gouvernement.

Je porte à votre connaissance les informations suivantes.
Nos dossiers comportent bien pour les 3 familles le jugement d'adoption et l'acte d'adoption.

Famille X adoption de.... né le ../../.. -N° IBESR .....
Famille Y adoption de.... né le ../../.. -N° IBESR .....
Famille Z adoption de.... né le ../../.. -N° IBESR .....

Certes, l'Ambassadeur de France fait de son mieux pour mettre en place l'accélération prévue, mais devant le manque de communication, la non-information, nous ne voulions pas être pris au piège des tarifs aériens et des compagnies.

Je vous demande de faire tout ce qui est en votre pouvoir pour que nos dossiers soient pris en considération pour un retour heureux de nos enfants.

Dans l'attente d'un dénouement heureux, veuillez croire, Monsieur le Consul, en l'expression de nos salutations respectueuses.

Aurélien S.

<u>Samedi 4 décembre 2010</u>

Par notre réseau, nous tentons d'obtenir les coordonnées de l'acteur Sean Penn, qui est toujours extrêmement actif dans le campement dont il s'occupe. Il pourrait nous être utile en nous ouvrant son carnet d'adresses.

Il faut tout « remuer » comme le dit bien si bien Aurélien. Il me propose d'appeler l'une de ses connaissances journaliste afin que je puisse de nouveau intervenir sur les ondes de France Bleu Azur.

La direction n'est pas très « chaude » pour notre demande.
La rédaction souhaiterait un passage post-accord franco-haïtien. Le sujet est sensible.

De notre côté, il faut médiatiser encore et encore la situation des enfants haïtiens. Aurélien me demande de préparer deux interventions. La première sans tenir compte d'un règlement par les autorités et une seconde avec.

Malgré tout, nous pensons à notre fils. Nous nous rendons à la FNAC afin de lui acheter son premier livre intitulé "mon premier voyage en avion". Cet ouvrage décrit avec justesse tout le cheminement qu'il va devoir affronter pour la première fois.

Dimanche 5 décembre 2010

Un climat de tension règne en Haïti où les manifestations publiques pour réclamer le départ du président sortant René Préval sont désormais interdites.

Exprimant son inquiétude face à la crise post-électorale, un journal local titre à sa une :

Entre 2 000 à 3 000 personnes ont défilé dans le calme jeudi dernier, à port au Prince.

Ils souhaitaient répondre à l'appel des candidats à la présidentielle qui demandent l'annulation du scrutin.
L'ONU (Organisation des Nations Unis) menace de se retirer si l'élection n'est pas respectée. Les violences liées au choléra continuent : 12 personnes sont mortes lynchées.

Quand tout cela finira-t-il ?

Un événement chasse l'autre nous replongeant sans cesse dans l'incompréhension et la crainte pour nos enfants.

Mardi 7 décembre 2010

Toujours aucune trace de signature entre la France et Haïti. Nous envoyons au S.A.I. le jugement haïtien de Marvin et le certificat de vaccination contre le choléra.

Notre dossier est donc complet pour l'administration française. Nous serons donc prioritaires pour l'obtention d'un passeport ou laisser-passer au nom de notre fils.

Mais quand ?

Éveline a rencontré lors d'une réunion privée au parquet Madame la Doyenne de l'institution et Messieurs l'Ambassadeur et Consul Français. Les discussions sont constructives et des modalités semblent se profiler malgré l'absence d'un accord effectif.

<u>Mercredi 8 décembre 2010</u>

L'ambassade de France en Haïti émet un bulletin d'alerte.

Compte tenu de l'évolution de la situation politique, nos compatriotes résidents ou de passage en Haïti sont invités à :
- limiter leurs déplacements ;
- se tenir informés de l'actualité locale.

Dans la journée, nous apprenons du Ministère des Affaires Étrangère que l'accord tant attendu est rédigé et se trouve sur le bureau du Premier ministre haïtien.
Ce dernier a donné son accord et est censé le signer sous 48 heures.
C'est donc dans ce délai que nous aurons les modalités exactes.

Parallèlement, les premiers parents au nombre de 18 viennent de s'envoler de France pour se rendre à la crèche.
Ils seront accompagnés durant ce vol par l'ambassadeur M. Le Bret qui était rentré à Paris avec les propositions finales de l'accord. Ce retour marque sans nul doute une avancée probante, dans la finalité attendue.

À 17 h 15, Aurélien, à l'origine de l'émission des billets d'avion des 18 partants actuellement en route vers Port-au-Prince, nous donne de bien mauvaises nouvelles.

Selon un journaliste de TF1, sur place, la ville est bloquée

Il est désormais impossible de se déplacer et d'accéder à l'aéroport. Par souci de sécurité, la compagnie aérienne en charge notamment de nos adoptants et de l'ambassadeur détourne le vol sur Pointe-à-Pitre.

La situation sera alors examinée selon l'évolution de la situation.

Par ailleurs Éveline ne pourra se déplacer pour aucun dossier. Enfin, les différents Ministères et administrations sont fermés.

En cette fin de soirée et face à l'inquiétude de nombreux parents, Éveline tient à tous nous rassurer. La crèche étant relativement excentrée du centre de Port-au-Prince, il n'y a aucune perturbation dans la zone.

Jeudi 9 décembre 2010

J-6 avant notre départ.

« Good Morning Haïti ».

Depuis hier soir 21 heures l'aéroport de PAP n'accepte plus de vols civils commerciaux et pour au moins encore quelques heures. Cette interruption est décrite par tous comme une position d'attente devant la tension montante mais tout reste organisé pour une reprise immédiate si la tension venait à descendre d'un cran.
Les vols sont donc suspendus ou détournés mais les compagnies espèrent bien acheminer tout le monde rapidement et s'organisent en conséquence.

Malgré tout il y a une bonne nouvelle. Monsieur L'ambassadeur - contraint de faire escale à Pointe à Pitre - est parvenu à rejoindre Port-au-Prince avec l'accord qui devrait être signé ce jour par le gouvernement haïtien.

Après plusieurs jours de tergiversations, un journaliste de France Bleu Azur m'accueille à la station de radio pour une interview sur les ondes. Mes deux interventions préparées sont à revoir compte tenu des derniers événements en cours en Haïti.

Je suis maintenant rodé à ce genre d'exercice. À bâtons rompus je me fais le porte-parole de l'ensemble des parents. En premier lieu il est important de remercier chaleureusement Madame Michèle Alliot Marie qui depuis sa prise de fonction dans son ministère n'a cessé de nous accompagner dans notre « combat ».

J'évoque tous les derniers rebondissements dignes d'un blockbuster américain.
J'informe de notre futur départ sous quelques jours sans aucune certitude à l'heure actuelle sur l'issue de notre voyage.

L'empathie du journaliste me touche. À la fin de l'entretien, il me propose de venir nous accueillir à l'aéroport le jour de notre retour. Banco !

<u>Vendredi 10 décembre 2010</u>

Notre contact au S.A.I, nous garantit, ce matin, que l'accord tient plus que jamais ! Ils attendent juste cette putain de signature car tout est OK.

L'Ambassade de France sur place fait le siège et ne lâche pas l'affaire.
Les émissaires ne prévoient aucune disposition pour le retour tant que rien ne sera signé mais ils semblent confiants. Soyons patients encore, au point où nous en sommes. Nous pouvons encore attendre quelques heures afin que toutes les parties finalisent un accord dans le respect de la Loi.
C'est éprouvant évidemment mais nous avons de la ressource et nos enfants encore plus que nous.

Espérons une issue favorable aujourd'hui.

L'aéroport de PAP a rouvert dans la journée. Néanmoins tous les vols commerciaux sont annulés eu égard à la situation sur place toujours extrêmement tendue.

Les parents déroutés hier sur la Guadeloupe en attente d'un acheminement vers PAP sont en attente d'un vol ce jour mais rien n'est moins sûr.
La compagnie leur propose un réa-cheminement vers la France sous 24 ou 48 heures au choix.
Tous ont décliné cette proposition. Ils attendront le temps nécessaire.

L'inquiétude grandit de notre côté. Pourrons-nous partir la semaine prochaine ? Pour le moment, sur le site d'Air-France, il n'y a plus de vol prévu vers PAP jusqu'au 12 décembre.

Si notre avion est annulé, nous savons d'ores et déjà que tous les autres vols sont complets pour la fin de l'année.

En Haïti, nous avons eu vent qu'une quarantaine de parents sont bloqués dans diverses crèches. En ce qui concerne Notre Dame de la Nativité, la réserve d'eau sera épuisée d'ici mardi.

Samedi 11 décembre 2010

En ce début de matinée, le calme semble être revenu dans la capitale Haïtienne.

Air France et Air Caraïbes maintiennent les vols de ces prochains jours sous réserve du maintien de l'accalmie actuelle.

Après des mois d'atermoiement de l'État français, via son ancien Ministre des Affaires Étrangères, nous nous heurtons aujourd'hui clairement au gouvernement Haïtien, en sursis.

C'est à son tour de « traîner des pieds ».

Le collectif demande aux autorités françaises que des avions militaires transfèrent les enfants adoptés vers la Guadeloupe. La tension est palpable. Nous sommes de nouveaux adeptes des petits bonbons bleus, roses fournis par notre médecin.

Dimanche 12 décembre 2010

J-2 avant notre départ ?

Les valises sont prêtes. Nous discutons logistique avec nos amis. La liste est longue pour nos petits plaisirs sur place : vin, pistaches, cacahuètes, cajou, charcuterie... Nous plaisantons et faisons tout pour rester optimistes. Nous avons acheté du fromage qui dégage déjà de fortes odeurs.
Il y a fort à parier qu'à l'aéroport nous soyons pris pour des terroristes ayant pour but d'attaquer Haïti avec des armes chimiques !

Lundi 13 décembre 2010

J-1 - A 9 h 00, toujours pas d'accord.

La journée est interminable. Nous communiquons entre nous sur notre vol de demain.

Il est prévu au départ de Paris à 12 h 00. J'ai peur que nous manquions de provisions nécessaires sur place. Il fait chaud en Haïti, par pure précaution, je rachète deux nouvelles bouteilles de rosé. On n'est jamais assez prévoyant.

Lundi 13 décembre à 18 h 17

L'accord est enfin signé. Il porte, comme dit, sur tous les enfants, soit 287 et ce, avec une arrivée à très court terme. Les modalités sont ce jour en cours de règlement.

On ne connaît pas encore l'ordre des sorties.

On vous refait un message plus tard sur les modalités, nous attendons un appel du MAE.

S'il vous plaît, essayez de ne pas harceler le bureau du S.A.I. ou l'Ambassade. Ils travaillent.
Réjouissons-nous - L'équipe du Collectif

Ce message que l'on attendait plus. Il est une véritable délivrance pour nous tous.
Les heures qui nous séparent de Marvin vont être interminables. Notre départ demain matin aura le goût du bonheur.

Ce voyage ne sera pas de tout repos ni les tracasseries administratives sur place qui nous attendent.

À demain pour un grand voyage vers notre fils.

<u>Mardi 14 décembre 2010</u>

À Orly, nous retrouvons Mélanie et Aurélien. Nous faisons également connaissance du couple qui sera de l'aventure durant notre dernier périple en Haïti.

La journée fut interminable. Nous avons dû subir une grève surprise en Guadeloupe du personnel au sol. Il nous faudra patienter plusieurs heures avant d'embarquer vers notre destination finale.

Nous arrivons tard à la crèche. Nous prenons rapidement nos quartiers dans trois chambres réservées par Éveline.

Nous nous voyons réattribuer celle que nous avions lors de notre premier séjour. Les souvenirs sont encore bien présents. La fatigue est telle qu'elle aura le dessus sur nos émotions intérieures.

Éveline nous rassure. Demain nous aurons la chance de changer de pièce à coucher du fait du départ d'une famille.

Une brève douche, une collation seront de mises. Marvin dort, nous le verrons demain matin.

<u>Mercredi 15 décembre 2010</u>

Nous remercions chaleureusement Éveline pour nous avoir donné des chambres individuelles. En effet, de nombreux parents sont déjà sur place et d'autres arriveront demain. Pour l'occasion un immense dortoir a été rapidement aménagé afin d'accueillir tous les hôtes. Au total nous serons près d'une dizaine de familles à résider dans la maison principale d'Éveline.

Nous devrons nous partager deux salles de bains et un seul WC pour tous.

La petite maison dans le jardin, anciennement celle de la belle-mère d'Éveline est déjà occupée par trois mamans « solos ». À cette occasion nous faisons la connaissance de Marina arrivée deux jours plus tôt.

Il règne une ambiance pesante mais positive. Nous ne savons nullement ce que nous réservent les autorités haïtiennes et le personnel de l'Ambassade Française.

Marvin, notre fils est en bonne santé. Il est heureux de nous voir. Malgré tout il est sur la défensive avec tout le monde. Il semble vivre dans sa bulle. Par moments, il nous fait penser à un enfant autiste.

Yannick, le fils de Mélanie et d'Aurélien est une véritable tornade et fait le pitre auprès de son public.

Nous entamons une discussion sur les démarches à accomplir d'ici notre départ. Il n'y a aucune certitude d'obtenir d'ici le 22 décembre le passeport de nos enfants.

Aussi, nous décidons de cacher à ces derniers le motif de notre séjour. Nous ne voulons en aucun cas leur donner de faux espoirs. Sans documents officiels entre nos mains, nous tairons leur possible départ en France.

Éveline en début d'après-midi obtient des informations capitales. Nos dossiers sont complets et tous en conformité du côté des administrations Haïtiennes.

Les derniers obstacles à franchir seront ceux émanant de l'État Français via son Ambassade.

Sur ce point, le personnel a fait savoir à Éveline il y a quelques heures que la priorité de leur travail serait concentrée sur les dossiers des enfants.
Ils sont en mesure, sous quelques jours, de mettre en place des laissez-passer permettant ainsi à nos enfants de quitter Haïti.
Le travail est colossal, ces employés ne compteront pas leurs heures. Aurélien, de concert avec Éveline se propose d'apporter son aide sur l'avancée des dossiers et d'être le lien entre l'institution et les parents présents à la crèche.
Le train, à toute allure, fonce inexorablement vers la station terminus.

Quelle journée radieuse sous un soleil de plomb en ce mois de décembre.
Nous pouvons en ce milieu d'après-midi annoncer la grande nouvelle à nos enfants.

Nous appelons Marvin qui était en train de jouer avec ses copains.

Il ne parle pas Français couramment. Il comprend quelques mots, saisit le sens de certaines intonations quand nous discutons avec lui.

Marvin, le visage fermé, est face à nous.

Nous lui disons simplement. Mon doudou, tu pars avec nous en France d'ici quelques jours.

Un miracle se produisit sous nos yeux. Notre fils a fendu son armure. Sa tristesse s'est immédiatement transformée pour faire place à un magnifique sourire.

Il a saisi la portée de nos paroles, comment a-t-il fait, cela restera le mystère.

À partir de cet épisode, il sera définitivement un autre enfant. Il sera tout simplement heureux.

Nous avertissons mes parents, la marraine du petit et le journaliste de France bleu Azur que nous serons tous de retour le 22 décembre.
Ce séjour à la crèche sera difficile à plus d'un titre.

Il régnera une ambiance détestable pendant tout le séjour.
Les nombreux parents en terrain conquis mettront littéralement le foutoir à la crèche.

Les toilettes et les douches sont laissés dans des états déplorables. Angie, Mélanie et le couple parti de France avec nous seront les seuls à nettoyer les immondices de ces sales français.
Les cuisinières sont débordées. Elles n'ont jamais eu autant de bouches à nourrir en même temps.
Aussi les repas sont rarement pris avant 16 h 00 voire 16 h 30.

Nos hôtes, ces sales gamins, s'installent pourtant tous les jours sur la table commune bien avant l'heure du déjeuner. Ils ne trouvent rien de mieux que de taper fort leurs couteaux et fourchettes sur la table et de hurler « on a faim, on a faim... ».
C'est pitoyable.

Vous pensiez avoir tout entendu. Que nenni !

Une fois les plats servis par nos merveilleuses cuisinières, les premiers se ruent sur les plats, se servent copieusement pour ne rien laisser à ceux assis en bout de table. Nous devions attendre un deuxième service pendant que des égoïstes se goinfraient généreusement.
Pendant ce temps-là, Aurélien se décarcasse avec le personnel de l'Ambassade. Il part tôt chaque matin et rentre éreinté vers 17 h 00, 18 h 00.

Sans Mélanie et Angie il n'aurait jamais pu se restaurer car les « autres » ne laissaient rien. Pour un gars qui inlassablement travaille gracieusement pour le bien de tous... Le comble de la goujaterie n'est pas atteint.

Certains parents ont demandé à Éveline d'acheter pour eux des gâteaux et une bouteille de rhum pour fêter un anniversaire.

Nous ne sommes pas invités à cette occasion. À la limite cela ne dérangeait point.
Par contre, ces indélicates personnes n'ont rien trouvé de mieux que de piller dans le frigidaire une partie de nos victuailles apportées pour notre séjour.

La goutte qui a fait déborder le vase. Nous décidons de tout enlever et d'entreposer nos agapes dans le frigidaire de la petite maison occupée par les mamans « solos ».

Je vous le donne en mille. La plupart n'ont pas aimé notre manière de faire. Le monde à l'envers !

Nous les passerons les derniers jours avec les mamans "solos" super-sympas. Elles profiteront ainsi de nos apéros dînatoires, et autres petites festivités.

Il sera également difficile de s'endormir le soir. Aucun respect est le maître mot pendant ce séjour.

<u>Samedi 18 décembre 2010</u>

Un long convoi se dirige vers l'Ambassade Française au centre de Port-au-Prince.

L'ensemble des parents est convié afin d'accomplir les dernières formalités et obtenir le fameux sésame tant convoité.

En temps normal, les enfants doivent obligatoirement être présents, en tenue de fête, pour valider officiellement la fin du parcours des adoptants.

Nous avions acheté à Marvin pour cette occasion un magnifique petit pantalon noir à pince et une belle chemise blanche. Tant pis, ils seront portés pour une autre occasion. Notre fils ne sortira pas de la crèche aujourd'hui.

En ce samedi matin nous sommes attendus pour 10 h 00. La responsable de l'Ambassade accepte de bonne grâce de travailler le week-end mais demande en retour une certaine ponctualité.
Aïe le gros mot que voilà pour notre chère Éveline.
Nous arriverons très en retard. Nous sommes tous désolés et nous en excusons auprès des personnes présentes.
Aucune d'elles n'en prend ombrage, notre chère Éveline est connue de toutes. Elles ne sont donc nullement surprises de notre retard.

Il fait chaud. Nous patientons dans le magnifique jardin de la résidence. Il nous est conseillé un restaurant face à l'Ambassade pour ce midi. Aucun d'entre nous n'ose sortir par peur de n'être là dès son tour venu.

Nous grignotons quelques gâteaux secs agrémentés d'eau minérale. Notre chère Éveline partage avec nous l'un de ses péchés mignons, des petits Lu pur-beurre.

L'heure tourne. Les parents sont appelés de manière totalement aléatoire. Il n'y a point de liste alphabétique ou un traitement par ordre d'arrivée des dossiers.

Comme de bien entendu, cela serait trop simple, la journée se termine. Nous n'avons pas eu le privilège d'obtenir le sauf-conduit. Nos amis ont eu cette chance. Nous sommes heureux pour eux. De notre côté nous sommes angoissés à l'idée qu'il y ait un problème dans notre dossier.

Dimanche 19 décembre 2010

Nous nous retrouvons de nouveau à l'Ambassade, mais à l'heure cette fois-ci.

Notre tour arrive enfin, nous découvrons la magnifique bâtisse de l'intérieur. Nous sommes reçus dans l'un des bureaux. La préposée vérifie nos identités. Pour notre part nous contrôlons toutes les données relatives à notre couple et à notre fils.

Nous réglons les frais des timbres fiscaux. Nous devons payer en gourde mais comme beaucoup de parents, nous n'avons que des dollars. Ce ne sera pas un problème, l'employée se chargera de faire le change.
Une fois tous les papiers en règle, il nous est demandé de patienter quelques minutes.

Il ne manque que la signature du Consul. Ce dernier, présent dans un bureau annexe, nous gratifiera de son magnifique paraphe.
Nous obtenons le laissez-passer de Marvin en cette fin de matinée.
L'équipe en place est ravie pour nous. Nous les remercions très chaleureusement. Ils ont en un instant fait basculer notre vie vers le meilleur.

Nous sommes envahis d'émotion. Après tant de mois de souffrance, de doutes, de pleurs, tout cela est derrière nous.

Ce soir-là, les cocktails à base de fruits frais et de rhum coulent à flots. La cochonnaille et Junk Food n'ont jamais eu aussi bon goût. Nous chantons, nous dansons en petit groupe restreint. Nous sommes légers comme l'air. Ce soir ce sont les coqs que l'on empêche de dormir. Notre revanche a sonné !

Dès le lendemain, nous assistons aux premiers départs des parents et enfants arrivés avant nous. Nous consacrons notre temps libre à ranger les médicaments de l'infirmerie, les tonnes de vêtements qui s'amoncellent dans plusieurs pièces.

Nous préparons le Noël des enfants. Cette fois-ci nous serons présents avec notre fils. Il gonfle avec beaucoup de concentration les ballons et fait surtout le clown. La fête aura lieu lundi dans le jardin.

Lundi 20 décembre 2010

Encore une journée avant de quitter définitivement la crèche où nous avons vécu tant de souvenirs contrastés.

Il a été dressé dans le jardin une estrade avec une sono. De nombreuses chaises alignées attendent que nos timouns viennent assister à la fête célébrant Noël.
Chaque enfant aura droit à un cadeau. Il sera remis par le père Noël en personne.

Aurélien endosse son magnifique costume.
Je me souviens des rires des ados en découvrant ce bonhomme rouge à barbe blanche. Ils ont tous reconnu notre imposteur, ce papa bien pâle parmi eux.

Marvin assiste au spectacle mais n'est nullement intéressé cela l'ennuie. Il a de qui tenir me dis-je.

Malgré cette distraction l'ambiance est toujours électrique, nous sommes à bout de nerfs avec Angie. D'autant plus qu'un autre point nous chagrine très fortement.
En effet, tous les jours depuis notre arrivée, les parents biologiques de Marvin sont présents du matin au soir. Ils demandent à le voir, discutent avec lui.

Le petit est perdu, il ne sait plus sur quel pied danser.

Nous avons peur. Nous savons qu'à n'importe quel moment les parents biologiques peuvent se rétracter.

Tant que l'avion transportant Marvin n'a pas quitté le tarmac, nous sommes tributaires de leur bon vouloir.
Nous serrons les dents.

Mardi 21 décembre 2010

Nous nous levons très tôt ce matin. Nos bagages sont prêts même si nous ne partons que dans l'après-midi.
Vers 09 h 00 Aurélien, accompagné de Mélanie, vient à notre rencontre. Il était en communication téléphonique avec ses collaborateurs de son agence de voyages.
Ils nous annoncent que notre vol est annulé aujourd'hui.

Mélanie qui n'avait pas été mise au parfum, rigole de bon cœur avec nous. Nous croyons à une farce.

Malheureusement Aurélien dit vrai.
Nous n'étions pas sans savoir que les conditions météorologiques en France étaient mauvaises. Depuis plusieurs jours, il y a des épisodes neigeux dans la région Parisienne.

Nous réfléchissons très vite. Sachant que nous devons nous rendre dans un premier temps à Pointe-à-Pitre avant de prendre une correspondance pour Paris, ne pouvons-nous pas en profiter pour résider dans un hôtel en Guadeloupe et profiter ainsi d'une journée de farniente ?

Chose incroyable, le vol annulé n'est nullement pointe-à-Pitre – Paris mais celui au départ de Haïti.
Dans notre malheur, un vol est toutefois programmé pour demain.

Qu'avons-nous fait au bon Dieu ?

Abasourdis, nous retournons dans notre chambre. Elle est fermée à clé. Comment est-ce possible, nous n'avons pas de clés ?

Au-dessus de la porte se trouve une imposte non vitrée. Nous nous hissons sans mal pour voir l'intérieur de la pièce.
Nous sommes en train de rêver. Marvin a probablement actionné la poignée de la porte, la condamnant ainsi.

Notre fils n'est nullement inquiet de la situation. Il est confortablement installé sur notre lit et tente de déchiffrer un de mes livres intitulés « Les pères ont des enfants » (Alain Etchegoyen et Jean-Jacques Goldman). Cela ne s'invente pas.

Aurélien, ma femme, moi-même et plusieurs parents tentent de se hisser par l'ouverture pour pénétrer à l'intérieur de la pièce.

Toutes les tentatives sont infructueuses. Sur ces faits, arrive l'un des fils d'Éveline. Il est costaud et bien portant. Il a été attiré par l'attroupement. Ni une ni deux, il parvient, en moins d'une minute à passer au travers de l'ouverture et délivre notre fils.

Haïti 1 – Reste du monde 0

Trop, cela en est trop pour Angie. Elle est dans tous ses états. Elle ne supporte plus la promiscuité, l'incorrection de la plupart des occupants, la présence des parents bios de Marvin. Elle ne veut rester un jour de plus ici.

Nous trouvons la solution pour la soulager. Nous demandons à notre chère Éveline de nous faire conduire dans un des plus grands hôtels de la ville, réputés sûrs en cette période.

Le Plaza hôtel accueille les journalistes, les hommes d'affaires et politiques, il peut bien nous recevoir aussi.

Nous souhaitons passer la dernière nuit loin de la crèche. Notre chère Maman noire comprend. Elle sait que nous avons toujours accepté les conditions parfois difficiles en cet endroit. Elle n'en veut point à Angie.

Après avoir fait une réservation pour l'hôtel, nous embrassons chaleureusement nos amis et Éveline.

Ils ne sont pas rassurés à l'idée de nous savoir ailleurs. Ils nous font promettre de ne pas sortir de l'hôtel.

Ou voudriez-vous que l'on aille ?

Nous nous embrassons chaleureusement. La séparation ne sera que de courte durée. Demain ils viendront nous récupérer pour partir tous ensemble vers l'aéroport.

Marvin est sur mes genoux dans le 4*4. C'est sans doute la première fois qu'il monte dans une voiture. Il est émerveillé par les paysages qui défilent.
Tout est une découverte pour lui.
Nous arrivons à l'hôtel. Nous sommes attirés par les gardes armés à l'entrée de l'édifice. Il y a des barbelés au sommet des murs.

À l'intérieur, nous découvrons un grand patio où nous nous enregistrons auprès du réceptionniste puis nous sommes conduits vers notre chambre.

Nous traversons un grand jardin arboré. Au centre se trouve une piscine entourée de transats.

Notre cocon pour la nuit se situe dans un petit bâtiment au premier étage. La décoration est sommaire. L'endroit est propre et agréable. Un lit enfant attend Marvin. Il est fatigué. Nous le couchons une petite heure. Pendant ce temps-là, nous nous délectons de notre première douche chaude depuis notre arrivée en Haïti.

À notre tour nous goûtons au silence et nous allongeons sur le lit.

Vers 18 h 00, nous nous rendons au bar près de la piscine. À proximité de notre table se trouve une grande volière où de magnifiques oiseaux colorés chantonnent. Marvin est ébahi. Nous lui commandons un jus d'orange qu'il engloutit en un rien de temps. Nous l'amenons à la piscine. L'eau est trop froide pour se baigner. Il se contente de mouiller ses petites jambes.

Nous nous rendons au restaurant. Tous les trois nous profitons de la tranquillité du lieu. Nous mangeons de bon cœur. La nourriture est correcte mais ne vaut pas celle de la crèche.

Une table plus loin se trouve un couple d'américains.

À la fin de leur dîner, le monsieur s'approche de nous. Il a été étonné de l'attitude calme de l'enfant pendant tout le dîner. Il nous demande s'il s'agit de notre fils.

Nous le lui confirmons avec fierté. Il souhaiterait faire un petit cadeau à ce dernier si nous acceptons.

Il sort de sa poche une poignée de billets et nous tend 10 dollars. Ce petit présent nous touche.

Ce billet nous le considérons comme notre fétiche. Il est toujours conservé précautionneusement chez nous.

Nous allons nous coucher de bonne heure. La nuit fut douce, réparatrice.

<u>Mercredi 22 décembre 2010</u>

Nous sommes reposés. La nuit fut salutaire. Après un rapide petit-déjeuner, nous nous empressons de faire nos bagages.
Nos amis, accompagnés d'Éveline doivent arriver vers 11 h 00. Nous sommes heureux de nous revoir. Nous sommes tous surexcités comme des puces.
Arrivée à l'aéroport, notre chère maman noire se charge de nous commander des porteurs. Elle accomplira jusqu'aux derniers instants sa mission d'amour envers nous tous.
Nous nous enlaçons. Nous nous promettons qu'il ne s'agit nullement d'un adieu mais d'un simple au revoir.
Nous franchissons avec appréhension les premiers barrages policiers. Ces derniers sont bienveillants avec nous. Ils nous posent quelques questions sur nos enfants respectifs. Ils s'enquièrent de savoir si nous avons bien rencontré les parents biologiques.
Nous voilà dans la salle d'embarquement. Un journaliste de Paris Match est présent. Il aimerait faire une photo des trois familles. Nous acceptons bien volontiers.

J'ai toujours à l'esprit que Marvin peut encore nous être « réclamé » par ses parents bios.
J'angoisse même si je ne le montre pas à nos amis et encore moins à ma femme.

Nous sommes enfin dans l'avion. Ce dernier se positionne en bout de piste et entame le roulage.

Marvin est à nos côtés, désormais plus rien ne pourra nous séparer.

Le vol fut de courte durée vers Pointe-à-Pitre. Les enfants jouent dans le hall en attendant notre vol vers Paris pour cette fin d'après-midi.
Nous nous désaltérons, faisons les boutiques en duty-free, le cœur si léger.

Les conditions météorologiques en France sont toujours mauvaises. Il y a toujours un épisode neigeux à Paris.
Nous embarquons avec plusieurs heures de retard.
Nous sommes accueillis à bord par la chef de cabine qui se trouve être une connaissance de l'un de nos amis.

Elle sera à nos petits soins durant le vol.
Nous sommes situés juste en face d'un écran. Marvin regardera avec de grands yeux le décollage de l'oiseau avec ses grandes ailes. Puis pris de fatigue, il se couchera en mettant délicatement sa tête sur mes genoux.

Le repas nous est servi. La chef de cabine nous portera discrètement du champagne dans des gobelets en carton. Suivront un petit rhum planteur et une petite bouteille de vin rouge.

Au fromage, je me prends à regarder de manière hébétée un film.

Je suis légèrement pompette. Je m'endors comme une souche. Le voyage sera agréable. Marvin a passé son temps à dormir, allongé de tout son long.

Nous sommes informés que le commandant de bord fera son maximum pour rattraper le retard pris afin que les passagers en transit puissent avoir leur correspondance.

Jeudi 23 décembre 2010

Nous survolons la région Parisienne. La neige sublime le décor.
Les efforts de l'équipage ont payé, nous allons pouvoir prendre notre dernier vol en direction de Nice.

Nous changeons de vêtements, emmitouflons Marvin.

Au pas de charge, nos trois familles passent sans encombre les formalités douanières. Notre périple commun se termine.

Lille, Marseille et Nice seront nos arrivées respectives.
Nous avons juste le temps de nous embrasser, nous enlacer par tant d'émotion.

Environ deux heures plus tard, notre avion est en approche de Nice. Nous sommes attendus par mes parents et par une journaliste de France Bleu Azur.

Nous franchissons le dernier portique, tirant nos valises. Nous cherchons du regard mes parents. Ils sont là. La joie est immense.
La journaliste nous a repérés. Elle s'empresse de nous interviewer avec une grande gentillesse.

Nous quittons l'aéroport. Marvin continue d'admirer le paysage qui défile. Tout est nouveauté pour lui y compris la neige.

Nous arrivons à la maison. Nous lui faisons découvrir sa chambre, ses jouets.

Il est fatigué après un si long voyage, de ses nombreux mois éprouvants. Nous fermerons sa porte pour qu'il puisse dormir en toute quiétude.
Il s'endormira en toute confiance.

<u>Vendredi 24 décembre 2010</u>

La radio est allumée.
France Bleu Azur, il est 9 h 00, l'heure des infos...

« Ce soir ils fêteront Noël en famille, leur premier Noël en famille, pour les BELLI ce couple de Niçois.

La fin de tant d'années de galères et d'attente. Hier ils sont revenus de Haïti avec Marvin 3 ans leur fils adoptif. Leur deuxième fils puisqu'un enfant était mort en janvier dernier lors du tremblement de terre sur l'île et à leur arrivée à l'aéroport de Nice c'était forcément un grand moment, une nouvelle vie qui commence et Marie Augénie qui était là, à leur descente d'avion ».

La journaliste : D'une crèche de Haïti au terminal d'un aéroport, un peu effrayé par toute cette agitation, Marvin se blottit dans les bras de son père.

Patrick : Il va bien, très très bien, il sourit

Angie : Je commence à peine à réaliser, nous sommes enfin rentrés à la maison avec toute la fatigue, les aléas de ce genre de voyage, les retards. Enfin on est rentré et ce soir petit bonhomme dort dans son lit, dans sa maison.

Patrick : quand on l'a revu, on lui a dit qu'il repartait avec nous, il a très vite compris qu'on allait (ma voix se brise) ... Je suis ému.

La journaliste : difficile bien sûr pour ces nouveaux parents de revenir sur des années d'attente et de souffrances

Angie : on a commencé en 2007 pour aboutir maintenant. Voilà

Patrick : en passant par la perte de notre premier enfant lors du séisme à Marvin qui est là aujourd'hui cela fait plus de trois ans

Un cauchemar aussi partagé par les parents de Patrick présents pour accueillir leur petit-fils

Grand père : un joyeux Noël qui nous arrive là après la perte du premier. Très heureux de l'avoir ici et en bonne santé.

Grand-mère : on savait qu'il allait rentrer. C'est un grand bonheur. Je crois que cela va être le plus beau cadeau de Noël. Son papi lui a acheté une moto électrique, plus bien d'autres cadeaux.

La journaliste : Pour son premier Noël en France, Marvin aura droit à une pluie de cadeau, il fêtera Ses 4 ans en février prochain.

En ce réveillon de Noël, notre petit prince goûtera les mets les plus variés et les plus inattendus.

Fini le riz accompagné de haricots rouges.

Terminé, les pâtes et ses morceaux de poulets. Ces os rognés, cassés afin d'y récupérer la moelle à l'intérieur.

Envolée, cette nourriture offerte de tout son cœur par notre chère Éveline. Notre chère maman noire.

Marvin se délectera de saumon, foie gras, viande en sauce, salade, fromage, bûche glacée et d'une partie des treize desserts de notre belle Provence.

Samedi 25 décembre 2010

Je haïs toujours « joyeusement » Noël. L'escroc de Père Noël a rempilé pour une année de plus.

La petite maison dans la prairie est elle aussi toujours présente sur nos écrans de télévision.

Mon fils et Angie sont là, rien d'autre ne m'importe en ce jour.
Les cadeaux débordent sous l'arbre de noël.

Un nouveau chemin de vie s'offre à nous.
Nous devrons apprendre à nous connaître, nous apprivoiser,
remplir notre rôle de père et mère.

Après ce si long combat, je me replonge dans le petit prince de
st Exupéry.

Tout s'éclaire comme par magie.
Pourquoi me suis-je donné tant de mal, ais-je enduré tant
d'épreuves et de souffrances ?

En voici la réponse :

**« C'est le temps que tu as perdu pour ta rose qui fait
ta rose si importante ».**

Mais par-dessus tout :

« Fais de ta vie un rêve, et d'un rêve, une réalité ».

6 - EPILOGUE

Un dernier round est à mener auprès des autorités françaises.

À son entrée en France, Marvin est de nationalité haïtienne.
Nous sommes bien ses parents pour le gouvernement Haïtien.
À ce titre nous disposons des documents pour une adoption simple.
Ces deux derniers mots sont d'une extrême importance aux yeux de tous parents adoptants.

Cette notion implique que le lien filial entre parents biologiques et l'enfant n'est pas irrévocable.
Dans les faits, Marvin conserve tous les liens avec sa famille d'origine.
L'adoption simple ne lui permet pas de <u>devenir français</u>. Nous devons en faire la demande.

Marvin aux yeux de la loi n'est pas pleinement notre enfant. Dans le cas où nous décédions, il ne bénéficierait pas des *<u>droits de mutation</u>* gratuits. Il serait imposé aux mêmes droits que les personnes sans lien de parenté (à hauteur de 60 %).

Marvin n'est pas *<u>héritier réservataire</u>* à l'égard de ses grands-parents adoptifs. Ceux-ci peuvent donc le déshériter.

L'adoption simple peut être révoquée pour motifs graves.

Nous connaissions parfaitement cet état de fait.

Jusqu'alors les jugements d'adoption plénière étaient prononcés par les tribunaux français sur présentation d'un jugement haïtien d'adoption simple et d'un consentement éclairé des parents biologiques à l'adoption plénière établi devant un notaire ou un juge de paix.

Ce document mentionne clairement que de manière libre et éclairée et en pleine connaissance de cause il est accepté une rupture complète et irrévocable du lien de filiation préexistant et que cette adoption est conforme à l'intérêt de l'enfant. Or depuis fin 2009 les autorités haïtiennes refusent de légaliser ce document dans la mesure où Haïti ne reconnaît pas l'adoption plénière.
Les tribunaux français, jusque-là, privilégiaient l'intérêt supérieur de l'enfant.

Il nous faudra plus d'un an pour avoir ce fameux document auprès d'Éveline. Elle a été confrontée une nouvelle fois à l'illettrisme du père biologique, rendant de fait le consentement donné comme difficilement défendable.

Nous déposons notre dossier auprès du TGI de Marseille début 2012. Au mois de juin de la même année, nous recevons la transmission de notre requête avec un avis défavorable.

Tous les tribunaux de France rejettent les demandes des parents adoptants. Nous comprenons que les rapports franco-haïtiens ne sont pas des plus coopératifs.
Nous retirons du rôle notre dossier. Nous avons un délai de deux ans pour le représenter.

Les associations sont de nouveaux sur la brèche. Nous médiatisons de nouveau ce combat.

En novembre 2012 j'interpellerai Laurent Fabius, alors Ministre des Affaires Étrangères.

Je recevrai un long courrier faisant état d'avancées sur ce dossier. En effet Haïti a accepté d'adhérer à la convention de La Haye rendant donc légitime l'adoption plénière.

Seulement les autorités n'ont pas encore procédé au dépôt des instruments de ratification de ladite convention sur la protection des enfants et la coopération en matière d'adoption internationale.

Il m'est explicitement indiqué, qu'une fois le dossier déposé, la loi prévoit un délai de trois mois pour qu'un pays soit adhérent de fait.

Je ferai encore deux passages sur France Bleu Azur pour mobiliser notre cause.

Nous gardons contact avec nos amis Mélanie et Aurélien.
Ils organiseront de nouveaux week-ends « le club des enfants d'Éveline ».
Notre chère et tendre Maman noire reste et restera dans nos pensées jusqu'à notre mort. Nous l'avons revue également par trois fois. Elle a même dormi, avec son mari, chez nous à Nice. Aujourd'hui, il reste Facebook pour conserver le lien indestructible qui nous unit.

Pendant ce temps, j'ai annoncé à mon employeur que je souhaitais une mise en disponibilité à compter de janvier 2013.

En effet, nous partons nous installer à Marrakech. Nous avons trouvé notre maison d'hôtes.

Nous exploitons un riad de 8 chambres, piscine, spa, salle de massage et restaurant en plein cœur de la médina.
Malgré le personnel, nous travaillons 7 jours sur 7 et près de 15 heures par jour.

Marvin s'épanouit. Nous nous chargeons en sus de notre activité de lui faire suivre les cours du CNED.
Nous nous partageons les matières avec mon épouse, Marvin est studieux, excellent élève et surtout travaille à son rythme.

Le temps passe à la vitesse de la lumière surtout lorsque vous ne vous octroyez que deux jours de congé en un an et demi.

C'est ainsi qu'en juin 2014, le collectif SOS Haïti contacte l'ensemble des parents. Il n'y a plus aucun obstacle à l'obtention de l'adoption plénière. L'Équipe constituée se propose, via un avocat, de monter en notre nom l'ensemble du dossier à faire valoir devant le tribunal compétent.

Tous nos justificatifs sont en France. Il nous faudra beaucoup d'appels téléphoniques et de patience avec mes parents pour finaliser et envoyer notre précieux sésame.

Nous saisissons une nouvelle fois le TGI de Marseille un an et onze mois après le retrait du rôle.

En février 2015, nous recevrons une nouvelle transmission de requête. Cette fois-ci, nous obtenons un avis favorable.

Nous rentrerons en France en juin de la même année.
Nous sommes convoqués le 9 septembre à 9 h 30 au tribunal.

La comparution durera moins de cinq minutes. Le juge déclare « Le Tribunal de Grande Instance de Marseille, statuant en audience publique par jugement contradictoire, en premier ressort...
PRONONCE l'adoption plénière par les époux BELLI de Marvin Y ».

Le Président prononcera par cette phrase : « Madame, Monsieur, il est 11 h 07. À cet instant précis votre fils est devenu citoyen français »

« Dans quelques semaines vous recevrez le procès-verbal vous permettant d'établir pour votre fils sa carte nationale d'identité ».

Avec un immense sourire, il finira par ces mots « je pense que vous n'êtes plus à quelques semaines près, vous savez ce que c'est d'attendre ».

2 007 – 2015, près de 9 ans sont passés. Pendant tout ce temps, je n'ai cessé inlassablement de jouer au bandit manchot dans l'espoir de décrocher la lune.
J'ai tant perdu, partie après partie à en laisser ma chemise.

Mais il y a une destinée. L'histoire était écrite.
Il en restera un secret. J'en ai fait la promesse à Aurélien et à Éveline.

Mon fils, mon petit homme, sache que, nous étions attirés l'un vers l'autre. Nos anges gardiens y ont veillé

J'insère ma dernière pièce dans la machine à sous.
J'actionne le levier. Les rouleaux défilent.

Les cinq mêmes symboles s'alignent « JACKPOT ».

Toujours y croire, n'abandonnez jamais !
À mes deux amours pour la vie Junel et Marvin.

7 ANNEXE

Ci-dessous, est retranscrit mot pour mot le rapport 000927 CM intitulé « Mission Adoption Haïti » signée par Monsieur Bernard Kouchner, Mesdames Roselyne Bachelot et Nadine Morano.

Mandatée par le ministère des Affaires étrangères et européennes, le ministère de la Santé et des Sports, le secrétariat d'État chargé de la famille et de la solidarité, notre équipe comptant deux psychologues, deux pédopsychiatres, un pédiatre et une représentante de l'association Enfance & Familles d'Adoption s'est rendue 10 jours en Haïti pour rencontrer les crèches où vivent 117 enfants bénéficiant d'un jugement d'adoption, deux mois après le séisme.

Nous avons été introduites auprès des crèches et accompagnées par Marine Cadorel, volontaire pour la protection de l'enfance et l'adoption internationale, des gendarmes assuraient notre sécurité. Nous avons été en mesure de rencontrer 18 crèches sur les 19 prévues (une n'a pu être visitée pour des raisons de sécurité), nous avons examiné 112 enfants sur les 117 - 4 étant absents au moment de notre passage - et nous avons prodigué des soins médicaux ou donné des conseils aux infirmières présentes lorsqu'il était possible d'intervenir immédiatement.Nous avons également rencontré à l'ambassade 6 familles adoptantes avec leurs enfants.

1. Spécificités de l'adoption en Haïti

Les enfants ne sont, pour la plupart, pas orphelins mais confiés par les parents biologiques aux crèches en vue de leur adoption. Ils ne sont pas abandonnés au sens où nous l'entendons. Il s'agit la plupart du temps d'un « laisser partir » sans rupture totale des liens vers une opportunité de vie meilleure, ailleurs. Haïti ne reconnaît que l'adoption simple, aussi les parents de naissance ont souvent l'idée d'un retour possible. Certains parents restent très présents et ce, jusqu'au départ de l'enfant, il est également de tradition que les parents de naissance rencontrent les parents adoptifs quand ceux-ci viennent chercher l'enfant et demandent à recevoir des nouvelles, le plus souvent par l'intermédiaire des crèches.

Nos regards sur le maternage, les soins à l'enfant portent des représentations culturelles très différentes. Il en est de même pour le don d'enfant et le concept même l'adoption.

Ces représentations culturelles, si elles ne sont pas élaborées par les familles et les institutions qui les accompagnent peuvent être à la source de conflits de loyauté pour les enfants. Le système des crèches en Haïti est totalement privatisé et sous la régulation de l'Institut du Bien-Être Social et de la Recherche (IBESR). Les crèches sont financées par les ressources de l'adoption et par l'aide internationale (ONG, secteur associatif français, églises américaines).

L'IBESR ne dispose pas des moyens lui permettant d'imposer des directives ou des contrôles sur ces instituts. On peut s'interroger sur l'utilisation et la destination des importantes sommes d'argent laissées par les adoptants ?

2. Évaluation et description transversale des crèches

Les 18 crèches visitées étaient de taille variable (10 à 120 enfants). Leur fonctionnement semblait dépendre de leurs directrices ou directeurs, et nous n'avons pu mettre en évidence une éthique, une pédagogie ou des habitudes de soin communes. **Certaines crèches étaient très touchées par le séisme,** d'autres moins. **Dans l'une d'entre elles, un grand nombre d'enfants sont décédés lors du séisme, les enfants vivent à côté des ruines sous lesquelles sont encore enfouis des corps. Pour certaines qui ont été jugées trop dangereuses, les occupants ont été déplacés dans un autre bâtiment.** Dans la plupart des établissements situés dans l'agglomération de Port-au-Prince, les enfants vivent et dorment à l'extérieur dans des tentes correctement aménagées. Au-delà des dommages immobiliers réels, ces mesures de prudence témoignent de la peur de dormir sous un toit en dur.

Des répliques surviennent encore régulièrement. L'ambassade de France a proposé systématiquement une aide alimentaire et/ou logistique. Cette aide a parfois été refusée lors de notre passage, la préférence allant à une aide pécuniaire. Des crèches n'ont exprimé aucun besoin. Toutes les crèches semblaient disposer de stock de nourriture et d'eau et les commerces qui ont survécu au séisme, fonctionnent normalement.

2.1. Hygiène

Nous avons constaté une bonne hygiène générale mais celle-ci était limitée aux espaces communs. Les literies étaient dans certaines crèches en très mauvais état, sources d'infection et de contagion. Les locaux étaient souvent inadaptés aux âges des enfants, exposant aux accidents domestiques.

2.2. Nourrices

Un certain nombre de nourrices étaient absentes, cependant le plus souvent les adultes paraissaient en nombre suffisant. Certaines crèches semblaient fonctionner avec de très jeunes filles, parfois elles-mêmes recueillies enfants dans ces structures, ou avec des nourrices dont les enfants étaient confiés à la même crèche. Nous avons rencontré une jeune femme enceinte, qui comptait confier son enfant et aidait aux soins. La plupart des nourrices interrogées semblaient réticentes à nous répondre ou n'étaient pas en capacité de fournir des renseignements. Dans une crèche aucune des nourrices présentes n'a pu nommer les enfants.

2.3. Présence des parents biologiques

Les crèches accueillent les mères biologiques de façon plus ou moins organisée. La plupart acceptent des visites mensuelles ou trimestrielles, certaines acceptent les visites inopinées. Nos questions sur la présence des parents biologiques ont donné lieu à des réponses qui nous ont semblé souvent autocensurées par les responsables. Cette autocensure paraissait se conformer à l'idée que les adoptants se font de l'abandon et de l'adoption. Nous avons rencontré une mère travaillant dans une crèche où ses enfants étaient confiés.

2.4. Prise en charge et maternage

Les nourrices nous ont semblé souvent passives dans leur prise en charge des enfants et particulièrement des plus jeunes d'entre eux. **Dans sa très grande majorité le personnel est peu ou pas formé. Deux mois après le séisme, ces femmes nous sont apparues angoissées, tristes, épuisées, peu disponibles psychiquement, et en grande difficulté pour soutenir le lien à l'enfant.** Dans certaines crèches des activités et des programmes de journée étaient cependant proposés aux plus grands. Il s'agit le plus souvent d'activités où les enfants sont assis et les interactions rares.

2.5. Préparation des enfants à l'adoption

L'impossibilité d'annoncer les objectifs de notre mission les premiers jours a rendu l'évaluation de ce point difficile. Le séisme, les départs en urgence, l'impossibilité pour les mères biologiques de se rendre dans les crèches, l'absence de parents adoptants ont empêché la préparation des personnels, des enfants et des familles selon des rituels habituels de départ. (Notamment l'organisation de petites fêtes). Cependant, nous n'avons pas pu faire émerger de savoir-faire ou de culture communs sur la préparation à l'adoption sur le long terme. Notons que quelques crèches ont néanmoins, individuellement, fait ressortir durant nos échanges une réflexion de grande qualité sur cette préparation.

3. Préconisations

3.1 Urgentes

a. **Départ rapide des enfants pour lesquels un jugement d'adoption a été rendu, avec un ordre de priorité dépendant de leur état de santé,** du fait que les crèches ont été ou non touchées par le séisme, en s'efforçant de faire sortir les fratries regroupées, et le cas échéant, les enfants restés seuls dans les crèches.

Pour des raisons circonstancielles de sécurité en Haïti, il nous semble dangereux que les parents viennent chercher les enfants : il est pratiquement impossible de trouver à se loger dans une structure décente. Depuis la fin de l'état d'urgence, une grande insécurité règne dans les rues, les étrangers courent des risques d'enlèvement et d'agression même lorsqu'ils se déplacent dans une voiture avec chauffeur. En cas de problème de santé, l'accès aux soins est difficile, le recours à des traitements requiert bien souvent une longue attente devant les rares pharmacies ou les ONG (Croix Rouge), attente non dénuée de risque. Il est par ailleurs quasiment impossible d'envisager une hospitalisation dans les conditions actuelles.

b. Étape en unité d'accueil parent/enfant en Guadeloupe, pour les raisons suivantes :
- Proximité géographique, similarité climatique
- Décalage horaire minime
- Personnel créolophone
- Choix laissé aux parents d'aller vers l'enfant
- Temps laissé à l'enfant et aux parents dans un cadre intermédiaire permettant d'instaurer les parents dans leur rôle.
- Possibilité de traiter les affections médicales des enfants avant un voyage aérien prolongé
Il nous semble important de concevoir ce lieu d'accueil comme une espace étayant qui privilégie les relations parents - enfants avec souplesse et dynamisme, en s'adaptant aux besoins et à la demande de chacun. Il s'agit de tenir compte du traumatisme des enfants, dans le respect de la personnalité des parents et en les confortant dans leur rôle. Il s'agit aussi avec des professionnels rompus aux problématiques de

l'adoption, de la vie en institution, du traumatisme, de permettre aux parents de décrypter des comportements liés à l'histoire particulière de leur enfant et qui ne relèverait pas des mesures éducatives préconisées généralement.

Cette approche est valable pour tous les enfants adoptés, mais les spécificités de l'adoption en Haïti la rend plus pertinente encore.

c. **Les constats médico-psychologiques que nous avons pu faire sur les 112 enfants sont généralisables à tous les enfants.**

Il reste plus de 500 enfants recensés par le SAI en cours d'adoption, certains ont même déjà un jugement. **Ces enfants sont bien sûr également en danger ; les adultes qui les entourent, affectés par le séisme, peu entourés, peu formés, ne seront sans doute pas en mesure d'assurer des soins adaptés avant longtemps. En conséquence, le devenir de ces enfants fragiles et vulnérables nous soucie énormément. Si les procédures reprennent leur cours normal, le fonctionnement des administrations étant perturbé, les enfants risquent d'attendre 6 mois voire un ou deux ans. Il est vraisemblable que leur état physique et psychique continue de se dégrader. Il nous semble vital pour ces enfants apparentés et attendus par des familles, que des mesures soient prises. Cela pourrait se traduire par la poursuite des négociations avec les autorités haïtiennes pour que les procédures soient accélérées dans le respect de la légalité, le maintien d'un dispositif exceptionnel pour la délivrance des passeports permettrait ainsi aux enfants de gagner des mois. Mais aussi par des mesures d'aide et de soutien aux crèches, notamment au personnel, qui pourraient se faire dans le cadre d'une coopération entre la France et Haïti.**

3.2 À plus long terme

Le séisme a mis à jour des dysfonctionnements importants dans l'organisation de l'adoption en Haïti. Les constats faits lors de cette mission sont en partie imputables au séisme mais aussi à une situation antérieure désastreuse.

a. Devant la complexité de la situation, nous soulignons l'importance d'un meilleur encadrement des adoptions, que seuls les Organismes autorisés et habilités pour l'adoption semblent pouvoir assurer dans un système entièrement privatisé. Les OAA doivent être en mesure d'accompagner et d'informer davantage les parents pour éviter des prises de risque inconsidérées. Ils doivent aider les crèches à former les personnels dans une démarche éthique et professionnelle.

b. En cette période post-séisme, vu la difficulté des crèches à assumer les enfants sous leur responsabilité et la fragilité de l'environnement psychoaffectif, il est souhaitable qu'elles ne puissent ni accueillir d'autres enfants ni initier des procédures d'adoption. Certaines crèches le font déjà. Il faudrait que la France puisse prendre des mesures tant que des perspectives claires ne seront pas données pour les dossiers déjà en cours.

c. Le soutien au personnel des crèches nous a paru indispensable : lorsque la personne maternante n'est pas investie d'un projet pour l'enfant, lorsqu'elle est ignorante de son histoire et de son devenir, elle n'est pas en mesure de le porter psychiquement et de lui apporter une continuité de soin. **Outre la prise en compte de la dimension traumatique secondaire au séisme, l'attention doit être portée de manière plus globale sur les souffrances psychologiques des enfants et des soignants, leurs carences, et leurs traumatismes antérieurs. Ce point nous semble primordial car si ces traumatismes demeurent vivaces chez ces enfants, ils peuvent orienter de diverses façons leur destin.**

d. Nous n'avons pas voulu désigner ou citer les crèches, mais elles sont inégales et quelques rares offrent aux enfants une prise en charge globale de grande qualité, parfois même dans une perspective générale de la protection de l'enfance (PMI, planning familial, éducation, apprentissage...). Cela montre qu'un tel travail est possible et à développer.

e. On ne saurait concevoir toutes les dimensions de l'adoption sans évoquer la souffrance et le soutien nécessaire aux parents biologiques, qui pourrait notamment être travaillées autour de leur histoire avec l'enfant et de la transmission celle-ci. Cela permettrait

également que leur séparation soit au mieux accompagnée.

f. **Les enfants, d'autant qu'ils sont plus jeunes, ne peuvent pas vivre longtemps dans des lieux chaotiques, sans être en risque, très vite, de graves séquelles psychologiques et intellectuelles parfois irréversibles.** Des soins spécifiques (physiques et psychologiques) à leur arrivée en France, inscrits dans la continuité ainsi qu'un étayage de la parentalité, un soutien aux parents adoptants à toutes les étapes du processus d'adoption seront à mettre en place au plus vite (Conseils généraux, équipe adoption, COCA, consultation pédiatrique et pédopsychiatrique, hospitalière et privée...). Il est important que ces réseaux souvent précaires, inégalement répartis soient renforcés dans leur maillage et articulés.

Enfin nous tenons à souligner les carences graves de la protection de l'enfance en Haïti. Tant qu'une prise en charge globale de l'enfant ne sera pas possible, l'adoption en Haïti donnera lieu à des manquements éthiques et même légaux inacceptables. L'adoption doit rester l'ultime maillon d'une histoire où les parents ne peuvent s'occuper dignement de leur enfant faute de moyens. La France, premier pays d'accueil des enfants adoptés en Haïti, a le devoir de proposer dans le même temps une coopération avec l'État haïtien pour la promotion des Droits de l'enfant. Comme des poupées gigognes qui s'encastrent et s'entrelacent, toutes les mesures préconisées, qu'elles soient destinées aux parents biologiques, aux personnels de crèche, à la protection de l'enfanc --e au sens large ou aux parents adoptants.

8- REMERCIEMENTS

Comment ne pourrais-je remercier en tout premier lieu notre chère Éveline qui nous a permis d'être père et mère.

Notre maman noire, tu resteras à jamais dans nos mémoires. Que Dieu te garde encore longtemps sur cette terre et qu'il nous permette de nous revoir.

Un énorme merci à nos amis Aurélien et Mélanie, vous avez été à nos côtés dans cette épopée. Nous étions dans le même combat. Nous avons réussi à braver toutes les tempêtes. Nous avons aussi partagé des joies, une belle engueulade, de la cochonnaille, du rhum...

Mon ami Aurélien, tu es un grand Monsieur. Tu es l'artisan de notre désir. Même si nous nous voyons trop peu ces dernières années, nous sommes unis par un lien bien au-delà du sang.

Bien évidemment comment ne pourrais-je avoir une pensée pour tous nos amis de voyage, de peines, de galères. Je vais certainement en oublier. Mille pensées à Mari. Do, au Doc, aux M., à Patricia, à Nicole et Pierre.

Je ne peux oublier Francesca qui a été présente à nos côtés, qui nous a soutenus dans les pires moments. Elle fait partie d'un maillon si important de notre aventure. À travers elle, je remercie EFA 06 qui nous a guidé vers Haïti.

À mes parents, ma belle-mère et ma belle-fille Johanna, nous vous sommes reconnaissants de votre aide et votre soutien infaillible.

Enfin, Jean-Louis comment ne pourrais-je vous citer ? Vous avez fait preuve d'un grand humanisme dans la pire période de ma vie. Vous m'avez soutenu bien au-delà de vos fonctions. Vous m'avez grandement facilité ma poursuite de reconstruction et ma conquête du saint Graal.

Ce livre a été difficile à écrire. Il m'était impossible tant les souvenirs étaient vivaces de le poursuivre.

La vie a mis sur mon chemin Mélanie et Caroline qui ont été mes premières lectrices. Nous nous sommes rencontrés à l'APEC. À cette époque je ne disposais que d'une soixantaine de pages.

Leurs encouragements m'ont poussé à surpasser mes émotions. Merci infiniment.

Une fois parachevé, ce livre captiverait-il des lecteurs ? Le temps d'un autre doute.

Ma petite Lisa, fidèle amie et témoin de notre mariage, ma chère Claire, mon amie journaliste à FR2 et FR3, vous m'avez donné votre ressenti. Vous avez été formidables, un véritable élan pour faire paraître ce livre.

Deux personnes auront eu le privilège de prendre lecture de « Dis merci mon cœur ». Un grand merci à Marilou, ma belle-sœur, qui a pris soin d'être de bons conseils, de corriger certaines expressions et de corriger les fautes d'orthographe oubliées.

Anouchka, nous nous connaissons depuis peu. Vous incarnez la bienveillance absolue. Vous avez, selon vos mots, été littéralement bouleversée par notre histoire. Quel plus beau compliment puis-je avoir ?

Monsieur Jean-Jacques GOLDMAN vous avez eu des mots forts, poignants pour l'un des textes écrits par Angie. Vous êtes un grand Monsieur. Vous avez accompagné mon adolescence et une partie de ma vie d'adulte. À présent, je vous livre « des bouts de moi ».

Ma femme, mon amour tant de souffrances dans cette aventure. Nous en sommes ressortis plus forts. Tu as été formidable pendant et après cette aventure. Tu as dépassé tes émotions en lisant mon livre, en le corrigeant mais surtout à l'approuver. Deux magnifiques compliments me reviennent « je ne pensais que tu sois capable d'écrire comme cela » et « ce livre est un beau bébé ». Je t'aime.

Mon étoile JUNEL, tu continues à illuminer nos vies. Tu es notre guide dans les moments difficiles. On ne pourra jamais t'oublier.

Mon fils MARVIN, nous sommes fiers de toi. Tu as grandi depuis. Chaque jour nous mesurons la chance d'être tes parents. Nous t'aimons au-delà de ce que tu peux supposer.

Petit homme, nous resterons à tes côtés pour t'élever vers le meilleur. **Un hymne à la vie, à l'amour.**

TREMBLEMENT DE COEUR